分岗位企业会计实务

上 册

蒙丽容　主　编◇
张红梅　副主编◇

清华大学出版社
北 京

内 容 简 介

本书以财政部颁布的《企业会计准则》和《企业会计准则应用指南》为依据,结合 2014 年以来最新修订的 7 项会计准则及营改增等税收法规,将企业会计实务分为出纳、存货、固定资产与无形资产、筹资与投资、成本费用、税务岗位等九个岗位。在体例上设计"岗位任务""岗位知识"、"完成任务","学习小结与评价"四个环节,层层递进,让学生在明确工作任务的前提下获取知识,然后完成工作任务,将理论与实践有机地给合起来,有助于学生自主学习和后续提高,培养继续学习的能力。

本书既可以作为高等职业教育会计、中等职业会计及相关专业的教学用书,也可以作为会计工作人员继续教育、参加初级会计职称考试的指导用书。对于广大会计自学者来说,也是一本条理清晰,结构严谨、易读易懂的指导手册。

图书在版编目(CIP)数据

分岗位企业会计实务. 上册/蒙丽容主编. —北京:清华大学出版社,2016(2019.1重印)
ISBN 978-7-302-41941-9

Ⅰ. ①分… Ⅱ. ①蒙… Ⅲ. ①企业管理－会计实务－教材 Ⅳ. ①F275.2

中国版本图书馆 CIP 数据核字(2015)第 263244 号

责任编辑:张　弛
封面设计:于晓丽
责任校对:刘　静
责任印制:李红英

出版发行:清华大学出版社
　　　　网　　址:http://www.tup.com.cn,http://www.wqbook.com
　　　　地　　址:北京清华大学学研大厦 A 座　　　　　邮　　编:100084
　　　　社 总 机:010-62770175　　　　　　　　　　邮　　购:010-62786544
　　　　投稿与读者服务:010-62776969,c-service@tup.tsinghua.edu.cn
　　　　质量反馈:010-62772015,zhiliang@tup.tsinghua.edu.cn
　　　　课件下载:http://www.tup.com.cn,010-62795764
印 装 者:北京密云胶印厂
经　　销:全国新华书店
开　　本:185mm×260mm　　印　张:12.5　　　　　字　　数:299 千字
版　　次:2016 年 1 月第 1 版　　　　　　　　　　印　　次:2019 年 1 月第 4 次印刷
定　　价:33.00 元

产品编号:066854-02

PREFACE

前 言

《分岗位企业会计实务》是在学习基础会计课程之后的一门会计专业核心课程,对会计专业学生职业能力和职业素质的养成起着至关重要的作用。

根据我国新一轮职业教育改革精神,实施"项目导向""任务驱动""基于工作过程"的课程开发理念已在职业教育界达成共识。在教材建议方面,只有打破传统的"学科化"内容体系,关注企业的需求,构建能力为本位的教学内容体系,实现"理论与实践一体化"教学,才能满足人才培养的需要。

本书以财政部颁布的《企业会计准则》和《企业会计准则应用指南》为依据,结合2014年以来最新修订的7项会计准则及营改增等税收法规,经过企业专家与同行们的通力合作,精心制作而成。本书在编写中坚持"以能力为本位,以就业为导向"的理念,按会计岗位确定教学项目,在项目下安排岗位任务。在内容编排上遵循职业教育的特点和由浅入深的认知规律,突出学生动手能力和专业技能的培养,从学生职业岗位能力形成的角度入手,选取工作中典型的工作任务作为教学内容,强化职业知识、职业能力和素质的培养。在体例上设计"岗位任务""岗位知识""完成任务""学习小结与评价"四个环节,一一对应,层层递进,让学生在明确工作任务的前提下获取知识,然后完成工作任务,每一个活动学生都必须参与到课堂中来,从而激发学生探求新知的积极性。

本书分为上下两册,共设置了九个会计岗位。上册包括:出纳业务岗位、存货业务岗位、固定资产与无形资产业务岗位、往来业务岗位。下册包括:筹资与投资岗位、成本费用岗位、税务岗位、财务成果岗位、财务报告岗位。本课程属于学年课程,分两个学期进行学习。上学期使用上册教材,下学期使用下册教材。

本教材主要特点有:

◎ 在岗位下设置项目,以任务驱动,设计了"岗位任务""岗位知识""完成任务""学习小结与评价"四个环节,条理清晰、结构严谨、易读易懂。

◎ 重视职业能力的培养,通过单个岗位任务下的"完成任务"这个环节及时检查学生的学习效果,鼓励学生通过分组自学或课前自学来完成任务。让学生可以边学边做,自行检查学习效果。在完成单个任务后,配有整个岗位的职业能力训练,通过化整为零,逐个击破,便于学生理解和掌握,获得解决问题的方法和能力,培养团队合作精神。

◎ 上册附有基础知识回顾练习题,选取会计要素、会计科目、复式记账这三个最基本的会计理论方面的典型题目,目的是让教师在开始本课程学习时,先利用它进行测试,以判断学生对基础知识的掌握程度,便于开展针对性教学,这对本门课程的教与学都至关重要。

◎ 会计科目是会计学科的精华和工具，上册附有会计科目表，对常用会计科目的核算内容进行了解释，便于学生在学习过程中查阅和使用。

本书适用于高职及中职财会专业及其他相关专业的教学使用，也可以作为会计工作人员继续教育、参加初级会计考试的指导用书。配有课件和各岗位职业能力训练题、上下册两套测试题答案供学习参考。

本教材由蒙丽容（广西金融职业技术学院）任主编，上册由张红梅（广西金融职业技术学院）任副主编，下册由覃仕克（广西理工职业技术学校）任副主编。本书具体编写分工如下：存货业务岗位和筹资与投资岗位由蒙丽容编写；往来业务岗位由张永（广西金融职业技术学院）编写；税务岗位由张永、韦思密（广西金融职业技术学院）编写；出纳岗位由李思静（广西金融职业技术学院）编写；固定资产与无形资产岗位由闭海玲（广西钦州商贸学校）编写；成本费用岗位和财务成果岗位由覃仕克编写，财务报告岗位由蒙环宁（广西金融职业技术学院）编写

另外，企业专家谢桂荣、江丽娜、陈宏彬、吴志颖、林新登、郑松对本书提出了许多宝贵的意见和建议，并对教材进行了审阅。编写过程中还得到了唐雪涛等同行的大力支持与帮助，在此，对大家的辛勤劳动和付出表示衷心的感谢！

由于编者水平有限，书中难免存在一些错漏或不尽如人意之处，恳请关注和使用本书的同行与读者批评指正。

编　者

2015 年 7 月

CONTENTS

目 录

岗位一
出纳业务岗位核算

学习任务导航

出纳业务
- 货币资金认知——货币资金的组成内容及货币资金的内部控制制度
- 库存现金的管理与核算——现金使用范围、库存限额、现金收支核算与清查
- 银行存款的管理与核算——银行结算账户、银行存款收支核算、银行对账单、支付结算方式
- 其他货币资金的管理与核算——其他货币资金的组成内容与核算

项目一　货币资金认知

岗位任务

认知货币资金及货币资金的内部控制制度。

岗位知识

一、货币资金的组成内容

货币资金是企业在生产经营中处在货币形态的那部分资金,它是流动性最强的流动资产。按其用途和存放地点的不同分为:库存现金、银行存款、其他货币资金。

库存现金是指存放在财务部门,由出纳员保管的作为日常零星开支用的现款,包括人民币和外币。

银行存款是指企业存放在银行或其他金融机构的货币资金,包括人民币存款和外币存款。

其他货币资金是指企业除库存现金、银行存款以外的各种货币资金。其他货币资金包括:银行汇票、银行本票、信用卡存款、信用证保证金存款、外埠存款、存出投资款等。

二、货币资金的内部控制制度

1. 货币资金内部控制的目标

货币资金是企业的血液,货币资金管理的好坏,直接关系到企业的生存和发展。完善而

有效的货币资金内部控制制度,对加强单位经营管理、保护单位财产安全具有积极的促进作用。货币资金内部控制目标有如下四个。

(1) 货币资金的安全性。即通过良好的内部控制,确保企业库存现金安全,预防被盗窃、诈骗和挪用;

(2) 货币资金的完整性。即检查企业收到的货币是否已全部入账,预防私设"小金库"等侵占企业收入的违法行为出现;

(3) 货币资金的合法性。即检查货币资金的取得和使用是否符合财经法规的规定,手续是否齐备;

(4) 货币资金的效益性。即合理调度货币资金,使其发挥最大的效益。

2. 货币资金内部控制的内容

根据《内部会计控制规范——货币资金(试行)》的规定,货币资金内部控制制度的内容主要有:

(1) 职责分工和职权分离制度。货币资金收支应由出纳人员和会计人员分工负责、分别办理,确保职责分明、职权分离。单位办理货币资金业务,应当配备合格的人员,并根据单位具体情况进行岗位轮换。设置专职出纳员负责货币资金的收支和保管、收支原始凭证的保管和签发、日记账的登记。会计不得兼任出纳;出纳不得兼任稽核、会计档案保管,不得兼管收入、费用、债权债务账目的登记工作。

(2) 授权和批准制度。单位应当对货币资金业务建立严格的授权批准制度,明确审批人对货币资金业务的授权批准方式、权限、程序、责任和相关控制措施,规定经办人办理货币资金业务的职责范围和工作要求。审批人应当根据货币资金授权批准制度的规定,在授权范围内进行审批,不得超越审批权限。严禁未经授权的机构或人员办理货币资金业务或直接接触货币资金。

(3) 按规定程序办理货币资金支付业务。

① 支付申请。单位有关部门或个人用款时,应当提前向审批人提交货币资金支付申请,注明款项的用途、金额、预算、支付方式等内容,并附有效经济合同或相关证明。

② 支付审批。审批人根据其职责、权限和相应程序对支付申请进行审批。对不符合规定的货币资金支付申请,审批人应当拒绝批准。

③ 支付复核。复核人应当对批准后的货币资金支付申请进行复核,复核货币资金支付申请的批准范围、权限、程序是否正确,手续及相关单证是否齐备,金额计算是否准确,支付方式、支付单位是否妥当等。复核无误后,交由出纳人员办理支付手续。

④ 办理支付。出纳人员应当根据复核无误的支付申请,按规定办理货币资金支付手续,并及时登记现金和银行存款日记账。

(4) 单位取得的货币资金收入必须及时入账,不得私设"小金库",不得账外设账,严禁收款不入账。签发货币资金收款收据与收款应由不同的人员经办。

(5) 单位应当严格按照《支付结算办法》等国家有关规定,加强银行账户的管理,严格按照规定开立账户,办理存款、取款和结算。单位应当定期检查、清理银行账户的开立及使用情况,发现问题,及时处理。

(6) 单位应当严格遵守银行结算纪律,不准签发没有资金保证的票据或远期支票,套取银行信用;不准签发、取得和转让没有真实交易和债权债务的票据,套取银行和他人资金;

不准无理拒绝付款,任意占用他人资金;不准违反规定开立和使用银行账户。

(7) 单位应当指定专人定期核对银行账户,每月至少核对一次,编制银行存款余额调节表,使银行存款账面余额与银行对账单调节相符。如调节不符,应查明原因,及时处理。

(8) 单位应当定期和不定期地进行现金盘点,确保现金账面余额与实际库存相符。发现不符,应及时查明原因,并作出处理。

(9) 单位应当加强对与货币资金相关的票据的管理,明确各种票据的购买、保管、领用、背书转让、注销等环节的职责权限和程序,并专设登记簿进行记录,防止空白票据遗失和被盗用。

(10) 单位应当加强银行预留印鉴的管理。财务专用章应由专人保管,个人名章必须由本人或其授权人员保管。严禁一人保管支付款项所需的全部印章。

完成任务

1. 【单选题】 下列选项中,符合货币资金内部控制制度规定的是( )。
   A. 出纳人员负责应收账款的记账工作　　B. 出纳人员负责总账的登记和保管
   C. 会计人员兼任出纳　　　　　　　　　D. 出纳人员登记现金日记账

2. 【单选题】 下列各项中,没有违反现金内部控制的行为包括( )。
   A. 不得私设小金库
   B. 用本单位银行账号为他人支取现金
   C. 用白条顶替库存现金
   D. 将本单位的现金借给其他单位临时支用

3. 【单选题】 下列各项中违反现金内部控制的是( )。
   A. 每日及时记录现金收入并定期向顾客寄送对账单
   B. 现金折扣需经过适当审批
   C. 担任登记现金日记账及总账职责的是同一个人
   D. 每日盘点现金并与账面余额核对

4. 【多选题】 货币资金包括( )。
   A. 库存现金　　　　B. 银行存款　　　　C. 其他货币资金　　　D. 交易性金融资产

5. 【多选题】 企业的下列存款中,应通过"其他货币资金"科目核算的有( )。
   A. 商业汇票存款　　B. 银行汇票存款　　C. 信用证存款　　　D. 存出投资款

学习小结与测评

1. 本任务知识点:_____

_____

2. 请选择下面图形前的编码:
   A. ★★　　　　　B. ★★★　　　　C. ★★★★　　　D. ★★★★★
   (1) 在完成学习任务的认真程度上,我选( );
   (2) 在知识的理解与运用上,我选( );
   (3) 在与大家的合作过程中,我选( )。

项目二　库存现金的管理与核算

岗位任务1

认知库存现金的使用范围、库存限额以及现金收支管理规定。

岗位知识1

一、现金的使用范围

《现金管理暂行条例》规定，开户单位可以在下列范围内使用现金。

（1）职工的工资、津贴；

（2）个人劳务报酬；

（3）根据国家规定发给个人的科学技术、文化艺术、体育等各种奖金；

（4）各种劳保、福利费用以及国家规定的对个人的其他支出；

（5）向个人收购农副产品和其他物资的价款；

（6）出差人员必须随身携带的差旅费；

（7）结算起点以下的零星开支；

（8）中国人民银行确定需要支付现金的其他支出。

前款结算起点定为1 000元。结算起点的调整，由中国人民银行确定，报国务院备案。

除以上第（5）、（6）项外，开户单位支付给个人的款项超过使用现金限额的部分，应当以支票或者银行本票支付；确需全额支付现金的，经开户银行审核后，予以支付现金。

二、现金的库存限额

库存现金的限额是为了保证企业日常零星开支的需要，允许企业留存现金的最高数额。

库存现金限额原则上由开户银行根据企业3～5天的日常零星现金开支的需要确定，边远地区和交通不发达地区可以多于5天，但最多不超过15天。

企业每日的现金结存数，不得超过核定的限额，超过部分必须及时送存银行；不足限额时，可签发现金支票向银行提取现金补足。

经核定的库存现金限额，开户单位必须严格遵守。需要增加或者减少库存现金限额的，应当向开户银行提出申请，由开户银行核定。

三、开户单位现金收支管理规定

《现金管理暂行条例》规定，开户单位现金收支应依照下列规定办理：

（1）开户单位现金收入应当于当日送存开户银行。当日送存确有困难的，由开户银行确定送存时间。

（2）开户单位支付现金，可以从本单位库存现金限额中支付或者从开户银行提取，不得从本单位的现金收入中直接支付（即坐支）。因特殊情况需要坐支现金的，应当事先报经开户银行审查批准，由开户银行核定坐支范围和限额。坐支单位应当定期向开户银行报送坐支金额和使用情况。

（3）开户单位符合规定需从开户银行提取现金，应当写明用途，由本单位财会部门负责人签字盖章，经开户银行审核后，予以支付现金。

（4）因采购地点不固定，交通不便，生产或者市场急需，抢险救灾以及其他特殊情况必须使用现金的，开户单位应当向开户银行提出申请，由本单位财会部门负责人签字盖章，经开户银行审核后，予以支付现金。

（5）开户单位应当建立健全现金账目，逐笔记载现金支付。账目应当日清月结，账款相符。

四、违背现金管理规定的情形

开户单位有下列情形之一的，开户银行应当依照中国人民银行的规定，责令其停止违法活动。

（1）套取现金：隐瞒提取现金的实际用途，以物资采购的名义或其他名义从银行提取现金以后用于其他消费的行为叫套取现金。如借款单位将资金以材料款名义转入个人账户，因个人账户提取现金相对自由不受什么限制。这就为借款人变相利用银行贷款套取现金提供便利。

（2）公款私存：不准保留账外公款，即不得"公款私存"，不得设置"小金库"等。公款私存容易滋生腐败，诱发犯罪，是一种严重违背财经纪律的行为。

（3）坐支：从本单位的现金收入中直接支付现金的行为称为坐支。未经批准坐支或者未按开户银行核定的坐支范围使用现金的行为都属于违规行为。

若出现以上情形，开户银行将依照中国人民银行的规定，予以警告或者罚款；情节严重的，可在一定期限内停止对该单位的贷款或者停止对该单位的现金支付。

（4）白条抵库：不准用不符合国家统一会计制度的凭证顶替库存现金。

完成任务1

1. 【单选题】 远离银行机构或交通不便的企业的库存现金限额为最高不超过（　　）天的开支需要量。

    A. 5　　　　　　　　B. 10　　　　　　　　C. 15　　　　　　　　D. 20

2. 【单选题】 根据《现金管理暂行条例》的要求，结算起点为（　　）。

    A. 1 000 元以下　　B. 1 000 元　　　　C. 2 000 元以下　　D. 2 000 元

3. 【单选题】 下列关于现金核算与内部控制的内容中，说法不正确的是（　　）。

    A. 出纳工作和会计记录工作应该相互分离，出纳工作应由专人负责

    B. 不得以白条抵充现金

    C. 收入的现金可在一周内送存银行

    D. 现金日记账应根据经审核合法的收付款凭证逐日逐笔登记

4. 【单选题】 下列各项中，属于不可以使用现金的事项是（　　）。

    A. 职工工资、报酬　　　　　　　　B. 个人劳务报酬

    C. 施工单位大额劳务报酬　　　　　D. 出差人员随身携带差旅费

5.【多选题】　关于单位现金库存限额,下列说法中正确的有(　　　)。

　　A. 单位现金库存限额由单位负责人决定

　　B. 库存限额一经确定,单位必须严格遵守

　　C. 库存限额一般是单位3～5天的日常零星开支

　　D. 对于边远地区和交通不便地区的开户单位,其库存现金限额也不可多于5天的日常零星开支

6.【判断题】　未经批准企业不得从本单位的现金收入中直接支付现金。(　　　)

7.【判断题】　在现金清查中,如有白条,可以抵充现金,以便账实相符。(　　　)

8.【判断题】　如果企业经营规模较小,可由出纳一人办理货币资金结算的全过程,以提高工作效率。(　　　)

学习小结与测评

1. 本任务知识点:＿＿＿＿＿＿＿＿＿＿＿＿＿＿＿＿＿＿＿＿＿＿＿＿＿＿＿＿＿＿＿＿

＿＿＿

2. 请选择下面图形前的编码:

　　A. ★★　　　　　B. ★★★　　　　C. ★★★★★　　D. ★★★★★★

(1) 在完成学习任务的认真程度上,我选(　　　);

(2) 在知识的理解与运用上,我选(　　　);

(3) 在与大家的合作过程中,我选(　　　)。

岗位任务2

认知库存现金的核算与清查。

岗位知识2

一、库存现金的核算

库存现金的核算包括库存现金的序时核算和库存现金的总分类核算。

1. 库存现金序时核算

企业通过设置"库存现金日记账"对库存现金进行序时核算。"库存现金日记账"必须采用订本账,由出纳人员根据审核无误的收付款凭证,按照业务发生的先后顺序逐日逐笔登记。出纳人员要坚持做到"日清月结"制度,应当对当日发生的收付款业务全部入账,每日终了,应计算出当日现金收付款合计数,并结出余额后与实际库存现金数相核对。月份终了,出纳登记的"库存现金日记账"的余额应与会计登记的"库存现金总分类账"的余额核对,做到账账相符,账实相符。

2. 库存现金总分类核算

为了总括反映企业库存现金的收入、支出和结存情况,应设置"库存现金"账户。该账户属于资产类账户,借方登记库存现金的增加,贷方登记库存现金的减少,期末余额在借方,反映企业实际持有的库存现金。有外币现金的企业,还应按照人民币和外币进行明细核算。

"库存现金"总分类账由会计人员根据现金收、付款凭证和银行存款付款凭证直接登记，也可以根据"科目汇总表"所汇总的现金收、付数登记，具体登记方法依本企业采用的账务处理程序而定。

【例 1-1】 2015 年 10 月，天天面业有限公司根据发生的现金收付业务编制分录如下。

（1）10 月 10 日，签发现金支票一张，从银行提取现金 5 000 元备用。

借：库存现金　　　　　　　　　　　　　　　　　5 000
　　贷：银行存款　　　　　　　　　　　　　　　　　5 000

（2）10 月 11 日，企业零星出售甲产品收到价款 500 元，增值税 85 元。

借：库存现金　　　　　　　　　　　　　　　　　585
　　贷：主营业务收入　　　　　　　　　　　　　　　500
　　　　应交税费——应交增值税（销项税额）　　　　85

（3）10 月 12 日，采购部业务员余东宝因公出差，预借差旅费 4 000 元。

借：其他应收款——余东宝　　　　　　　　　　　4 000
　　贷：库存现金　　　　　　　　　　　　　　　　　4 000

（4）10 月 20 日，采购部业务员余东宝出差归来，报销差旅费 3 600 元，交回剩余现金 400 元。

借：库存现金　　　　　　　　　　　　　　　　　400
　　管理费用　　　　　　　　　　　　　　　　　3 600
　　贷：其他应收款——余东宝　　　　　　　　　　　4 000

（5）10 月 29 日，行政部门报销市内交通费 80 元，根据出租车发票、报销单填制记账凭证，会计分录为：

借：管理费用——差旅费　　　　　　　　　　　　80
　　贷：库存现金　　　　　　　　　　　　　　　　　80

二、库存现金的清查

为了加强对库存现金的管理，防止出现现金丢失、被盗、挪用现金，白条抵库等现象的发生，出纳人员应每日进行清点核对，清查小组也要进行定期、不定期的现金盘点。发现问题及时纠正。应编制"库存现金清查报告表"反映清查的结果。当库存现金盘盈时，应及时办理库存现金的入账手续；库存现金盘亏时，应及时办理盘亏的确认手续，及时调整库存现金账簿记录。

1. 库存现金清查的方法

库存现金清查的主要方法是通过盘点库存现金的实存数，与现金日记账的账面余额相核对，确定账存与实存是否相符。清查时应认真审核库存现金收付凭证和账簿记录，检查账务处理是否合理合法，账簿记录有无错误，以确定账存与实存是否相符。为了明确经济责任，清查时出纳人员必须在场。

库存现金清查结束后应填写"库存现金清查报告表"，并据以调整现金的账面记录。"库存现金清查报告表"格式见表 1-1 所示。

2. 库存现金清查结果的处理

（1）账户设置

为了记录、反映库存现金的盘盈和盘亏情况，应设置"待处理财产损溢"账户。"待处理财产损溢"账户是资产类账户,用来核算清查过程中各种财产物资的盘盈、盘亏和毁损。该账户的借方登记财产物资的盘亏金额和批准转销的财产物资盘盈数;贷方登记财产物资的盘盈数和批准转销的财产物资盘亏数。

表 1-1　库存现金清查报告表

单位名称:　　　　　　　　　年　月　日

实存金额	账存金额	实存与账存对比结果		备　注
		盘盈	盘亏	

该账户设置"待处理流动资产损溢"和"待处理非流动资产损溢"两个明细分类账户。

(2) 账务处理步骤

① 审批之前的处理:根据"库存现金清查报告表"等已查实的数据资料,编制记账凭证,记入有关账簿,使账簿记录与实际盘存数相符,同时根据企业的管理权限,将处理建议报股东大会或董事会、经理会议等类似机构批准。

② 审批之后的处理:根据进一步核实及审批的意见,按《企业会计准则》关于库存现金清查的处理调整账项。

(3) 库存现金清查结果的账务处理

当库存现金的实存数与账面数相符时,表明账款相符;当实存数小于账存数时,表明出现了现金盘亏(短款);当实存数大于账存数时,表明出现了盘盈(长款)。账款不符在批准前和批准后的账务处理如表 1-2 所示。

表 1-2　库存现金清查账务处理

清查结果	批　准　前	批　准　后
盘盈	借:库存现金 　　贷:待处理财产损溢 　　　　——待处理流动资产损溢	借:待处理财产损溢 　　——待处理流动资产损溢 　　贷:其他应付款(查明原因) 　　　　营业外收入(无法查明原因)
盘亏	借:待处理财产损溢 　　——待处理流动资产损溢 　　贷:库存现金	借:管理费用(企业承担部分) 　　其他应收款(责任赔偿部分) 　　贷:待处理财产损溢 　　　　——待处理流动资产损溢

【例 1-2】　天天面业有限公司 2015 年 10 月份进行现金清查,清查结果处理如下:

(1) 10 月 15 日,清查现金时发现短缺现金 160 元。经查,其中 50 元是出纳人员李兵的责任,应由其赔偿,另外 110 元经反复清查,无法查明原因。

① 批准前处理

借:待处理财产损溢——待处理流动资产损溢　　　　　　　160

　　贷:库存现金　　　　　　　　　　　　　　　　　　　　　　160

② 批准后处理

借：其他应收款——李兵　　　　　　　　　　　　　　　　　　50

　　管理费用　　　　　　　　　　　　　　　　　　　　　　　110

　　　贷：待处理财产损溢——待处理流动资产损溢　　　　　　　160

（2）10 月 20 日，现金清查时发现库存现金比账面余额多出 100 元，经反复核查，原因不明。

① 批准前处理

借：库存现金　　　　　　　　　　　　　　　　　　　　　　100

　　　贷：待处理财产损溢——待处理流动资产损溢　　　　　　　100

② 批准后处理

借：待处理财产损溢——待处理流动资产损溢　　　　　　　　100

　　　贷：营业外收入　　　　　　　　　　　　　　　　　　　100

完成任务2

1.【单选题】　采购人员预借差旅费时，以库存现金支付，应借记（　　）账户核算。

　　A. 库存现金　　　　　B. 管理费用　　　　　C. 其他应收款　　　　　D. 其他应付款

2.【单选题】　当发现无法查明原因的库存现金溢余时，经批准后，贷记（　　）。

　　A. 待处理财产损溢　　B. 营业外收入　　　　C. 其他应收款　　　　　D. 管理费用

3.【单选题】　库存现金清查后，如发现库存现金日记账余额大于库存实有数额，查明由出纳人员工作差错导致，确定应由出纳人员赔偿时，应借记（　　）科目。

　　A. 其他应收款　　　　B. 管理费用　　　　　C. 营业外支出　　　　　D. 待处理财产损溢

4.【单选题】　对于无法查明原因的库存现金盘亏应通过（　　）账户核算。

　　A. 管理费用　　　　　B. 营业外收入　　　　C. 销售费用　　　　　　D. 营业外支出

5.【单选题】　根据内部控制制度的要求，出纳人员不可以（　　）。

　　A. 登记现金和银行存款日记账

　　B. 保管库存现金和各种有价证券

　　C. 保管会计档案

　　D. 保管空白收据、空白支票以及有关印章

6.【单选题】　张强报销差旅费 3 200 元，退回现金 800 元，结清原借款，该笔业务应计入管理费用的金额是（　　）元。

　　A. 3 200　　　　　　B. 800　　　　　　　C. 4 000　　　　　　　D. 2 400

7.【单选题】　现金日记账应由出纳人员根据收付款凭证逐日逐笔登记，（　　）结出余额与库存现金核对。

　　A. 每月　　　　　　　B. 每日　　　　　　C. 定期　　　　　　　D. 每 3～5 天

8.【多选题】　若企业库存现金实有数小于账面数 200 元，则导致该差错的原因可能有（　　）。

　　A. 库存现金出纳员多付库存现金　　　　　　B. 库存现金出纳员少收库存现金

　　C. 库存现金出纳员贪污　　　　　　　　　　D. 误将 100 元支出作为收入入账

9.【多选题】　现金清查后，按照管理权限报经批准后，应分别按以下情况处理（　　）。

　　A. 如为现金短缺，属于应由责任人赔偿或保险公司赔偿的部分，计入其他应收款

  B. 无法查明原因的现金短缺，计入管理费用

  C. 如为现金溢余，属于应支付给有关人员或单位的，计入其他应付款

  D. 属于无法查明原因的现金溢余，计入营业外收入

  10.【分录题】 编制天天面业有限公司 2015 年 10 月份以下业务的会计分录：

  (1) 10 月 8 日，签发现金支票一张，从银行提取 5 000 元现金备用。

  (2) 10 月 8 日，单位职工李良林因公出差预借差旅费 3 000 元，财务部门支付现金。

  (3) 10 月 15 日，李良林报销差旅费用 3 200 元，200 元由财务处付给现金。

  (4) 10 月 15 日，收到零星销售收入价款 400 元，增值税 68 元。

  (5) 10 月 16 日，在现金清查时，发现长款 80 元，原因待查。

  (6) 10 月 18 日，在现金清查中，发现短款 50 元，原因待查。

  (7) 10 月 20 日，现金清查过程中的长款，经领导批准，转作营业外收入，短款由出纳人员责任造成，应由其赔偿。

📝 学习小结与测评

  1. 本任务知识点：＿＿＿＿＿＿＿＿＿＿＿＿＿＿＿＿＿＿＿＿＿＿＿＿＿＿＿＿＿

＿＿

  2. 请选择下面图形前的编码：

  A. ★★   B. ★★★   C. ★★★★ D. ★★★★★

  (1) 在完成学习任务的认真程度上，我选（　　）；

  (2) 在知识的理解与运用上，我选（　　）；

  (3) 在与大家的合作过程中，我选（　　）。

项目三　银行存款的管理与核算

岗位任务1

认知银行结算账户的种类及使用规定。

岗位知识1

一、银行结算账户的开立

（一）银行结算账户的概念

  银行结算账户，是指银行为存款人开立的办理资金收付结算的人民币活期存款账户。有外币收付的企业，还应当开立外币存款账户，与人民币存款账户分别管理和核算。

  企业应在当地银行开立账户，办理存款、取款及各种收支转账业务的结算。存款人可以自主选择银行开立银行结算账户。除国家法律、行政法规和国务院规定外，任何单位和个人不得强令存款人到指定银行开立银行结算账户。

（二）银行存款账户的种类与管理规定

1. 单位银行结算账户的种类

根据中国人民银行颁布的《银行账户管理办法》规定，银行结算账户按存款人分为单位银行结算账户和个人银行结算账户。

存款人以单位名称开立的银行结算账户为单位银行结算账户。单位银行结算账户按用途分为基本存款账户、一般存款账户、专用存款账户、临时存款账户。个体工商户凭营业执照以字号或经营者姓名开立的银行结算账户纳入单位银行结算账户管理。

（1）基本存款账户。基本存款账户是存款人因办理日常转账结算和现金收付需要开立的银行结算账户。企业的工资、奖金等现金的支取只能通过基本存款账户办理。单位银行结算账户的存款人只能选择在一家银行的一个营业机构开立一个基本存款账户。基本存款账户是单位的主办账户。

（2）一般存款账户。一般存款账户是存款人因借款或其他结算需要，在基本存款账户开户银行以外的银行营业机构开立的银行结算账户。企业可以通过本账户办理借款转存、借款归还和现金缴存，但不能办理现金支取。

（3）专用存款账户。专用存款账户是存款人按照法律、行政法规和规章，对其特定用途资金进行专项管理和使用而开立的银行结算账户。如基本建设资金、更新改造资金、社会保障基金、粮油棉收购资金、住房基金等。

（4）临时存款账户。临时存款账户是存款人因临时需要并在规定期限内使用而开立的银行结算账户。如设立临时机构、异地临时经营开设的账户。临时存款账户的有效期最长不得超过2年。临时存款账户根据国家现金管理的规定办理现金收付。

2. 结算凭证、签章及账户管理规定

银行存款收付业务必须使用银行统一规定的结算凭证。单位在结算凭证上的签章，应为该单位的财务专用章或者公章加其法定代表人或者其授权的代理人的签名或者盖章。

银行结算账户的开立和使用应当遵守法律、行政法规的规定，不得利用银行结算账户进行偷逃税款、逃废债务、套取现金及其他违法犯罪活动。不得出租、出借银行账户。中国人民银行是银行结算账户的监督管理部门。

3. 银行结算纪律

根据《中国人民银行支付结算办法》的规定，结算纪律是指企业与业务往来的有关单位或个人办理业务结算时必须遵守的基本原则和制度。

（1）单位和个人办理支付结算，不准签发没有资金保证的票据或远期支票，套取银行信用。

（2）不准签发、取得和转让没有真实交易和债权债务的票据，套取银行和他人资金。

（3）不准无理拒绝付款，任意占用他人资金。

（4）不准违反规定开立和使用账户。

完成任务1

1.【单选题】 存款人日常活动的资金收付和现金的支出，应通过（　　）办理。

　　A. 基本存款账户　　B. 一般存款账户　　C. 专用存款账户　　D. 临时存款账户

2. 【单选题】 某公司基本存款账户开在 A 市工行,现需要向建行 B 分行申请贷款 50 万元,经审查同意贷款,其应在 B 分行开设(　　)。

A. 基本存款账户　　B. 一般存款账户　　C. 专用存款账户　　D. 临时存款账户

3. 【单选题】 下列账户中不能支取现金的是(　　)。

A. 基本存款账户　　　　　　　　B. 一般存款账户

C. 临时存款账户　　　　　　　　D. 个人银行结算账户

4. 【单选题】 银行结算账户的监督管理部门是(　　)。

A. 各级财政部门　　　　　　　　B. 中国人民银行

C. 各开户银行　　　　　　　　　D. 国务院及地方各级人民政府

5. 【单选题】 一般存款账户不能办理的业务是(　　)。

A. 借款转存　　B. 借款归还　　C. 现金缴存　　D. 现金支取

6. 【单选题】 开立(　　)的存款人都可以开立一般存款账户。

A. 基本存款账户　　　　　　　　B. 临时存款账户

C. 个人银行结算账户　　　　　　D. 专用存款账户

7. 【单选题】 临时存款账户的有效期限最长不得超过(　　)年。

A. 1　　　　　　B. 2　　　　　　C. 3　　　　　　D. 5

8. 【单选题】 存款人开立基本存款账户(　　),存款人可以自主选择不同经营理念的银行。

A. 只能有一个　　B. 只能在同城　　C. 没有数量限制　　D. 只能有三个

9. 【多选题】 基本存款账户的使用范围包括存款人的(　　)。

A. 日常经营活动的资金收付　　　B. 工资的支取

C. 粮、棉、油收购资金　　　　　D. 现金的支取

10. 【多选题】 一般存款账户的使用范围包括办理(　　)。

A. 现金缴存　　B. 现金支取　　C. 借款转存　　D. 借款归还

11. 【判断题】 为了便于结算,一个单位可以同时在几家金融机构开立银行基本存款账户。(　　)

12. 【判断题】 存款人开立的一般存款账户可以用于办理转账结算和现金缴存,但不得办理现金支取。(　　)

13. 【判断题】 基本存款账户的存款人可以通过本账户办理转账结算和现金缴存,但不能办理现金支取。

14. 【判断题】 中国人民银行是银行结算账户的监督管理部门。(　　)

✎ 学习小结与测评

1. 本任务知识点: ＿＿＿＿＿＿＿＿＿＿＿＿＿＿＿＿＿＿＿＿＿＿＿＿＿＿＿＿＿＿＿

＿＿＿

2. 请选择下面图形前的编码:

A. ★★　　　　　B. ★★★　　　　　C. ★★★★　　　　　D. ★★★★★

(1) 在完成学习任务的认真程度上,我选(　　);

（2）在知识的理解与运用上，我选（　　　）；

（3）在与大家的合作过程中，我选（　　　）。

岗位任务2

认知银行存款业务核算，查找未达账项，并编制银行存款余额调节表。

岗位知识2

一、银行存款的总分类核算

为了总括反映银行存款的收入、支出和结存情况，应设置"银行存款"总分类账户。该账户属于资产类账户，该账户核算企业存入银行或其他金融机构的各种款项。借方登记银行存款的增加数，贷方登记银行存款的减少数，期末余额在借方，反映企业存在银行或其他金融机构的各种款项。企业的银行汇票存款、银行本票存款、信用卡存款、信用证保证金存款、外埠存款不在本账户核算，应通过"其他货币资金"账户核算。银行存款总分类账采用订本式账簿，由不从事出纳工作的会计人员登记。

【例 1-3】 2015 年 10 月，天天面业有限公司根据发生的银行存款收付业务编制分录如下。

（1）签发现金支票业务：10 月 8 日，签发现金支票从银行提取现金 4 000 元作为备用金。

借：库存现金　　　　　　　　　　　　　　　　4 000

　　贷：银行存款　　　　　　　　　　　　　　　　　4 000

（2）签发转账支票业务：10 月 8 日，签发转账支票向南方实业有限公司采购土豆淀粉 5 000 千克，单价为 13 元/千克，增值税发票上注明价款 65 000 元，增值税 11 050 元，材料已验收入库。

借：原材料——土豆淀粉　　　　　　　　　　　65 000

　　应交税费——应交增值税（进项税额）　　　11 050

　　贷：银行存款　　　　　　　　　　　　　　　　　76 050

（3）收到转账支票业务：10 月 15 日，收到转账支票一张，收回华联商贸股份有限公司前欠货款 58 500 元。

借：银行存款　　　　　　　　　　　　　　　　58 500

　　贷：应收账款——华联商贸股份有限公司　　　　58 500

（4）汇兑业务：10 月 20 日，电汇 20 000 元到山西绿宝股份有限公司，预付采购绿农全麦面粉定金。

借：预付账款——山西绿宝股份有限公司　　　20 000

　　贷：银行存款　　　　　　　　　　　　　　　　　20 000

二、银行存款的序时核算

企业应设置"银行存款日记账"对银行存款进行序时核算。银行存款日记账可根据开户银行、币种等设置。银行存款日记账由出纳员根据银行收、付款结算凭证或记账凭证，按经济业务发生的先后顺序逐日逐笔进行登记，每日终了应结出余额，定期与银行对账单核对，保证账实相符。

三、银行存款的清查

1. 银行存款日记账与银行对账单不相符的原因

银行存款的清查是通过与开户银行核对银行存款账目,来查明银行存款的实有数额。为防止银行存款账目发生差错,企业应定期将银行存款日记账与银行对账单进行核对(每月至少一次),以检查银行存款的收支及结存情况。

银行存款日记账与开户银行转来的对账单不相符的原因有两个:一是记账错误,二是存在未达账项。

清查时,要将企业的银行存款日记账与银行对账单逐笔核对,如果属于记账错误,应核对后立即更正。当双方记账均无错误,银行存款日记账与银行对账单仍不一致时,往来是由于未达账项造成的。

2. 未达账项的类型

所谓未达账项是指对于同一笔业务,由于凭证传递上的时间差,一方已登记入账,而另一方因未取得结算凭证尚未登记入账的款项。未达账项通过编制银行存款余额调节表来进行调整。未达账项大致有以下四种情况,见表1-3所示。

表1-3 未达账项类型

未达账类型	说 明	调 整 方 法
企业已收,银行未收	企业已记存款增加,而银行未收到结算凭证尚未登记	银行补记增加
企业已付,银行未付	企业已记存款减少,而银行未收到结算凭证尚未登记	银行补记减少
银行已收,企业未收	银行已记存款增加,而企业未收到结算凭证尚未登记	企业补记增加
银行已付,企业未付	银行已记存款减少,而企业未收到结算凭证尚未登记	企业补记减少

编制银行存款余额调节表的目的是为了消除未达账项的影响,核对银行存款账目有无错误,故该表本身并不是原始凭证,不能根据该表的调整数登记银行存款日记账。

3. 银行存款余额调节表的编制方法

银行存款余额调节表的编制方法一般是在企业与银行双方的账面余额的基础上,各自加上各自未记的增加款项,减去各自未记的减少款项,然后再计算出各自的调节后余额。经过调节后双方余额应一致,调节后的余额就是企业目前银行存款的实有数。银行存款余额调节表不能作为记账依据,也不能据此表做账面调整,要待结算凭证到达企业后再进行账务处理,登记入账。经调节后,双方余额如果不相等,表明还存在记账错误,应进一步查明原因,并按照错账更正方法进行更正。

【例1-4】 2015 年 10 月 31 日,天天面业有限公司银行存款日记账的账面余额为1 280 000 元,银行对账单的余额为 960 000 元。经逐笔核对,发现以下未达账项,要求编制银行存款余额调节表。

(1) 企业收到销售商品 175 500 元已登记入账,但银行尚未登记入账。

(2) 企业送存转账支票 280 000 元已登记入账,但银行尚未登记入账。

(3) 企业开出转账支票偿还南方实业有限公司货款 35 000 元,但银行尚未登记入账。

（4）银行已收到外地汇入货款 142 500 元，但企业尚未入账。

（5）银行代企业支付电费 42 000 元，但企业未收到银行付款通知，尚未记账。银行存款余额调节表见表 1-4 所示。

表 1-4　银行存款余额调节表

2015 年 10 月 31 日　　　　　　　　　　　　　单位：元

项　目	金　额	项　目	金　额
企业银行存款日记账余额	1 280 000	银行对账单余额	960 000
加：银行已收、企业未收款	142 500	加：企业已收、银行未收款	455 500
减：银行已付、企业未付款	42 000	减：企业已付、银行未付款	35 000
调节后的存款余额	1 380 500	调节后的存款余额	1 380 500

完成任务2

1.【判断题】　企业平时核对银行存款只需以银行对账单为准。（　　）

2.【判断题】　未达账款是指企业与银行之间由于凭证传递上的时间差，一方已登记入账，而另一方尚未入账的款项。（　　）

3.【判断题】　企业与银行核对银行存款账目时，对已发现的未达账项，应当编制银行存款余额调节表进行调节，并根据银行存款余额调节表进行相应的账务处理。（　　）

4.【判断题】　导致企业银行存款的余额与银行企业存款的余额在同一日期不一致的情况有：银行已收，企业未收；银行已付，企业未付；企业已收，银行未收；企业已付，银行已付。（　　）

5.【判断题】　企业可根据银行存款余额调节表来登记银行存款日记账。（　　）

6.【分录题】　天天面业有限公司 2015 年 10 月 15 日，销售精典原味挂面 1 000 盒，单价为 12.80 元/盒，价款 12 800 元，增值税 2 176 元，收到转账支票一张，价税款已收妥存入银行。要求编制会计分录。

7.【计算分析题】　海成公司 2015 年 10 月银行存款日记账账面余额为 160 000 元，开户行送到的对账单所列本企业存款余额 155 000 元，经逐笔核对，发现未达账项如下，要求编制表 1-5 银行存款余额调节表。

表 1-5　银行存款余额调节表

年　月　日　　　　　　　　　　　　　单位：元

项　目	金　额	项　目	金　额
企业银行存款日记账余额		银行对账单余额	
加：银行已收、企业未收款		加：企业已收、银行未收款	
减：银行已付、企业未付款		减：企业已付、银行未付款	
调节后的存款余额		调节后的存款余额	

（1）10 月 5 日，企业收到购买单位转账支票一张，计 10 600 元，已送存银行，但银行尚未入账。

（2）10 月 6 日，银行计算企业存款利息 2 600 元，已记入企业存款户，企业尚未接到通知而未入账。

（3）10月21日，企业为支付职工的差旅费开出现金支票一张，计5 000元，持票人尚未到银行取款。

（4）12月25日，企业经济纠纷案败诉，银行代扣违约罚金2 000元，企业尚未接到通知而未入账。

✏️ 学习小结与测评

1．本任务知识点：＿＿＿＿＿＿＿＿＿＿＿＿＿＿＿＿＿＿＿＿＿＿＿＿＿＿＿

＿＿＿＿＿＿＿＿＿＿＿＿＿＿＿＿＿＿＿＿＿＿＿＿＿＿＿＿＿＿＿＿＿＿＿＿

2．请选择下面图形前的编码：

 A. ⭐⭐ B. ⭐⭐⭐ C. ⭐⭐⭐⭐ D. ⭐⭐⭐⭐⭐

（1）在完成学习任务的认真程度上，我选（　　　）；

（2）在知识的理解与运用上，我选（　　　）；

（3）在与大家的合作过程中，我选（　　　）。

项目四　支付结算方式

👷 岗位任务

认知银行支付结算方式的种类及应用。

🧮 岗位知识

一、支付结算概述

（一）支付结算的概念

支付结算有广义和狭义之分，广义的支付结算包括现金结算和非现金结算。现金交易不但逃避了银行的金融监管，也容易导致偷税漏税现象，仅限于个人之间和单位之间结算起点以下的零星收支以及单位对个人的有关开支。狭义的支付结算仅指非现金结算，即中国人民银行发布的《支付结算办法》中所指的"支付结算"。本部分取狭义上的含义，是指单位、个人在社会经济活动中使用票据、信用卡和汇兑、托收承付、委托收款等结算方式进行货币资金清算的行为。

（二）支付结算的分类

按照不同的标准，支付结算可分为不同的类别，详见表1-6所示。

依据中国人民银行《支付结算办法》规定，我国企业单位发生货币资金收付业务时，可采用"三票""一卡""三方式"进行货币资金的清算。具体见表1-7。

我国早在1997年8月1日，就由中国人民银行公布了国内信用证结算办法，信用证是有条件的银行担保，是银行（开证行）应买方（申请人）的要求和指示，保证立即或在将来某一时间内，付给卖方（受益人）一笔款项的凭证。卖方（受益人）得到这笔钱的条件，是向银行提交信用证中规定的单据,如商业、运输、保险、政府和其他用途的单据。采取国内信用证这一结算方式,双方可以通过单证进行约束,由银行进行单证的审核,并承担第一性付款责任,买卖双方的交易安全将得到保障。

表 1-6　支付结算的类型

标　准	分　类	说　明
按形式不同	现金结算	直接用现金进行货币收付,结清其债权债务
	非现金结算	又称转账结算,是通过银行将款项从付款单位的账户划转到收款单位的账户来完成货币收付以结清债权债务的行为
按工具不同	票据结算	以票据(汇票、本票和支票)作为支付工具来结清货币收付双方的债权债务关系的行为
	非票据结算	以结算凭证为依据来清结债权债务关系的行为,如银行卡、汇兑、托收承付和委托收款结算等

表 1-7　支付结算方式

结算方式种类		说　明	适用范围
三票	汇票	分为银行汇票和商业汇票	同城(同一票据交换区,下同)、异地
	本票	银行本票	同城
	支票	分现金支票、转账支票和普通支票	同城、异地(2007 年起中国人民银行推广上线支票影像系统,2007 年 7 月 8 日,中国人民银行宣布,支票可以实现全国范围内互通使用)
一卡	信用卡	贷记卡和准贷记卡	同城、异地
三方式	汇兑	分信汇和电汇	异地
	托收承付	分邮划和电划	异地(每笔起点为 10 000 元,新华书店每笔为 1 000 元)
	委托收款	分邮划和电划	同城、异地

（三）支付结算的原则

支付结算原则是指单位、个人和银行在办理支付结算时,必须遵守的行为准则。

1. 恪守信用,履约付款原则

办理支付结算业务的收付款双方及各自的开户银行,必须共同遵守合同规定,履行各方职责。付款方必须履约付款,不得拖欠、无理拒付款项。

2. 谁的钱进谁的账、由谁支配原则

银行在办理结算时,必须按照存款人的委托,将款项支付给其指定的收款人;对存款人的资金,除国家法律另有规定外,必须由其自由支配。

3. 银行不垫款原则

即银行在办理结算过程中,只负责办理结算当事人之间的款项划拨,不承担垫付任何款项的责任。

（四）办理支付结算的要求

1. 办理支付结算的基本要求

(1) 办理支付结算必须使用中国人民银行统一规定的票据和结算凭证,未使用中国人民银行统一规定的票据,票据无效;未使用中国人民银行统一规定的结算凭证,银行不予受理。

(2) 办理支付结算必须按统一的规定开立和使用账户。

(3) 填写票据和结算凭证应当全面规范,做到数字正确,要素齐全,不错不漏,字迹清楚,防止涂改。票据和结算凭证金额以中文大写和阿拉伯数字同时记载,二者必须一致,否则,银行不予受理。

(4) 票据和结算凭证上的签章和记载事项必须真实,不得变造、伪造。

2. 支付结算凭证填写的要求

(1) 票据的出票日期必须使用中文大写。在填写月日时,月为壹、贰和壹拾的,日为壹至玖和壹拾、贰拾和叁拾的,应在其前加"零";日为拾壹至拾玖的,应在其前加"壹"。大写日期未按要求规范填写的,银行可予受理;但由此造成损失的,由出票人自行承担。

(2) 中文大写金额数字应用正楷或行书填写,不得自造简化字。如果金额数字书写中使用繁体字,也应受理。

(3) 中文大写金额数字前应标明"人民币"字样,大写金额数字应紧接"人民币"字样填写,不得留有空白。

(4) 中文大写金额数字到"元"为止的,在"元"之后应写"整"或"正"字,到"角"为止的,在"角"之后可以不写"整"或"正"字。大写金额数字有"分"的,"分"后面不写"整"或"正"字。

(5) 阿拉伯小写金额数字前面,均应填写人民币符号"￥"。

(6) 阿拉伯小写金额数字中有"0"的,中文大写应按照汉语语言规律、金额数字构成和防止涂改的要求进行书写。

票据和结算凭证的金额、出票或签发日期、收款人名称不得更改,更改的票据无效;更改的结算凭证,银行不予受理。

二、支付结算方式

在办理支付结算业务时,企业应根据自身经营状况、业务性质、行业竞争情况,选择恰当的经营方式,加速企业的资金周转,减少货款拖欠,确保在经济往来中处于主动地位。

(一)银行汇票结算方式

1. 银行汇票的概念

银行汇票是出票银行签发的,由其在见票时按照实际结算金额无条件支付给收款人或者持票人的票据。银行汇票式样见图 1-1 所示。

2. 银行汇票的特点

(1) 单位和个人的各种款项结算,均可使用银行汇票。

(2) 银行汇票可用于转账,填明"现金"字样的银行汇票可用于支取现金。

(3) 银行汇票的提示付款期为一个月,持票人超过付款期限提示付款的,银行将不予受理。

(4) 银行汇票收款人可将银行汇票背书转让给他人,但填明"现金"字样的银行汇票不得背书转让。背书转让以不超过出票结算金额的实际金额为限,未填明实际结算金额或实际结算金额超过出票金额的银行汇票不得背书转让。

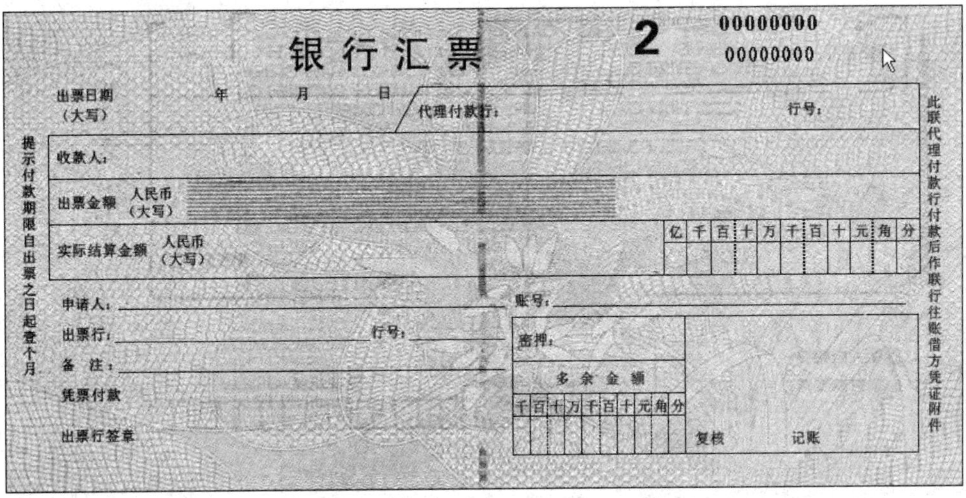
银行汇票　2　00000000　00000000
出票日期（大写）　年　月　日　代理付款行：　行号：
收款人：
出票金额　人民币（大写）
实际结算金额　人民币（大写）　亿 千 百 十 万 千 百 十 元 角 分
申请人：　账号：
出票行：　行号：　密押：
备　注：　多余金额
凭票付款　千 百 十 万 千 百 十 元 角 分
出票行签章　复核　记账
提示付款期限自出票之日起壹个月
此联代理付款行付款后作联行往账借方凭证附件

图 1-1　银行汇票第二联

(5) 银行汇票遗失，失票人可以凭人民法院出具的其享有票据权利的证明，向出票银行请求付款或退款。

3. 银行汇票结算方式的结算程序

企业采用银行汇票结算时，应向签发银行填写“银行汇票申请书”，签发银行受理后，收妥款项，签发银行汇票。银行汇票一式四联，第一联为卡片，第二联为银行汇票，第三联为解讫通知，第四联为多余款收账通知。

申请人取得银行汇票后可持银行汇票向填明的收款人办理结算，收款人在银行汇票的第二、三联填写“实际结算金额”和“多余款金额”，并在汇票背面“持票人向银行提示付款签章处签章，填写进账单后将银行汇票第二、三联一并送交开户银行办理转账。收款人开户银行经过审核后将进账单第一联退给收款人作收账通知，然后将银行汇票第三联加盖转讫章后连同联行报单传递到出票银行进行资金清算。

（二）商业汇票

1. 商业汇票的概念

商业汇票是出票人签发的，委托银行在指定日期无条件支付确定的金额给收款人或者票据持有人的票据。商业汇票根据承兑人不同，分为商业承兑汇票和银行承兑汇票。商业汇票适用于同城或异地结算。商业承兑汇票的式样见图 1-2 所示。

2. 商业汇票结算方式的特点

(1) 在银行开立存款账户的法人及其他组织之间，必须具有真实的交易关系或债权债务关系，才能使用商业汇票。

(2) 商业汇票的付款期限最长不得超过 6 个月。付款期限由交易双方商定，商业汇票的提示付款期自汇票到期日起 10 日。

(3) 商业汇票一律记名，允许背书转让。商业汇票的持票人需要资金时，可持未到期的商业汇票向银行贴现。

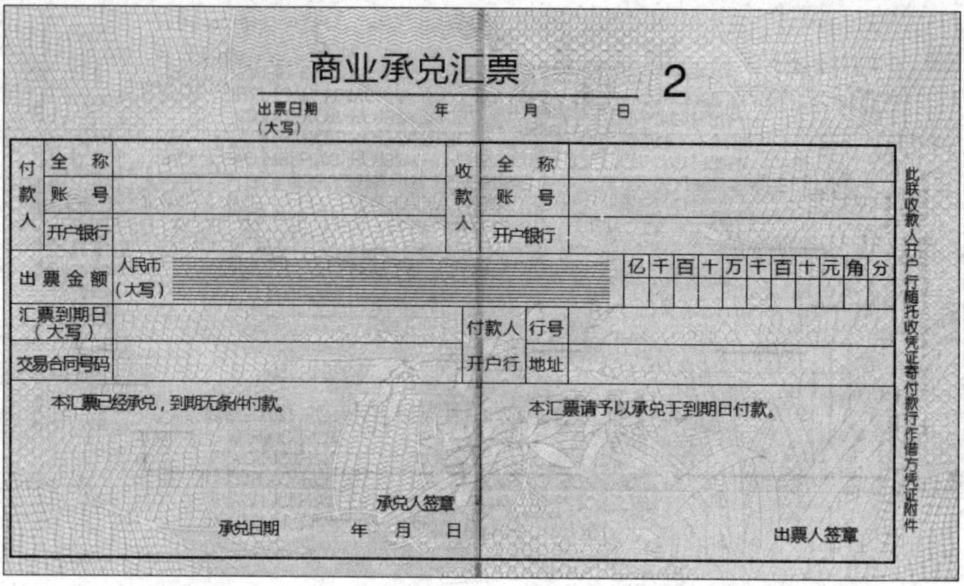

商业承兑汇票 2

出票日期（大写） 年 月 日

付款人	全称		收款人	全称	
	账号			账号	
	开户银行			开户银行	
出票金额	人民币（大写）		亿千百十万千百十元角分		
汇票到期日（大写）			付款人开户行	行号	
交易合同号码				地址	

本汇票已经承兑，到期无条件付款。

承兑人签章

承兑日期 年 月 日

本汇票请予以承兑于到期日付款。

出票人签章

此联收款人开户行随托收凭证寄付款行作借方凭证附件

图 1-2 商业承兑汇票第二联

(4) 定日付款或者出票后定期付款的汇票，持票人应当在汇票到期日前向付款人提示承兑(提示承兑是指持票人向付款人出具汇票，并要求付款人承诺付款的行为)；见票后定期付款的汇票，持票人应当自出票日起 1 个月内向付款人提示承兑。

(5) 银行承兑汇票信用好，承兑性强，银行承兑汇票经银行承兑后到期无条件付款。商业承兑汇票由银行以外的付款人承兑。

(6) 按照现行规定，银行承兑手续费按银行承兑汇票的票面金额的万分之五计收，每笔手续费不足 10 元的，按 10 元计收。由承兑银行从出票人存款户中扣收。

3. 商业汇票结算方式的结算程序

(1) 商业承兑汇票的结算程序。商业承兑汇票是由收款人签发，经付款人承兑或由付款人签发并承兑。商业承兑汇票一式三联，第一联为卡片，第二联为汇票，第三联为存根。付款人在商业承兑汇票的第二联正面签署“承兑”字样，并填写承兑日期和加盖预留银行印鉴后，将汇票交付收款人。第一、三联付款人留存。

收款人或被背书人收到商业承兑汇票后，在提示付款期内填写一式五联的委托收款凭证，选择电划或邮划的方式，与商业承兑汇票一并提交其开户银行。开户银行审核并收取邮电费、手续费后，在第三联委托收款凭证上加盖结算专用章，连同第四、五联商业承兑汇票一并传递给付款人开户银行。付款人开户银行收到收款人开户银行传递的委托收款第三、四、五联及商业承兑汇票后，经过审核(如承付期限是否到期等)后，在委托收款凭证第五联填写收款日期，加盖业务章，连同商业承兑汇票一并及时送付款人签收，通知付款。

商业承兑汇票的承付期为 3 天，自付款人开户银行发出承付通知的次日起计算，法定节假日顺延。3 天内，付款人应审核债务证明是否真实，确认之后通知银行付款。若付款人在承付期内，未向银行表示拒绝付款，银行即视作同意付款，并在次日(节假日顺延)上午银行开始营业时，将款项主动从付款人账户划出。划转款项时将第三联作借方凭证，第四联加盖业务章后传递到收款人开户银行。如果购货企业的存款不足,开户银行应将票据退还给销售企业,银行不负责付款,由购销双方自行处理。

（2）银行承兑汇票的结算程序。银行承兑汇票是由付款人签发,由付款人委托开户银行承兑,银行按照有关规定审核（包括是否具有可靠资金来源等）后,与付款人签订"银行承兑协议",收取保证金,并按票面金额收取 0.05％ 的承兑手续费后签发。银行承兑汇票一式三联。第一联为卡片,第二联为汇票,第三联为存根。付款人开户银行留存银行承兑汇票第一联承兑协议,第二、三联交给付款人转给收款人。

收款人或被背书人在提示付款期内,填写一式五联的委托收款凭证,选择电划或邮划的方式,与银行承兑汇票一并提交其开户银行办理收款手续。付款人应于银行承兑汇票到期前将票款足额交存开户银行,以备到期支付票款。如到期日之前申请人不能足额交付票款,承兑银行对不足支付部分的票款转作在兑申请人逾期贷款,并对不足部分按照每天 0.05％ 计收罚息。银行承兑汇票的流程见图 1-3 所示。

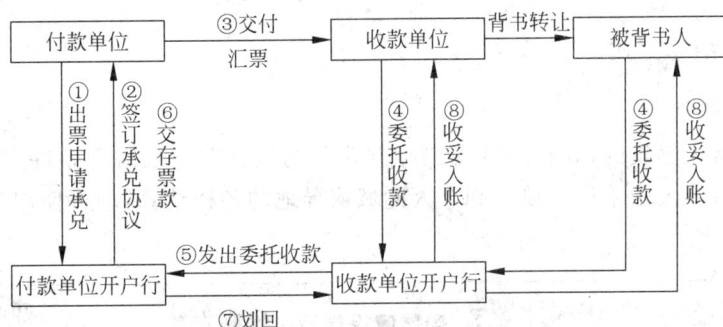

图 1-3　银行承兑汇票流转程序图

（三）银行本票结算方式

1. 银行本票的概念

银行本票是银行签发的,承诺自己在见票时无条件支付确定的金额给收款人或持票人的票据,式样见图 1-4 所示。

2. 银行本票的特点

（1）银行本票适用于同一票据交换区的单位和个人所有款项的结算。

（2）银行本票的提示付款期自出票日起最长不得超过 2 个月。

（3）银行本票可以用于转账,注明"现金"字样的银行本票可以用于支取现金。

（4）银行本票分为定额银行本票和不定额银行本票两种。定额银行本票分为 1 000 元、5 000 元、10 000 元和 50 000 元四种。

（5）银行本票的收款人可以将银行本票背书转让给被背书人。

3. 银行本票的结算程序

付款人申请办理银行本票,应向签发银行填写申请书,银行受理后,收妥款项,签发银行本票交给付款人。付款人持银行本票办理结算时交收款人,收款人或持票人在银行本票背面签章,连同填制的一式三联进账单送开户银行办理进账。

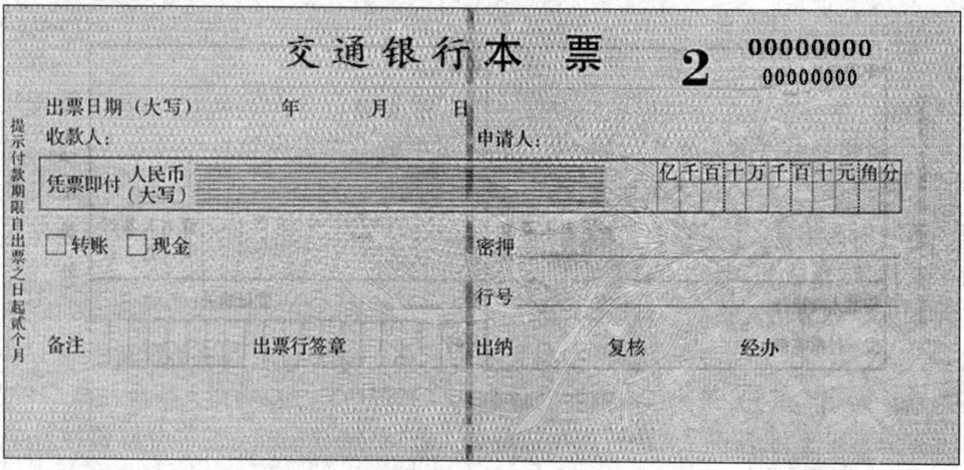
交通银行本票 2 00000000 00000000
提示付款期限自出票之日起贰个月
出票日期(大写) 年 月 日
收款人: 申请人:
凭票即付 人民币(大写) 亿 千 百 十 万 千 百 十 元 角 分
□转账 □现金 密押
行号
备注 出票行签章 出纳 复核 经办

图 1-4 银行本票第二联

(四)支票结算方式

1. 支票的概念

支票是出票人签发的,委托办理支票存款业务的银行在见票时无条件支付确定的金额给收款人或者持票人的票据。单位和个人同城或异地的各种结算,均可使用支票,转账支票的样式见图 1-5 所示。

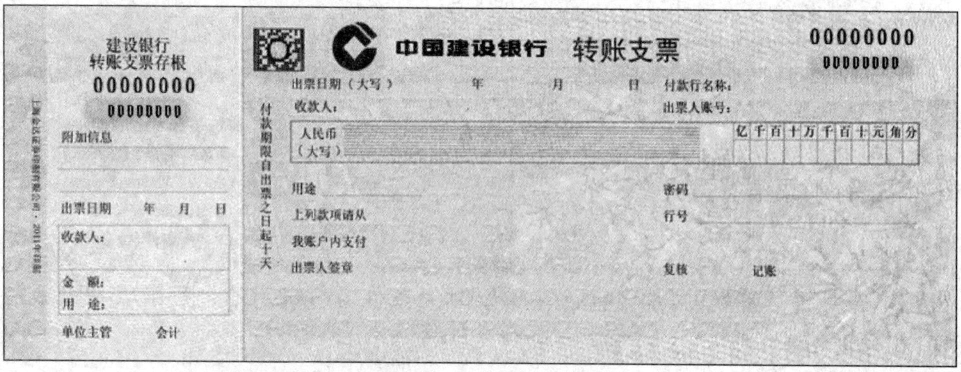
建设银行 转账支票存根 00000000 00000000
附加信息
出票日期 年 月 日
收款人:
金 额:
用 途:
单位主管 会计
中国建设银行 转账支票 00000000 00000000
付款期限自出票之日起十天
出票日期(大写) 年 月 日 付款行名称:
收款人: 出票人账号:
人民币(大写) 亿 千 百 十 万 千 百 十 元 角 分
用途 密码
上列款项请从 行号
我账户内支付
出票人签章 复核 记账

图 1-5 转账支票

2. 支票的类别

支票按其支付方式不同,可分为现金支票、转账支票和普通支票三种。

现金支票:支票上印有“现金”字样的为现金支票,现金支票只能用于支取现金,不能转账。

转账支票:支票上印有“转账”字样的为转账支票,转账支票只能用于转账,不能支取现金。

普通支票:支票上未印有“现金”或“转账”字样的为普通支票,普通支票可以用于支取现金,也可以用于转账;在普通支票左上角划两条平行线的,为划线支票,划线支票只能用于转账,不得支取现金。

3．支票的主要规定

（1）支票一律记名（即填明收款人名称），可以背书转让，但用于支取现金的支票不得背书转让。

（2）支票提示付款期限自出票日起 10 天，超过提示付款期限的，持票人开户银行不予受理，付款人不予付款。

（3）支票上未记载收款人的，经出票人授权可以补记。持票人可以委托开户银行收款，或直接向付款人提示付款。

（4）禁止签发空头支票。即不得签发超过其在银行或其他金融机构的存款账户中的存款金额。根据《中华人民共和国票据法》等法律法规的规定，出票人签发空头支票的由中国人民银行对其处以票面金额 5％但不低于 1 000 元的罚款，且持票人有权要求出票人赔偿支票金额 2％的赔偿金。

（5）用于支取现金的支票仅限于收款人向付款人提示付款，当收款人为个人时，收款人须在现金支票背面填写身份证号码和发证机关名称并签名。

4．支票结算方式处理程序

（1）现金支票。现金支票的收款人一般为本单位（提取备用金）和个人，不能为其他单位。

存款人出票后交收款人，收款人收到现金支票后提交开户银行，经开户银行审核后支付现金。当收款人为个人时，收款人需在现金支票背面填写身份证号码和发证机关名称并签名；当收款人为单位时，支票背面"收款人签章"栏加盖单位的财务专用章和法人章。提取 5 万元及以上大额现金时，需出具单位经办人（或收款人）身份证及复印件。

（2）转账支票。

① 出票人提交开户银行。出票人签发转账支票后，填写一式三联进账单，连同转账支票一并提交开户银行主动要求付款给收款人。

② 收款人提交出票人开户银行。收款人根据支票填写一式三联的进账单，并在转账支票背面作"委托收款"背书后一并提交开户银行，经银行审核后，办理转账。转账支票出票人与收款人不在同一网点时的处理流程见图 1-6。

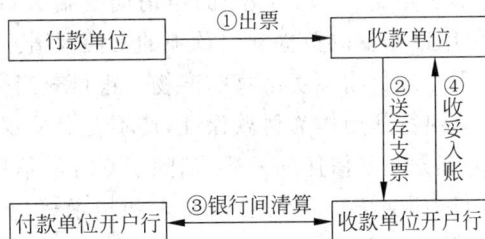

图 1-6　转账支票流转程序图

（五）信用卡结算方式

1．信用卡的概念

信用卡是指商业银行向个人或单位发行的，凭以向特约单位购物、消费和向银行存取现金,且具有消费信用的特制载体卡片。信用卡具有透支功能,是银行提供给用户的一种先消费后还款的小额信贷支付工具。持卡人可在信用额度内消费或提取现金。

2. 信用卡的种类

信用卡分为贷记卡和准贷记卡。

贷记卡是指发卡银行给予持卡人一定的信用额度,持卡人在信用额度内先消费后还款的信用卡。信用额度,又称信用限额,是指发卡银行根据用户的收入状况和信用等级情况,在一定的期限内,给予最高可以使用的限额。信用额度可循环使用,消费后只要在到期还款日前全部偿还应付款项,就可继续重新享受全部信用额度。

准贷记卡是指持卡人须按要求交存一定金额的备用金,当备用金账户余额不足时,可在发卡行规定的信用额度内透支的信用卡。通常说的信用卡一般是指贷记卡。

信用卡的分类标准还有:按使用对象分为单位卡和个人卡;按币种分为单币卡和双币卡;按信息载体分为磁条卡和芯片卡(安装有一个微型电脑芯片,具有更高的防伪能力),按从属关系分为主卡和附属卡。

3. 信用卡结算方式的主要规定

(1) 凡在我国境内金融机构开立基本存款账户的单位,均可申领单位卡,单位卡账户的资金一律从其基本存款账户转入,不得交存现金或将销售收入转入。

(2) 单位卡不得用于 10 万元以上的商品交易、劳务供应款项的结算,不得用于支取现金。销户时,单位卡账户余额应转入其基本存款账户。

(3) 单位卡一律不得支取现金。

4. 信用卡结算程序

单位或个人填制申请表申领信用卡,连同有关资料送交发卡银行,发卡银行审核后符合规定的,为申领人开立信用卡存款账户,并发给信用卡,持卡人即可持信用卡到特约单位购物或消费。

(六) 信用证结算方式

1. 信用证的概念

信用证是指开证银行依照申请人(购货方)的申请向受益人(销货方)开出的有一定金额、在一定期限内凭符合信用证条款的单据支付款项的书面承诺。

信用证方式是银行信用介入货物买卖结算的产物。银行充当了购货方和销货方的中间商和保证人。这种方式是以银行信用作为付款保证,使不在交易现场的买卖双方,在履行合同时处于同等地位,解决了双方互不信任的矛盾,消除了双方的信用隔阂。信用证是有条件的银行担保,是银行(开证行)应买方(申请人)的要求和指示,保证立即或在将来某一时间内,付给卖方(受益人)一笔款项的凭证。卖方(受益人)得到这笔钱的条件,是向银行(议付行)提交信用证中规定的单据,如商业、运输、保险、政府和其他用途的单据。买方的钱不直接给卖方而暂存中介方,卖方的货也不直接给买方而暂存中介方,中介方将两者手中的钱货互换,从而完成交易过程。

2. 信用证的主要规定

(1) 我国信用证为不可撤销、不可转让的跟单信用证。不可撤销信用证,是指信用证开具后在有效期内,非经信用证各有关当事人(即开证银行、开证申请人和受益人)的同意,开证银行不得修改或者撤销的信用证；不可转让信用证，是指受益人不能将信用证的权利转让给他人的信用证。

(2) 国内信用证结算方式只适用于国内企业之间商品交易产生的货款结算，并且只能用于转款结算，不得支取现金。

3. 信用证结算程序

付款方向银行提交开证申请书、承诺书和购销合同后，经银行审核同意，并向银行交存信用证保证金后，银行开出信用证交付款人。付款人持证办理有关结算。

(七) 汇兑结算方式

1. 汇兑的概念

汇兑是汇款人委托银行将其款项支付给收款人的结算方式。单位和个人的各种款项的结算，均可使用汇兑结算方式。

汇兑分为信汇(汇出行以邮寄方式将信汇凭证寄给汇入行)和电汇(汇出行以电报或电传方式发出汇款电文)两种，由汇款人选择使用。电汇凭证格式见图1-7所示。

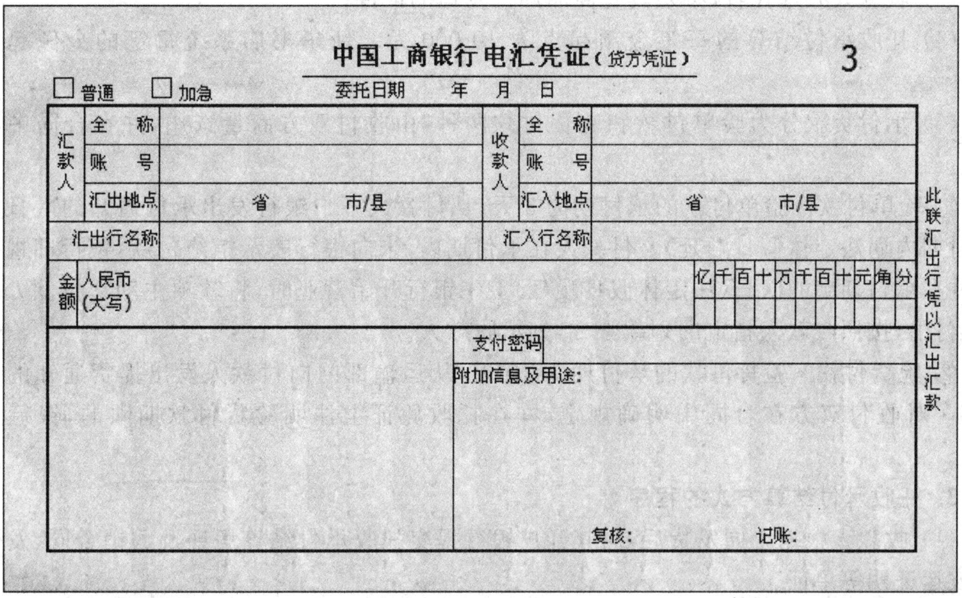
中国工商银行电汇凭证(贷方凭证)　3

□普通　□加急　委托日期　年　月　日

汇款人	全　称		收款人	全　称	
	账　号			账　号	
	汇出地点	省　市/县		汇入地点	省　市/县
汇出行名称			汇入行名称		
金额	人民币(大写)		亿千百十万千百十元角分		
			支付密码		
			附加信息及用途：		
			复核：　记账：		

此联汇出行凭以汇出汇款

图1-7　电汇凭证第三联

2. 汇兑结算方式的主要规定

(1) 单位和个人的各种款项核算，均可使用汇兑结算方式。

(2) 汇兑结算方式没有金额起点的限制。

(3) 需要汇入银行支取现金的，应在“汇款金额”大写栏前填写“现金”字样后再填写汇票金额。

3. 汇兑结算方式程序

汇款人汇出款项时，应填写信汇或电汇凭证，将汇兑凭证及款项交付银行后，委托银行将款项汇往汇入行，汇入行接到有关凭证或电文后，将款项收进收款人账户，并向收款人发出收账通知。收款人不在本行开户的,汇入行需以收款人名称开立"应解汇款"账户,同时通知收款人来行办理取款手续。

(八) 托收承付结算方式

1. 托收承付的概念

收款单位根据购销合同发货后委托银行向异地付款单位收取款项,由付款单位向银行承诺付款的一种结算方式。托收是指收款人按照签订的购销合同发货后,委托银行办理托收;承付是指付款人开户银行收到托收凭证及其附件后,应当及时通知付款人。托收承付按款项划回方式分为邮划和电划两种。

2. 托收承付结算方式的主要规定

(1) 使用托收承付结算方式的收款单位和付款单位,必须是国有企业、供销合作社以及经营管理较好,并经开户银行审查同意的城乡集体所有制工业企业。

(2) 办理托收承付结算的款项,必须是商品交易,以及因商品交易而产生的劳务供应的款项。代销、寄销和赊销商品的款项不得办理托收承付结算。

(3) 收款人办理托收,必须具有商品确已发运的证件。

(4) 托收承付结算的每笔金额起点为 10 000 元。新华书店系统每笔的金额起点为 1 000 元。

(5) 承付货款分为验单付款和验货付款两种,由收付双方商量选用,并在合同中明确规定。

① 验单付款。验单付款的承付期为 3 天,从付款人开户银行发出承付通知的次日算起(承付期内遇法定休假日顺延)。付款人在承付期内,未向银行表示拒绝付款,银行即视作承付,并在承付期满的次日(法定休假日顺延)上午银行开始营业时,将款项主动从付款人的账户内付出,按照收款人指定的划款方式,划给收款人。

② 验货付款。验货付款的承付期为 10 天,从运输部门向付款人发出提货通知的次日算起。对收付双方在合同中明确规定,并在托收凭证上注明验货付款期限的,银行从其规定。

3. 托收承付结算方式的程序

(1) 收款人根据合同发货后,向其开户银行提交托收承付结算凭证及购销合同、发票账单、发运证明等单证。

(2) 收款人开户银行审查无误后,将有关单证寄交付款人开户银行,以通知付款人。

(3) 付款人收到托收承付结算凭证及所附单据后,应立即审核是否符合订货合同的规定。如果是验单承付,单证核对相符后即予以承付,不论货物是否到达;如果是验货承付,应检查货物是否相符,再予以承付。若发现货物的品种、规格、质量等与合同规定不符,可在承付期内填制全部或部分拒付理由书,向银行办理拒付。

(九) 委托收款结算方式

1. 委托收款的概念

委托收款是收款人委托银行向付款人收取款项的结算方式。单位和个人凭已承兑商业汇票、债券、存单等付款人债务证明办理款项的结算,均可以使用委托收款结算方式。委托收款有邮寄和电报两种方式,由收款人选用。

2. 委托收款的主要规定

(1) 单位和个人的各种款项的结算均可以采用委托收款结算方式。不受结算金额起点的限制。

(2) 委托收款付款期限为3天,从付款银行发出付款通知的次日算起,到期日遇到节假日顺延。付款人在付款期内未向银行提出拒付的,银行视为同意付款。需拒付的,应在付款期内向银行办理拒付手续。

3. 委托收款结算方式的程序

收款人委托银行收款时,应填写一式五联的委托收款凭证交开户银行,收款人开户银行受理后,将有关单证交付款人开户银行,付款人开户银行收到后通知付款人,付款人收到付款通知后,无异议的随即通知银行付款,若符合拒付条件的,应在3天内填写拒付理由书,连同委托收款第五联一并交给银行办理拒付手续。若3日内未提出异议,银行视为同意付款,并于第4日从付款人账户划出款项。委托收款结算方式流转程序图见图1-8。

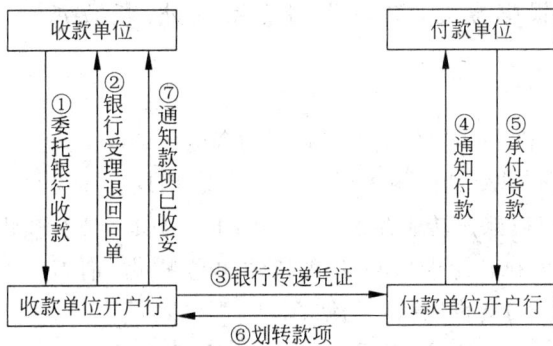

图1-8　委托收款结算方式流转程序图

完成任务

1.**【单选题】** 根据填写票据和结算凭证的基本要求,在填写月、日时,月为(　　)月的,无须在其前面加"零"。

　　A. 壹　　　　　　　B. 贰　　　　　　　C. 伍　　　　　　　D. 壹拾

2.**【单选题】** 下列各项中,不符合票据和结算凭证填写要求的是(　　)。

　　A. 中文大写金额数字到角为止的,在角之后可以不写"整"字

　　B. 票据的出票日期使用阿拉伯数字填写

　　C. 阿拉伯小写数字前填写人民币符号

　　D. "2月12日"出票的票据,票据的出票日期填写为"零贰月壹拾贰日"

3.**【单选题】** 票据的出票日期必须使用中文大写。为防止变造票据的出票日期,1月10日应写成(　　)。

　　A. 壹月拾日　　　　　　　　　　B. 壹月壹拾日

　　C. 零壹月零壹拾日　　　　　　　D. 零壹月壹拾日

4.**【单选题】** 商业汇票按承兑人的不同,分为(　　)。

A. 商业汇票和银行汇票　　　　　　　B. 即期汇票和远期汇票

C. 可承兑汇票和不可承兑汇票　　　　D. 商业承兑汇票和银行承兑汇票

5.【单选题】 出票人签发的支票金额超过其付款时在存款人处实存的存款金额的，为（　　）。

A. 信用支票　　　B. 空头支票　　　C. 空白支票　　　D. 可托付支票

6.【单选题】 某单位签发一张空头支票，票面金额为 15 000 元，对此，银行应予退票，并可对出票人处以（　　）元的罚款。

A. 500　　　　B. 750　　　　C. 1 000　　　　D. 1 500

7.【单选题】 支票的提示付款期限为出票日起（　　）。

A. 2 个月　　　B. 10 日　　　C. 1 个月　　　D. 15 天

8.【单选题】 汇兑一般用于（　　）间的结算。

A. 同城　　　　　　　　　　　　B. 异地

C. 同一票据交换区域　　　　　　D. 同城异地均可

9.【单选题】 根据规定，除新华书店系统外，托收承付结算每笔的金额起点为（　　）元。

A. 1 000　　　B. 5 000　　　C. 10 000　　　D. 20 000

10.【单选题】 根据规定，单位信用卡账户的资金一律（　　）。

A. 用销货收入存入　　　　　　　B. 用现金存入

C. 从其基本存款账户转账存入　　D. 从其一般存款账户转账存入

11.【单选题】 信用卡持卡人可以在特约单位购物、消费。但是单位卡不得用于（　　）以上的商品交易、劳务供应款项的结算。

A. 5 000 元　　　B. 1 万元　　　C. 5 万元　　　D. 10 万元

12.【多选题】《票据法》中的票据是指（　　）。

A. 银行本票　　　B. 支票　　　C. 银行汇票　　　D. 商业汇票

13.【多选题】 下列项目中，属于非票据结算方式的有（　　）。

A. 汇兑　　　　B. 汇票　　　C. 托收承付　　　D. 委托收款

14.【多选题】 下列各项中，适用单位和个人使用的结算方式有（　　）。

A. 委托收款　　　B. 信用卡　　　C. 汇兑　　　D. 托收承付

15.【多选题】 根据《支付结算办法》及有关规定，单位卡的持卡人不得使用的情形有（　　）。

A. 5 万元的商品交易　　　　　　B. 11 万元的劳务供应款项的结算

C. 支取现金　　　　　　　　　　D. 续存现金

✎ 学习小结与测评

1. 本任务知识点：＿＿＿＿＿＿＿＿＿＿＿＿＿＿＿＿＿＿＿＿＿＿＿＿＿＿＿＿＿＿＿＿

＿＿

2. 请选择下面图形前的编码：

A. ★★　　　　B. ★★★　　　　C. ★★★★★　　　　D. ★★★★★★

（1）在完成学习任务的认真程度上，我选（　　　）；

（2）在知识的理解与运用上，我选（　　　）；

（3）在与大家的合作过程中，我选（　　　）。

项目五　其他货币资金的管理与核算

岗位任务

认知其他货币资金。

岗位知识

一、其他货币资金的内容

其他货币资金是指企业除库存现金、银行存款以外的各种货币资金。从性质上看，其他货币资金同属于货币资金，由于用途和存放地点不同，列入其他货币资金核算。其他货币资金主要包括银行汇票存款、银行本票存款、信用卡存款、信用证保证金存款、外埠存款、存出投资款等。

1. 银行汇票存款

银行汇票存款是指企业为取得银行汇票按规定存入银行的款项。

2. 银行本票存款

银行本票存款是指企业为取得银行本票按规定存入银行的款项。

3. 信用卡存款

信用卡存款是指企业为取得信用卡按规定存入银行的款项。

4. 信用证保证金存款

信用证保证金存款是指企业为取得信用证按规定存入银行的款项。

银行汇票存款、银行本票存款、信用卡存款、信用证保证金存款这四种存款是由对应的结算方式而形成的。

5. 外埠存款

是指企业到外地进行临时或零星采购时，汇往采购地银行并在采购地银行开立采购专户的款项。该账户只付不收，付完清户。除采购人员差旅费用可以支取少量现金外，其他支出一律转账，采购完毕后，若有余款转回企业开户银行。

6. 存出投资款

存出投资款是指企业已存入证券公司但尚未进行投资的款项。

二、其他货币资金的账务处理

为了单独反映其他货币资金的收入、付出和结存情况，应设置"其他货币资金"账户进行核算。该账户为资产类账户，借方登记其他货币资金的增加数；贷方登记其他货币资金的减少数；期末借方余额，反映其他货币资金的结存数。该账户应按其他货币资金的具体组成内容设置明细账，进行明细核算。

其他货币资金核算步骤如下。

1. 资金性质改变,取得其他货币资金

借:其他货币资金——银行汇票存款

　　　　　　　——银行本票存款

　　　　　　　——信用卡存款

　　　　　　　——信用证保证金存款

　　　　　　　——外埠存款

　　　　　　　——存出投资款

　　贷:银行存款

2. 使用其他货币资金支付

(1)借:原材料等

　　　　应交税费——应交增值税(进项税额)

　　　　贷:其他货币资金——银行汇票存款

　　　　　　　　　　　——银行本票存款

　　　　　　　　　　　——信用卡存款

　　　　　　　　　　　——信用证保证金存款

　　　　　　　　　　　——外埠存款

(2)借:交易性金融资产等

　　　　　贷:其他货币资金——存出投资款

(3)若有多余款退回

借:银行存款

　　贷:其他货币资金——(明细科目)

注:"其他货币资金"科目是付款单位使用,当收款单位收到采用其他货币资金结算的款项时,直接进入"银行存款"科目核算。

【例1-5】 天天面业有限公司2015年发生以下其他货币资金业务,编制会计分录如下。

(1)10月20日,申请办理银行汇票,将银行存款120 000元转为银行汇票存款,用于采购材料。

① 取得其他货币资金时

借:其他货币资金——银行汇票存款　　　　　　　　　120 000

　　贷:银行存款　　　　　　　　　　　　　　　　　　　120 000

② 使用其他货币资金采购材料时

10月22日,收到销货单位发票等单据,材料价款100 000元,增值税17 000元,材料已验收入库。收到多余款退回通知,余款已收妥入账。

借:原材料　　　　　　　　　　　　　　　　　　　　100 000

　　应交税费——应交增值税(进项税额)　　　　　　　　17 000

　　贷:其他货币资金——银行汇票存款　　　　　　　　117 000

退回多余款时

借:银行存款　　　　　　　　　　　　　　　　　　　　3 000

　　贷:其他货币资金——银行汇票存款　　　　　　　　　3 000

（2）11月10日,将银行存款600 000元划入银河证券公司用于投资。用存入款购买股票200 000元作为交易性金融资产。

① 取得其他货币资金时

借：其他货币资金——存出投资款　　　　　　　　　　600 000

　　贷：银行存款　　　　　　　　　　　　　　　　　　　　600 000

② 使用其他货币资金用于购买股票时

借：交易性金融资产　　　　　　　　　　　　　　　　200 000

　　贷：其他货币资金——存出投资款　　　　　　　　　　　200 000

（3）公司临时到异地采购原材料,将800 000元汇到异地支行开立临时采购专户。

汇出时

借：其他货币资金——外埠存款　　　　　　　　　　　800 000

　　贷：银行存款　　　　　　　　　　　　　　　　　　　　800 000

收到采购发票列明货款650 000元,增值税110 500元,材料验收入库时：

借：原材料　　　　　　　　　　　　　　　　　　　　650 000

　　应交税费——应交增值税(进项税额)　　　　　　　110 500

　　贷：其他货币资金——外埠存款　　　　　　　　　　　　760 500

收到退回余款时

借：银行存款　　　　　　　　　　　　　　　　　　　　39 500

　　贷：其他货币资金——外埠存款　　　　　　　　　　　　39 500

完成任务

1.【单选题】 企业到外地进行临时或零星采购时,汇往采购地银行开立采购专户的款项是(　　)。

　　A. 外埠存款　　　　　B. 银行汇票　　　　　C. 银行本票　　　　　D. 信用证

2.【单选题】 企业已存入证券公司但尚未进行交易的款项是指(　　)。

　　A. 外埠存款　　　　　B. 银行汇票　　　　　C. 存出投资款　　　　D. 信用证

3.【单选题】 下列各项不属于其他货币资金的是(　　)。

　　A. 银行本票存款　　B. 存出投资款　　　　C. 信用卡存款　　　　D. 有价证券

4.【单选题】 企业存放在银行的外埠存款,应通过(　　)科目进行核算。

　　A. 其他货币资金　　B. 银行存款　　　　　C. 存出投资款　　　　D. 库存现金

5.【单选题】 企业采购人员持银行汇票到外地办理款项支付结算后,根据有关凭证账单报销时,应借记有关科目,贷记(　　)。

　　A. "银行存款"科目　　　　　　　　　　　B. "应付票据——商业承兑汇票"科目

　　C. "应付票据——银行承兑汇票"科目　　　D. "其他货币资金"科目

6.【多选题】 下列各项中,不通过"其他货币资金"科目核算的有(　　)。

　　A. 银行汇票存款　　B. 银行承兑汇票　　　C. 商业汇票　　　　　D. 外埠存款

7.【多选题】 下列存款中,应在"其他货币资金"科目核算的有(　　)。

　　A. 外币存款　　　　B. 银行汇票存款　　　C. 信用卡存款　　　　D. 存出投资款

8.【分录题】 某公司 2015 年 10 月发生以下其他货币资金业务：

（1）10 月 10 日，向银行申请并得到一张面额为 250 000 元的银行汇票。

（2）10 月 12 日，委托银行将 150 000 元汇往外地建立采购专户。

（3）10 月 19 日，公司持银行汇票向 A 公司购买原材料，增值税专用发票上注明的价款为 200 000 元，增值税额为 34 000 元，A 公司已退回多余款 16 000 元。

（4）10 月 22 日，采购员回单位报销以采购专户存款购买的材料价款为 120 000 元，增值税额为 20 400 元。材料已验收入库。

（5）10 月 25 日，接到银行通知，采购专户的剩余款项已划回。

✏️ 学习小结与测评

1. 本任务知识点：_____

_____

2. 请选择下面图形前的编码：

A. ★★　　　　B. ★★★　　　　C. ★★★★★　　　D. ★★★★★★

（1）在完成学习任务的认真程度上，我选（　　）；

（2）在知识的理解与运用上，我选（　　）；

（3）在与大家的合作过程中，我选（　　）。

💻 职业能力训练

一、单项选择题（每小题 2 分，共 20 分。每小题备选答案中，只有一个符合题意的正确答案。多选、错选、不选均不得分）

1. 银行存款日记账是根据（　　）逐日逐笔登记的。

　　A. 银行存款收付款凭证　　　　　　　B. 转账凭证

　　C. 现金收款凭证　　　　　　　　　　D. 银行对账单

2. 企业支取现金应通过（　　）账户。

　　A. 一般账户。　　B. 基本账户。　　C. 临时存款账户。　　D. 专项存款账户。

3. 现金支票和转账支票最长付款期限是自出票日起（　　）日内。

　　A. 5　　　　　　B. 10　　　　　　　C. 15　　　　　　　D. 20

4. 职工出差前用现金预支差旅费应贷记的科目是（　　）。

　　A. 其他应收款　　B. 管理费用　　　　C. 库存现金　　　　D. 预付款项

5. 企业将款项汇往异地银行开立采购专户，编制该业务的会计分录时应当（　　）。

　　A. 借记"应收账款"科目，贷记"银行存款"科目

　　B. 借记"其他货币资金"科目，贷记"银行存款"科目

　　C. 借记"其他应收款"科目，贷记"银行存款"科目

　　D. 借记"材料采购"科目，贷记"其他货币资金"科目

6. 下列各项中不可以采用现金结算的是（　　）

　　A. 支付职工工资 2 500 元　　　　　　B. 向个人收购农副产品 6 300 元

　　C. 向一般纳税企业购入材料 1 200 元　D. 采购员随身携带差旅费 3 500 元

7. 收到客户以银行汇票支付的货款应借记的科目是(　　)。

    A. 应收账款　　　　B. 应收票据　　　　C. 银行存款　　　　D. 其他货币资金

8. 对于现金溢余,属于应支付给有关人员或单位的应记入(　　)。

    A. 其他应收款　　　B. 其他应付款　　　C. 营业外收入　　　D. 其他业务收入

9. 下列应通过"其他货币资金"核算的是(　　)。

    A. 外埠存款　　　　B. 委托收款　　　　C. 支票　　　　　　D. 商业汇票

10. 对于银行已经入账而企业尚未入账的未达账项,企业应当(　　)。

    A. 在编制"银行存款余额调节表"的同时入账

    B. 根据"银行对账单"记录的金额入账

    C. 根据"银行对账单"编制自制凭证入账

    D. 待结算凭证到达后入账

二、多项选择题(每小题 2 分,共 20 分。每小题备选答案中,有两个或两个以上符合题意的正确答案。多选、错选、不选均不得分)

1. 出纳人员不能兼任下列工作(　　)。

    A. 会计档案保管　　　　　　　　　B. 应收账款明细账

    C. 应付账款明细账　　　　　　　　D. 固定资产明细账

2. 按现行会计制度的规定,下列各项中不符合规定的行为有(　　)。

    A. 用银行账户替他人收支货款或现金

    B. 将现金用个人名义存入银行

    C. 供应商提供的购货发票不加以认证或审核即办理入账

    D. 未经审批即支付已到期的应付账款

3. 下列关于银行汇票转让的说法中正确的是(　　)。

    A. 银行汇票的背书转让以不超出出票金额的实际结算金额为准

    B. 收款人可以将银行汇票背书转让给背书人

    C. 未填写实际结算金额或实际结算金额超过出票金额的银行汇票不得背书转让

    D. 注明"现金"字样的银行汇票也可以背书转让

4. 现金短缺的会计核算中有可能涉及的账户是(　　)。

    A. 待处理财产损溢　　　　　　　　B. 营业外支出

    C. 管理费用　　　　　　　　　　　D. 其他应收款

5. 下列结算方式中,不通过"其他货币资金"账户核算的是(　　)。

    A. 银行汇票结算方式　　　　　　　B. 银行本票结算方式

    C. 支票结算方式　　　　　　　　　D. 商业汇票结算方式

6. 未达账项的类型可以包括(　　)。

    A. 银行已收款入账,企业尚未收款入账　　B. 银行已付款入账,企业尚未付款入账

    C. 企业已收款入账,银行尚未收款入账　　D. 企业已付款入账,银行尚未付款入账

7. 企业的下列存款中,应通过"其他货币资金"科目核算的有(　　)。

    A. 银行本票存款　　B. 银行汇票存款　　C. 信用证存款　　D. 信用卡存款

8. 企业现金清查的主要内容有(　　)。

    A. 是否存在贪污或挪用　　　　　　B. 是否存在白条抵库

C. 是否存在未达账项　　　　　　　　　D. 是否存在超限额库存现金

9. 编制银行存款余额调节表时,下列未达账项中,会导致企业银行存款日记账的账面余额小于银行对账单余额的有(　　　)。

A. 企业开出支票,银行尚未支付

B. 企业送存支票,银行尚未入账

C. 银行代收款项,企业尚未接到收款通知

D. 银行代付款项,企业尚未接到付款通知

10. 既适用于同城又适用于异地的结算方式有(　　　)。

A. 委托收款结算方式　　　　　　　　　B. 银行本票结算方式

C. 支票结算方式　　　　　　　　　　　D. 商业汇票结算方式

三、判断题(每小题2分,共20分)

1. 现金日记账要做到月清月结、账款相符。(　　　)

2. 现金的使用范围没有限制。(　　　)

3. 领导已签字同意报销的单据,出纳在入账时不必对单据的合规性、真实性进行审核。(　　　)

4. 现金的清查是采用实地盘存法确定库存现金的实存数,然后与现金日记账的账面余额相核对,确定账实是否相符。(　　　)

5. 货币资金不仅包括库存现金,还包括银行存款及其他货币资金。(　　　)

6. 银行汇票和银行承兑汇票一样,都通过"其他货币资金"账户核算。(　　　)

7. 库存现金清查时,无法查明原因的现金溢余,列入"营业外收入"账户核算。(　　　)

8. 如果企业签发空头支票,银行可以退票,并按票面金额处以5%但不低于10 000元的罚款。(　　　)

9. 企业应当按规定进行库存现金的清查,一般采用实地盘点法,对于清查的结果应当编制库存现金盘点报告单。(　　　)

10. 库存现金清查中发现的属于无法查明原因的现金盘亏,应作为"营业外支出"处理。(　　　)

四、计算分析题(共40分)

1. 华邦公司在2015年10月20日的现金清查中,发现库存现金比账面余额多出300元。经反复核查,上述现金长款原因不明,经批准进行相关账务处理。

要求:编制批准前后的会计分录。(10分)

2. 华邦公司2015年10月30日银行存款日记账余额为150 500元,收到的银行对账单的存款余额为339 500元。经核对,有下列未达账项。

(1) 10月28日,华邦公司开出一张金额为82 000元的转账支票用以支付供货方货款,但供货方尚未持该支票到银行兑现。

(2) 10月29日,华邦公司送存银行的转账支票20 000元,因对方存款不足而被银行退票,而公司未接到通知。

(3) 10月30日,华邦公司当月的水电费用3 500元银行已代为支付,但公司未接到付款通知。

(4) 10月30日,银行计算应付给华邦公司的利息1 500元,银行已入账,而公司尚未收

到收款通知。

(5) 10 月 30 日,华邦公司委托银行代收的款项 150 000 元,银行已转入公司的存款户,但公司尚未收到通知入账。

(6) 10 月 30 日,华邦公司收到购货方转账支票一张,金额为 21 000 元,已经送存银行,但银行尚未入账。

要求:编制华邦公司银行存款余额调节表(见表 1-8)。(15 分)

表 1-8 银行存款余额调节表   单位:元

项　　目	金　　额	项　　目	金　　额
企业银行存款日记账余额	(1)( )	银行对账单余额	(5)( )
加:银行已收企业未收的款项	(2)( )	加:企业已收银行未收的款项合计	(6)( )
减:银行已付企业未付的款项合计	(3)( )	减:企业已付银行未付的款项合计	(7)( )
调节后合计	(4)( )	调节后余额	(8)( )

3. 一凡公司 2015 年 10 月 20 日至月末的银行存款日记账所记录的经济业务如下:

(1) 20 日,收到销货款转账支票 6 500 元;

(2) 21 日,开出支票 0130♯,用以支付材料款 12 000 元;

(3) 23 日,开出支票 0131♯,支付购料的运杂费 2 500 元;

(4) 26 日,收到销货转账支票 4 200 元;

(5) 28 日,开出支票 0132♯,支付公司日常办公费用 4 700 元;

(6) 30 日,开出支票 0133♯,支付下半年房租 24 000 元;

(7) 30 日,银行存款日记账的账面余额为 169 000 元。

银行对账单所列一凡公司 10 月 20 日至月末的经济业务如下:

(1) 20 日,结算一凡公司的银行存款利息 2 523 元;

(2) 22 日,收到销售款转账支票 6 500 元;

(3) 23 日,收到一凡公司开出的支票 0130♯,金额为 12 000 元;

(4) 25 日,银行为一凡公司代付水电费 2 800 元;

(5) 26 日,收到一凡公司开出的支票 0131♯,金额为 2 500 元;

(6) 29 日,为一凡公司代收外地购货方回来的货款 10 600 元;

(7) 30 日,银行对账单的存款余额数为 203 823 元。

要求:编制一凡公司银行存款余额调节表(见表 1-9)。(15 分)

表 1-9 银行存款余额调节表   单位:元

项　　目	金　　额	项　　目	金　　额
企业银行存款日记账余额	(1)(169 000)	银行对账单余额	(5)(203 823)
加:银行已收企业未收的款项合计	(2)( )	加:企业已收银行未收的款项合计	(6)( )
减:银行已付企业未付的款项合计	(3)( )	减:企业已付银行未付的款项合计	(7)( )
调节后合计	(4)( )	调节后余额	(8)( )

出纳业务岗位核算小结

• 业务内容：库存现金

具体内容	账务处理
签发现金支票从银行提取现金	借：库存现金 　　贷：银行存款
填制现金缴款单将现金存入银行	借：银行存款 　　贷：库存现金
盘盈现金 （实有数＞账面数）	批准前： 借：库存现金 　　贷：待处理财产损溢——待处理流动资产损溢 批准后： 借：待处理财产损溢——待处理流动资产损溢 　　贷：其他应付款（查明原因） 　　　　营业外收入（无法查明原因）
盘亏现金 （实有数＜账面数）	批准前： 借：待处理财产损溢——待处理流动资产损溢 　　贷：库存现金 批准后： 借：管理费用（企业承担部分） 　　其他应收款（责任赔偿部分） 　　贷：待处理财产损溢——待处理流动资产损溢

• 业务内容：银行存款

具体内容	账务处理
签发转账支票、电汇、信汇凭证采购原材料	借：材料采购（原材料） 　　应交税费——应交增值税（进项税额） 　　贷：银行存款
委托银行收回商业汇票款项	借：银行存款 　　贷：应收票据
委托银行收款	借：银行存款 　　贷：应收账款
销售商品收入	借：银行存款 　　贷：主营业务收入 　　　　应交税费——应交增值税（销项税额）

- 业务内容：其他货币资金

业务内容	会计处理
取得其他货币资金	借：其他货币资金——银行汇票存款 　　　　　　　　——银行本票存款 　　　　　　　　——信用卡存款 　　　　　　　　——信用证保证金存款 　　　　　　　　——外埠存款 　　　　　　　　——存出投资款 　　贷：银行存款
使用其他货币资金	借：材料采购(原材料)等 　　应交税费——应交增值税(进项税额) 　　贷：其他货币资金——银行汇票存款等 借：交易性金融资产等 　　贷：其他货币资金——存出投资款
结清余款	借：银行存款 　　贷：其他货币资金——银行汇票存款等
收款单位收到银行汇票、银行本票等其他货币资金	借：银行存款 　　贷：主营业务收入 　　　　应交税费——应交增值税(销项税额)

岗位二
存货业务岗位核算

学习任务导航

存货业务
├ 存货认知与计量——存货的概念、分类与取得存货、发出存货的计量
├ 存货的核算——实际成本法、计划成本法下存货的核算
├ 周转材料的核算——低值易耗品、包装物取得与发出的核算
├ 库存商品的核算——工业企业、商品流通企业库存商品的核算
└ 存货清查与减值的核算——存货与可变现净值孰低法、存货减值的核算

项目一　存货认知与计量

岗位任务1

认知存货的确认与分类的内容。

岗位知识1

一、存货的概念与确认条件

存货是指企业在日常活动中持有以备出售的产成品或商品,处在生产过程中的在产品、在生产过程或提供劳务过程中耗用的材料或物料等。

同时符合下列条件的,才能被确认为存货。

1. 与该存货有关的经济利益很有可能流入企业

在判断某一项目是否属于存货时,所有权是其考虑的首要因素,企业只有享有资产的所有权,才能排他性地从中获得现金或现金等价物的流入。存货区别于固定资产等非流动资产的最基本的特征是,企业持有存货的最终目的是为了出售。包括可供直接出售的产成品、商品以及需经过进一步加工后出售的原材料等。对外出售后回收货款,货款即为企业所获得的经济利益。

2. 该存货的成本能够可靠地计量

财务会计是一个确认、计量和报告的系统,其中计量属性是所有会计要素确认的重要前提。存货作为企业的流动资产,只有成本能够可靠地计量才能进行确认。如企业购买或生

产的存货,只要实际发生了采购成本或生产成本能够可靠地计量,就可确认符合了存货的可计量条件。

二、存货的分类

企业的存货通常包括以下六类,具体内容见表2-1。

表2-1 存货按经济用途分类

分类内容	内 容 介 绍
原材料	指企业在生产过程中经加工改变其形态或性质并构成商品主要实体的各种原料及主要材料、辅助材料、外购半成品、修理用配件、包装材料、燃料等
在产品	指企业正在制造尚未完工的产品。包括正在各个生产工序加工的产品以及已加工完毕但尚未检验或已检验但尚未办理入库手续的产品
半成品	是经过一定生产过程并已检验合格交付半成品仓库保管,但尚未制造完工成为产成品,并需进一步加工的中间产品
产成品	指工业企业已经完成全部生产过程并验收入库,可以按照合同规定的条件送交订货单位,或者作为商品对外销售的产品
商品	指商品流通企业外购或委托加工完验收入库用于销售的各种商品
周转材料	指企业能够多次使用、但不符合固定资产定义的材料。如各种包装物、各种工具、管理用具、劳动保护用品等低值易耗品

完成任务1

1.【单选题】 下列各项物资中,不应作为存货核算的是( )。

A. 包装物　　　　　　B. 低值易耗品　　　　　C. 在产品　　　　　　D. 工程物资

2.【单选题】 某工业企业期末"原材料"科目余额为300万元,"生产成本"科目余额为70万元,"材料成本差异"科目贷方余额为5万元,"库存商品"科目余额为150万元。则该工业企业期末资产负债表中"存货"项目的金额为( )万元。

A. 445　　　　　　　　B. 515　　　　　　　　C. 525　　　　　　　　D. 715

3.【多选题】 属于企业存货的是( )。

A. 未出售的展销存货　　　　　　　　B. 已购入但在运输途中的存货

C. 委托代销的商品　　　　　　　　　D. 企业运输用的汽车

4.【多选题】 属于企业存货的是( )。

A. 生产用原材料　　　　　　　　　　B. 受托加工的存货

C. 委托加工的存货　　　　　　　　　D. 已开票售出的待运商品

5.【多选题】 存货的确认是以法定产权的取得为标志的,具体来说下列属于企业存货范围的有( )。

A. 已经购入但未存放在本企业的货物　　B. 已售出但货物尚未运离本企业的存货

C. 已经运离企业但尚未售出的存货　　　D. 未购入但存放在企业的存货

6.【多选题】 下列各种物资中,应该作为企业存货核算的有( )。

A. 委托加工物资　　　　B. 半成品　　　　C. 低值易耗品　　　　D. 在途物资

学习小结与测评

1. 本任务知识点：＿＿＿＿＿＿＿＿＿＿＿＿＿＿＿＿＿＿＿＿＿＿

＿＿＿＿＿＿＿＿＿＿＿＿＿＿＿＿＿＿＿＿＿＿＿＿＿＿＿＿＿＿＿＿＿＿

2. 请选择下面图形前的编码：

　　A. ★★　　　B. ★★★　　　C. ★★★★　　　D. ★★★★★

（1）在完成学习任务的认真程度上，我选（　　）；

（2）在知识的理解与运用上，我选（　　）；

（3）在与大家的合作过程中，我选（　　）。

岗位任务2

认知取得存货的计量。

岗位知识2

一、存货的初始计量

《企业会计准则第1号——存货》明确规定，企业取得存货应按成本计量。

（一）外购存货的成本

企业外购存货主要包括原材料和商品。外购存货的成本即存货的采购成本，是指企业物资从采购到入库前所发生的全部支出，包括购买价款、相关税费、运输费、装卸费、保险费以及其他可归属于存货采购成本的费用。

（1）买价：买价是指企业购入的材料或商品的发票账单上列明的款项，但不包括按规定可以抵扣的增值税额。小规模纳税人的存货采购成本包含增值税在内。

（2）相关税费：包括计入存货的进口关税、消费税、资源税、不能抵扣的增值税进项税额等。

（3）运输费：对于增值税一般纳税人购进存货支付的运输费，按取得的运输增值税专用发票上注明的运输费金额计入存货成本，按其运输费与增值税税率11%计算的进项税额，也可以抵扣。

（4）其他可归属于存货采购成本的费用：包括入库前的仓储费用、包装费、运输途中的合理损耗、入库前的挑选整理费用等。这些费用能分清负担对象的，应直接计入存货的采购成本，不能分清的，应选择合理的分配方法，分配计入有关存货的采购成本。分配方法通常按照采购货物的数量、重量、体积、采购价格等比例进行分配。采购途中发生的合理损耗应计入材料成本，超过合理损耗范围或不合理损耗，不能计入材料成本，应视情况不同加以处理。

小规模纳税人实行增值税简易征收方法，在购进材料时，无论是否取得增值税专用发票，所有支付的款项均计入采购成本，即采购成本包括买价和增值税等。

（二）加工取得存货的成本

加工取得存货的成本由采购成本和加工成本构成。其中采购成本是由所使用或消耗的原材料采购成本转化而来；存货的加工成本由直接人工和制造费用构成，其实质是企业在进一步加工存货的过程中追加发生的生产成本。专为某产品发生的设计费也计入产品成本。加工取得的存货主要包括自行生产的存货和委托加工存货。自行生产取得的存货成本由直接材料、直接人工(加工成本)和制造费用构成；委托加工取得的存货成本包括实际耗用的原材料或者半成品成本、加工费、运杂费、按规定列入成本的税费等。

(三)存货的其他成本

存货的其他成本是指除采购成本和加工成本之外的使存货达到目前场所和状态所发生的其他支出。如企业在生产过程中为达到下一个生产阶段所必需的仓储费用,应当计入存货成本。企业设计产品发生的设计费通常计入当期损益,但是为特定产品设计而发生的设计费用应计入存货的成本。

二、不计入存货成本的相关费用

下列费用不应当计入存货成本,而应在其发生时计入当期损益。

(1)非正常消耗的直接材料、直接人工及制造费用不得计入存货的成本。如由自然灾害而发生的直接材料、直接人工及制造费用,这些费用的发生,无助于使该存货达到目前场所和状态,不应计入存货成本,应计入当期损益。

(2)采购入库后发生的仓储费用,应计入当期损益。但在生产过程中为达到下一个生产阶段所必需的仓储费应计入存货成本。如某种酒类产品生产企业为使生产的酒达到规定的产品质量标准所必须发生的仓储费用,应计入酒的成本。

(3)不能归属于使存货达到目前场所和状态的其他支出,不符合存货定义和确认条件,应在发生时计入当期损益,不得计入存货成本。

完成任务2

1.【单选题】 下列项目中不构成一般纳税企业存货成本的有(   )。
   A. 不能抵扣的进项税额　　　　　　　B. 可以抵扣的进项税额
   C. 支付的进口关税　　　　　　　　　D. 支付的消费税

2.【单选题】 下列各项与存货相关的费用中,不应计入存货成本的是(   )。
   A. 材料采购过程中支付的购买价款　　B. 材料入库前发生的挑选整理费
   C. 材料入库后发生的储存费用　　　　D. 材料采购过程中发生的装卸费用

3.【单选题】 某企业为增值税一般纳税人,本月购入甲材料2 000公斤,每公斤不含税单价50元,另外支付运费3 330元(含可抵扣进项税330元),运输途中发生合理损耗60公斤,入库前发生挑选整理费用620元。该批材料入库的总成本(   )元。
   A. 103 950　　　　B. 100 000　　　　C. 100 620　　　　D. 103 620

4.【单选题】 某企业为增值税小规模纳税人,本月购入甲材料2 060公斤,每公斤单价(含增值税)50元,另外支付运杂费3 500元,运输途中发生合理损耗60公斤,入库前发生挑选整理费用620元。该批材料入库的实际单位成本为每公斤(   )元。
   A. 50　　　　　B. 51.81　　　　C. 52　　　　D. 53.56

5.【单选题】 A公司为增值税一般纳税人,适用的增值税税率为17%。本月购进甲原材料100吨,货款为130万元,增值税进项税额为22.1万元；同时取得运输增值税专用发票,注明的运输费用 10 万元,按其运输费与增值税税率 11‰计算的进项税额 1.1 万元,发生的保险费为 5 万元,入库前的挑选整理费用为 3.5 万元;验收入库时发现数量短缺 1%,经查属于运输途中的合理损耗。该批甲原材料实际单位成本为每吨( )万元。

  A. 1.5   B. 1.51   C. 1.45   D. 1.40

6.【多选题】 下列税金中,应计入存货成本的是( )。

  A. 一般纳税企业进口原材料支付的关税

  B. 一般纳税企业购进原材料支付的增值税

  C. 小规模纳税企业购进原材料支付的增值税

  D. 一般纳税企业进口应税消费品支付的消费税

7.【多选题】 下列项目中,一般纳税人应计入存货成本的有( )。

  A. 购入存货支付的关税

  B. 商品流通企业采购过程中发生的保险费

  C. 委托加工材料发生的增值税

  D. 自制存货生产过程中发生的直接费用

8.【多选题】 下列各项中,关于企业存货的表述正确的有( )。

  A. 存货应按照成本进行初始计量

  B. 存货成本包括采购成本、加工成本和其他成本

  C. 盘盈的存货应按其重置成本作为其入账价值

  D. 存货采用计划成本核算的,期末应将计划成本调整为实际成本

9.【多选题】 下列项目中,构成一般纳税企业存货采购成本的有( )。

  A. 购买价款   B. 运输途中的合理损耗

  C. 入库前的挑选整理费   D. 购入存货支付的增值税

10.【判断题】 存货准则规定,企业取得存货应按实际成本计量,所以采购过程中发生的各种税费均可以列入采购成本。( )

11.【判断题】 进口关税、消费税、资源税和不能抵扣的增值税进项税额等应计入存货采购成本。( )

12.【判断题】 小规模纳税人采购材料发生的各种税费应列入采购成本。( )

✍ 学习小结与测评

1. 本任务知识点:＿＿＿＿＿＿＿＿＿＿＿＿＿＿＿＿＿＿＿＿＿＿＿＿＿＿＿＿＿＿

＿＿＿＿＿＿＿＿＿＿＿＿＿＿＿＿＿＿＿＿＿＿＿＿＿＿＿＿＿＿＿＿＿＿＿＿＿＿

2. 请选择下面图形前的编码:

  A. ★★   B. ★★★   C. ★★★★   D. ★★★★★

(1) 在完成学习任务的认真程度上,我选( );

(2) 在知识的理解与运用上,我选( );

(3) 在与大家的合作过程中,我选( )。

岗位任务3

认知发出存货成本确定方法。

岗位知识3

按照存货准则的规定,企业应采用先进先出法、全月一次加权平均法、移动加权平均法以及个别计价法确定发出存货的实际成本。由于企业存货取得的渠道及批次不同,使得某一存货在账面上存在不同的实际单位成本。当发出存货时,企业应当根据各类存货的实物流转方式、企业管理的要求、存货的性质等实际情况,合理地选择发出存货成本的计量方法,以合理确定当期发出存货的实际成本。

一、先进先出法

先进先出法是以先购进的存货先发出(耗用或销售)为前提,对发出存货进行计价,据此确定发出存货成本和期末存货成本。

采用这种方法收入存货时要逐笔登记每一批存货的数量、单价和金额;发出存货时要按照先进先出的原则计价,逐笔登记存货的发出和结存金额。该方法可以随时结转存货发出成本,但较烦琐,如果收发业务较多,工作量较大。在物价持续上升时,期末存货成本接近于市价,而发出成本偏低,会高估企业当期利润和库存存货价值;反之,会低估企业存货价值和当期利润。

【例 2-1】 天天面业有限公司 2015 年 9 月 1 日期初结存"山老汉"牌纯荞面粉 500 千克,单价为 15.20 元/千克,本月 10 日和 26 日分别购进 5 000 千克(单价 15.30 元/千克)和 8 000 千克(单价 15.35 元/千克),本月 15 日和 28 日分别由面条加工车间领出 3 000 千克和 4 000 千克,问本月发出"山老汉"牌纯荞面粉的总成本是多少,期末结存成本是多少?

分析: 根据先进先出法的原理,先购进的先领用,本月发出两批面粉,相应的发出成本为:

15 日发出面粉成本＝500×15.20＋2500×15.30＝7600＋38 250＝45 850(元)

28 日发出面粉成本＝2500×15.30＋1500×15.35＝38 250＋23 025＝61 275(元)

本月发出面粉总成本＝45 850＋61 275＝107 125(元)

本月结存面粉成本＝6500×15.35＝99 775(元)

【例 2-2】 天天面业有限公司采用先进先出法计算发出和期末结存存货成本如表 2-2 所示。

表 2-2　明细分类账(先进先出法)

总账科目:原材料

明细科目:玉米粉

2015 年		摘要	收入			发出			结存		
月	日		数量/千克	单价/(元/千克)	金额/元	数量/千克	单价/(元/千克)	金额/元	数量/千克	单价/(元/千克)	金额/元
9	1	期初结存							1 000	6	6 000
9	4	厂部领用				200	6	1 200	800	6	4 800
9	5	购进	1 000	7	7 000				800	6	4 800
									1 000	7	7 000

续表

| 2015年 | | 摘要 | 收入 | | | 发出 | | | 结存 | | |
月	日		数量/千克	单价/(元/千克)	金额/元	数量/千克	单价/(元/千克)	金额/元	数量/千克	单价/(元/千克)	金额/元
9	15	生产领用				800 200	6 7	4 800 1 400	800	7	5 600
9	18	购进	4 000	8	32 000				800 4 000	7 8	5 600 32 000
9	25	生产领用				800 3 400	7 8	5 600 27 200	600	8	4 800
9	28	购进	1 000	6	6 000				600 1 000	8 6	4 800 6 000

二、全月一次加权平均法

全月一次加权平均法也称月末一次加权平均法,是指以月初结存存货和本月收入存货的数量为权数,于月末一次计算存货平均单价,据以计算当月发出存货成本和月末结存存货成本的一种方法。即平时收入时按数量、单价、金额登记,但每次不确定其结存单价,而是在月末时一次计算其本期的加权平均单价。采用加权平均法,优点在于平时只登记发出的数量,不登记金额,比较简单;其不足之处是月末工作量大,平时企业无法掌握库存存货的单价和金额,不利于加强存货的日常管理。

其计算公式是:

(1) 存货单位成本 $=\dfrac{\text{期初结存存货的实际成本}+\text{本月收入存货的实际成本}}{\text{期初结存存货数量}+\text{本月收入存货的数量}}$

(2) 本月发出存货成本 $=$ 本月发出存货数量×存货单位成本

(3) 月末库存存货成本 $=$ 月末库存存货数量×存货单位成本 $=$ 月初结存存货实际成本 $+$ 本月收入存货实际成本 $-$ 本月发出存货实际成本

【例2-3】 某企业采用月末一次加权平均法计算发出材料成本。2015年9月1日结存甲材料200件,单位成本40元;9月15日购入甲材料400件,单位成本35元;9月20日购入甲材料400件,单位成本38元;当月共发出甲材料400件。

$$\text{存货单位成本}=\dfrac{200\times40+(400\times35+400\times38)}{200+400+400}=37.20(\text{元/件})$$

$$\text{发出材料成本}=400\times37.20=14\,880(\text{元})$$

$$\text{库存存货成本}=(200+400+400-400)\times37.20=22\,320(\text{元})$$

三、移动加权平均法

移动加权平均法是指在每次进货以后,立即根据库存存货数量和总成本,计算出新的平均单位成本,作为下次进货前发出存货的单位成本的一种方法。移动加权平均法与全月一次加权平均法的计算原理基本相同,只是要求在每次(批)收入存货时重新计算加权平均单价。

$$\text{移动加权平均单价}=\dfrac{\text{库存存货成本}+\text{本批进货成本}}{\text{库存存货数量}+\text{本批进货数量}}$$

移动加权平均法实际上是对月末一次加权平均法的改进,其优点在于随时掌握库存存货的金额和单价,便于实物管理,而且计算的存货成本也比较客观。但是,每购进一次存货,均要重新计算一次加权平均单价,计算工作量较大,对存货收发频繁的企业不适用。发出存货计价法一经确定,不得随意更改。

【例 2-4】 沿用表 2-2 的资料,发出玉米粉采用全月移动加权平均法核算,明细账如表 2-3 所示。

表 2-3 明细分类账

总账科目:原材料

明细科目:玉米粉

2015 年		摘要	收入			发出			结存		
月	日		数量/千克	单价/(元/千克)	金额/元	数量/千克	单价/(元/千克)	金额/元	数量/千克	单价/(元/千克)	金额/元
9	1	期初结存							1 000	6	6 000
9	4	厂部领用				200	6	1 200	800	6	4 800
9	5	购进	1 000	7	7 000				1 800	6.56	11 800
9	15	生产领用				1 000	6.56	6 560	800	6.56	5 240
9	18	购进	4 000	8	32 000				4 800	7.76	37 240
9	25	生产领用				4 200	7.76	32 592	600	7.76	4 648
9	28	购进	1 000	6	6 000				1 600	6.66	10 648

四、个别计价法

采用这一种方法,要求按其购入或生产时所确定的单位成本作为计算发出存货成本和期末存货成本的基础。虽然成本计算准确,但在收发频繁的情况下,其发出成本分辨的工作量较大,一般适用于不能替代的存货、为特定项目专门购入的存货,如珠宝、名画等贵重物品。

完成任务3

1.**【单选题】** 某企业采用先进先出法计算发出原材料的成本。2015 年 9 月 1 日,甲材料结存 200 千克,每千克实际成本为 300 元;9 月 7 日购入甲材料 350 千克,每千克实际成本为 310 元;9 月 21 日购入甲材料 400 千克,每千克实际成本为 290 元;9 元 28 日发出甲材料 500 千克。9 月份甲材料发出成本为( )元。

  A. 145 000 B. 150 000 C. 153 000 D. 155 000

2.**【单选题】** 某企业采用先进先出法计算发出甲材料的成本,2015 年 11 月 1 日,结存甲材料 200 公斤,每公斤实际成本 100 元;11 月 10 日购入甲材料 300 公斤,每公斤实际成本 110 元;11 月 15 日发出甲材料 400 公斤。11 月末,库存甲材料的实际成本为( )元。

  A. 10 000 B. 10 500 C. 10 600 D. 11 000

3.**【单选题】** 某企业采用月末一次加权平均法计算发出材料成本。2015 年 11 月 1 日结存甲材料 200 件,单位成本 40 元;3 月 15 日购入甲材料 400 件,单位成本 35 元;3 月 20 日购入甲材料 400 件,单位成本 38 元;当月共发出甲材料 500 件。则 11 月发出甲材料的成本为(　　)元。

    A. 18 500　　　　　B. 18 600　　　　　C. 19 000　　　　　D. 20 000

4.【单选题】　某企业采用月末一次加权平均法计算发出原材料的成本。2015年11月1日,甲材料结存200公斤,每公斤实际成本为100元;11月10日购入甲材料300公斤,每公斤实际成本为110元;11月25日发出甲材料400公斤。11月末,甲材料的库存余额为(　　)元。

    A. 10 000　　　　　B. 10 500　　　　　C. 10 600　　　　　D. 11 000

5.【多选题】　存货的计价方法有实际成本法和计划成本法,在实际成本法下,企业可选用的发出存货的计价方法有(　　)。

    A. 个别计价法　　　　　　　　　　　B. 先进先出法

    C. 后进先出法　　　　　　　　　　　D. 一次加权平均法

6.【多选题】　采用先进先出法,在物价持续上涨时,期末存货计价过高,可能会引起(　　)。

    A. 当期收益增加　　　　　　　　　　B. 当期负债减少

    C. 所有者权益增加　　　　　　　　　D. 销售成本减少

7.【计算分析题】　天天面业有限公司2015年9月30日结余绿农全麦面粉3 000千克,单价为20元/千克,期初总成本为6万元,10月10日和10月25日分别由面条加工车间领出4 000千克、5 000千克。本期进货情况如表2-4所示。

表2-4　天天面业有限公司2015年10月份购进绿农面粉统计表

日　　期	单价/元	数量/千克
10月7日	20.20	2 000
10月18日	20.10	3 000
10月20日	20.30	1 500
10月28日	20.00	8 000

要求:采用先进先出法、月末一次加权平均法分别计算2015年10月发出存货的成本和期末库存存货成本。(计算结果保留三位小数,下同)

8.【计算分析题】　黄河有限公司2015年9月1日结存B材料300千克,每千克实际成本为10元;9月5日和9月20日分别购入该材料900千克和600千克,每千克实际成本分别为11元和12元;9月10日和9月25日分别发出该材料1 050千克和600千克。

要求:采用移动加权平均法计算发出材料成本和期末存货成本。

学习小结与测评

1. 本任务知识点:＿＿＿＿＿＿＿＿＿＿＿＿＿＿＿＿＿＿＿＿＿＿＿＿＿＿＿＿＿＿

＿＿＿＿＿＿＿＿＿＿＿＿＿＿＿＿＿＿＿＿＿＿＿＿＿＿＿＿＿＿＿＿＿＿＿＿＿＿＿

2. 请选择下面图形前的编码:

    A. ★★　　　　　B. ★★★　　　　　C. ★★★★　　　　　D. ★★★★★

(1) 在完成学习任务的认真程度上,我选(　　);

（2）在知识的理解与运用上，我选（　　　）；

（3）在与大家的合作过程中，我选（　　　）。

项目二　原材料按实际成本计价的核算

岗位任务

认知原材料按实际成本法收入、发出的核算。

岗位知识

一、原材料按实际成本法计价的核算

企业采用实际成本法计价是指存货的日常收、发、存核算均按实际成本计价，适用于规模较小、存货品种较少、采购业务不多的企业。原材料按实际成本计价是指原材料在核算过程中，始终以实际成本作为记账依据。

（一）账户设置

采用实际成本法核算的企业设置"在途物资""原材料"科目来进行原材料的核算。其中在途物资科目核算材料已采购但未到达或尚未验收入库的材料采购成本，原材料科目核算入库原材料的实际成本。

1."原材料"账户

该账户属于资产类账户，用以核算企业库存的各种材料。该账户借方登记已验收入库材料的成本，贷方登记发出材料的成本。期末余额在借方，反映企业库存材料的计划成本或实际成本。原材料账户可按材料的保管地点（仓库）、材料的类别、品种和规格等进行明细核算。

2."在途物资"账户

该账户属于资产类账户，用以核算在途物资的采购成本。该账户借方登记购入材料、商品等物资的买价和采购费用，贷方登记已验收入库材料、商品等物资应结转的实际采购成本。期末余额在借方，反映企业期末在途材料、商品等物资的采购成本。该账户可按供应单位和物资品种进行明细核算。

（二）材料收入业务的账务处理

材料收入业务的原始凭证主要包括发票（增值税专用发票、增值税普通发票等）、银行支付结算凭证（支票、商业汇票、银行汇票、银行本票等）、收料单、收料凭证汇总表等。

1. 材料已验收入库

（1）外购材料。购进材料时，若发票账单已到，材料已验收入库，应根据增值税发票、材料验收入库单、结算凭证等进行账务处理。

借：原材料

　　应交税费——应交增值税（进项税额）

　　贷：银行存款、预付账款、应付票据、其他货币资金、应付账款科目等

　　在贷方科目的选择时,应根据具体业务进行判断,如货款已经签发转账支票或信汇、电汇凭证支付,则使用"银行存款";如签发商业汇票结算,则使用"应付票据";如事前已交付定金或部分货款,则使用"预付账款"科目;如采用银行汇票、银行本票、信用证保证金存款等其他货币金支付,则采用"其他货币资金"科目,除此之外,则采用"应付账款"科目。(下同)

　　小规模纳税人企业购入材料支付的货款和增值税均应计入材料的成本。

　　【例2-5】　蓝天有限公司购入甲材料一批,增值税专用发票上记载的货款为10万元,增值税额1.7万元,货物运输业增值税专用发票上显示甲材料运杂费为1 000元,运杂费由对方代垫,全部款项已用转账支票付讫,材料已验收入库。

　　　　借:原材料——甲材料　　　　　　　　　　　　　　101 000
　　　　　　应交税费——应交增值税(进项税额)　　　　　　17 000
　　　　　　贷:银行存款　　　　　　　　　　　　　　　　　　118 000

　　(2)购进免税农产品。购进农产品,除取得增值税专用发票或者海关进口增值税专用缴款书外,按照农产品收购发票或者销售发票上注明的农产品买价和13%的扣除率计算的进项税额。计算公式为:

$$进项税额=买价\times扣除率$$

　　收购价减去可以抵扣的增值税进项税额即为购进货物成本。账务处理为:

　　　　借:原材料(收购价-进项税额)
　　　　　　应交税费——应交增值税(进项税额)(收购价×13%)
　　　　　　贷:银行存款等(收购价款)

　　【例2-6】　天天面业有限公司购进农产品一批,收购价为8万元,材料已验收入库,价款以银行存款支付。

　　　　借:原材料　　　　　　　　　　　　　　　　　　　　69 600
　　　　　　应交税费——应交增值税(进项税额)　　　　　　10 400
　　　　　　贷:银行存款　　　　　　　　　　　　　　　　　　80 000

　　(3)其他原材料入库。

　　① 自制原材料完工入库时,应按其实际成本借记"原材料"科目,贷记"生产成本"科目。

　　② 投资者投资转入的原材料,应按投资合同或协议的价值(不公允除外)增加"原材料"科目,核算方法详见筹资与投资岗位核算的内容。

　　(4)暂估入账情况。如果货款尚未支付,材料已经验收入库,暂不作账务处理,待月末仍未收到相关发票凭证,按照暂估价入账,账务处理分两步,一是月末暂估入账,二是下月初冲回。

　　　　借:原材料
　　　　　　贷:应付账款——暂估应付账款

　　下月初作相反分录予以冲回,收到相关发票账单后再进行账务处理。

　　【例2-7】　黄河有限公司购入乙材料一批,材料已验收入库,月末账单仍未收到,根据合同暂估价格为30 000元。

　　月末暂估入账:

　　　　借:原材料——乙材料　　　　　　　　　　　　　　30 000
　　　　　　贷:应付账款——暂估应付账款　　　　　　　　　　30 000

下月初冲回,作相反分录:

借:应付账款——暂估应付账款 30 000

贷:原材料——乙材料 30 000

2. 材料尚未验收入库

如果材料尚未验收入库,需先通过"在途物资"科目核算。待验收入库时将"在途物资"转入"原材料"账户。

【例2-8】 蓝天公司从四方公司购进甲材料一批,取得增值税专用发票注明金额600万元,进项税额102万元;支付购进原材料运费,取得货物运输业增值税专用发票,注明运输费20万元,税款2.2万元;支付装卸费3万元,税款0.18万元。材料尚未收到,款项均已支付。

(1)支付款项:

借:在途物资——四方公司(甲材料) 6 230 000

应交税费——应交增值税(进项税额) 1 043 800

贷:银行存款 7 273 800

(2)材料到达并验收入库:

借:原材料——甲材料 6 230 000

贷:在途物——四方公司(甲材料) 6 230 000

(三)购料途中短缺与损耗的账务处理

企业外购材料,对于采购材料途中发生的短缺及毁损,应根据造成短缺与毁损的原因,分别进行账务处理。

1. 查明原因前的处理(审批前)

借:待处理财产损溢——待处理流动资产损溢

贷:在途物资

2. 查明原因后的账务处理(审批后)

(1)短缺是由定额内合理损耗引起。

发生定额内合理损耗时计入采购成本(如原材料等),注意入库数量与发票数量不同。

借:原材料

贷:在途物资

注意:定额内合理损耗不必进行账务处理,只是验收入库原材料的数量不再是发票单据上写明的数量,而是实际入库的数量,材料采购总成本不变,单位成本相应有所提高。

【例2-9】 蓝天有限公司购进A材料1 200千克,取得增值税专用发票上注明货款36 000元,增值税6 120元;取得货物运输业增值税专用发票,注明运输费2 000元,进项税额为220元。材料验收入库,实收数1 185千克,短少15千克,经查短少原因为为途中定额内的合理损耗,则该批材料的成本为:

材料采购总成本=36 000+2 000=38 000(元)

单位成本=38 000÷(1 200-15)≈32.07(元/千克)

注意:短少15千克,只影响单位成本,不影响总成本,不必进行单独的账务处理。

（2）短缺是由责任人引起，确定由供应单位、运输单位、保险公司或其他过失责任人赔偿。

借：应付账款（由供应单位原因）

　　其他应收款（由运输单位、保险公司或其他过失原因）

　　贷：待处理财产损溢——待处理流动资产损溢

　　　　应交税费——应交增值税（进项税额转出）

除自然灾害引起的损失外，非正常损失引起的短缺还要将进项税额转出。非正常损失是指因管理不善造成被盗、丢失、霉烂变质的损失，以及被执法部门依法没收或者强令自行销毁的货物。

（3）由自然灾害造成，扣除残料及保险公司赔款后净损失列入营业外支出。

借：营业外支出（自然灾害造成，扣除残料及保险公司赔款后净损失）

　　贷：待处理财产损溢——待处理流动资产损溢

注：自然灾害引起的存货毁损，进项税额可以抵扣，不需转出。

（4）非正常损失造成的存货的净损失列入管理费用。

非正常损失是指因管理不善造成被盗、丢失、霉烂变质的损失。

借：管理费用

　　贷：待处理财产损溢——待处理流动资产损溢

　　　　应交税费——应交增值税（进项税额转出）

【例 2-10】　蓝天有限公司向乙公司购入 A 材料 1 000 千克，每千克 30 元，增值税税率为 17%，款项已签发转账支票办理结算，材料未收。收到材料时发现短缺 50 千克，原因未明。后查明应由保险公司赔偿 1 000 元，其他经批准予以转销。相关账务处理如下。

（1）采购原材料，款已付，材料尚未到达。

借：在途物资——乙公司（A 材料）　　　　　　　　　　30 000

　　应交税费——应交增值税（进项税额）　　　　　　　 5 100

　　贷：银行存款　　　　　　　　　　　　　　　　　　　35 100

（2）收到材料并验收入库，发现短缺 50 千克，原因未明。

借：原材料——A 材料　　　　　　　　　　　　　　　　28 500

　　待处理财产损溢——待处理流动资产损溢　　1 500（30×50）

　　贷：在途物资——乙公司（A 材料）　　　　　　　　　30 000

（3）确认应由保险公司赔款 1 000 元，其余经批准予以转销，则：

借：其他应收款——应收保险赔款　　　　　　　　　　　 1 000

　　管理费用　　　　　　　　　　　　　　　　　　　　　　755

　　贷：待处理财产损溢——待处理流动资产损溢　　　　　 1 500

　　　　应交税费——应交增值税（进项税额转出）　255（30×50×17%）

二、原材料发出的核算

1. 实际成本法下发出材料计价方法

采用实际成本法进行材料日常核算的企业，发出原材料的计价，可以采用先进先出法、月末一次加权平均法和移动加权平均法、个别计价法进行计量。

发出材料需要办理发料手续,填制相关发料凭证,比如领料单(材料出库单)、限额领料单等。在发料凭证数量较多时,可根据发料单定期汇总发料凭证汇总表后,据以填制记账凭证、登记总账。

2. 发出材料的账务处理

按照上述四种方法计算出发出原材料的实际成本,按照受益对象分配进相应的成本费用账户,账务处理如下:

借:生产成本——基本生产成本(生产产品领用)
　　　　　　　——辅助生产成本(辅助生产车间领用)
　　制造费用　　　　　　(车间管理及一般消耗领用)
　　管理费用　　　　　　(管理部门领用、固定资产修理支出)
　　销售费用　　　　　　(专设销售机构领用)
　　其他业务成本　　　　(结转销售材料成本)
　　应付职工薪酬　　　　(用于发放集体福利)
　　在建工程　　　　　　(专项工程领用)
　　贷:原材料

当外购材料改变用途或发生非正常损失,按现行增值税制度规定不得从销项税额中抵扣的进项税额,应将进项税额转出。如将外购材料用于职工生活福利或因保管不善造成的非正常损失,应将进项税额转出,增加相应的成本费用。

【例 2-11】 黄河有限公司采用月末一次加权平均法计价,本月发出 B 材料 184 305 元,其中:生产产品领用 180 000 元,车间耗用 1 000 元,管理部门领用 3 000 元,销售部门领用305 元,则业务处理为:

借:生产成本　　　　　　　　　　　　　　　　180 000
　　制造费用　　　　　　　　　　　　　　　　　1 000
　　管理费用　　　　　　　　　　　　　　　　　3 000
　　销售费用　　　　　　　　　　　　　　　　　　305
　　贷:原材料——B 材料　　　　　　　　　　　184 305

【例 2-12】 蓝天公司建筑厂房领用原材料一批,不含税价为 5 000 元,购进时该批材料进项税额为 850 元。

借:在建工程　　　　　　　　　　　　　　　　5 000
　　应交税费——待抵扣进项税额　　　　　　　　340
　　贷:原材料　　　　　　　　　　　　　　　　5 000
　　　　应交税费——应交增值税(进项税额转出)　340

【例 2-13】 黄河有限公司出售多余原材料乙材料 20 千克,不含税售价 700 元,成本 600元,以现金收讫。

(1)出售原材料时,按实际收到的款项入账。

借:库存现金　　　　　　　　　　　　　　　　　819
　　贷:其他业务收入　　　　　　　　　　　　　　700
　　　　应交税费——应交增值税(销项税额)　　　119

（2）月末根据领料单编制的发料凭证汇总表结转成本。

借：其他业务成本　　　　　　　　　　　　　　　　600

贷：原材料　　　　　　　　　　　　　　　　　　　600

完成任务

1.【单选题】 某工业企业为增值税一般纳税人，2015年10月9日购入材料一批，取得的增值税专用发票上注明的价款为10 000元，增值税税额为1 700元。材料入库前的挑选整理费为100元，材料已验收入库。则该企业取得的该材料的入账价值应为（　　）元。

A. 11 700　　　　　　B. 11 800　　　　　　C. 10 000　　　　　　D. 10 100

2.【单选题】 某一般纳税人采购甲商品2 000千克，每千克5元，取得的增值税专用发票上注明的增值税为1 700元，另支付采购费用2 000元。则该企业采购的该批商品的单位成本为（　　）元。

A. 5　　　　　　　　B. 6　　　　　　　　C. 5.2　　　　　　　D. 2.44

3.【单选题】 某企业为增值税小规模纳税人，本月购入甲材料2 060千克，每千克单价（含增值税）50元，另外支付运杂费3 500元，运输途中发生合理损耗60千克，入库前发生挑选整理费用620元。该批材料入库的实际单位成本为每千克（　　）元。

A. 50　　　　　　　　B. 51.81　　　　　　C. 52　　　　　　　D. 53.56

4.【单选题】 某企业为增值税一般纳税人，购入材料一批，增值税专用发票上标明的价款为25万元，增值税为4.25万元，另支付材料的保险费2万元、包装物押金2万元。该批材料的采购成本为（　　）万元。

A. 27　　　　　　　　B. 29　　　　　　　　C. 29.25　　　　　　D. 31.25

5.【多选题】 下列与存货相关会计处理的表述中，正确的有（　　）。

A. 应收保险公司存货损失赔偿款计入其他应收款

B. 在建工程不动产领用原材料时，应将该原材料的进项税额转出

C. 管理不善造成的存货的净损失列入管理费用

D. 销售原材料列入其他业务收入核算，同时按销售收入计算销项税额

6.【多选题】 下列关于存货的会计处理中，正确的有（　　）。

A. 由于管理不善造成的存货净损失计入管理费用

B. 非正常原因造成的存货净损失计入营业外支出

C. 购入存货运输途中发生的合理损耗应计入管理费用

D. 为特定客户设计产品发生的可直接确定的设计费用计入相关产品成本

7.【判断题】 购进尚未验收入库的原材料，要先通过"在途物资"账户核算，待材料到达验收入库后，应将在途物资的价税款转入"原材料"账户。（　　）

8.【判断题】 对一般纳税人而言，购进免税农产品时，按收购价的13%抵扣增值税后为购进货物的成本。（　　）

9.【分录题】 蓝天有限公司2015年10～11月发生以下原材料业务，要求编制会计分录。

（1）10月6日，从外地购入甲材料一批，取得的增值税专用发票上注明的材料价款为30 000元，增值税税额5 100元，货款35 100元已通过银行转账支付，材料已验收入库。

（2）10月12日从外地购入乙材料一批,增值税专用发票上注明的材料价款为50 000元,增值税税额8 500元;货物运输企业开出的增值税专用发票上注明运费为1 000元,税费110元;装卸费为300元,税费为18元。运输费用及装卸费对方已代垫,企业签发一张期限为3个月的银行承兑汇票结算相关款项,材料尚未验收入库。

（3）10月13日,向长江工厂购入丙材料一批,买价20 000元,增值税税额3 400元,丙材料验收入库,货款暂未支付。

（4）10月16日,支付向长江工厂购入丙材料的货款。

（5）10月30日,从外地购入丁材料一批,材料已验入入库,但银行的结算凭证和发票等单据未到,货款尚未支付。月末按暂估价入账。假定其暂估价为150 000元。

（6）11月1日,月初冲销暂估入库的丁材料成本。

（7）11月5日,收到采购丁材料的发票账单,增值税专用发票上注明的材料价款为130 000元,增值税税额为22 100元,货物运输企业开出的普通发票注明运费300元,包装费200元。

（8）11月10日,外地大明厂购进甲材料,收到大明厂转来的托收承付结算凭证及增值税专用发票,上列数量400千克,每千克单位成本为60元,材料价款24 000元,增值税税额4 080元。款项已承付,材料尚未收到。

（9）11月13日,购进甲材料验收入库时,发生短缺10千克,原因待查。

（10）11月15日,查明甲材料短缺原因为运输公司的责任,由其赔偿。

（11）11月30日,因自然灾害毁损甲材料50千克,该批材料购入时支付的增值税为510元。经保险公司核定应赔偿2 500元,款项尚未收到,其余损失已经有关部门批准处理。

（12）11月30日,发料凭证汇总表明,本月发出甲材料30 000元,发出乙材料4 000元。其中生产产品领用甲材料20 000元,领用乙材料4 000元;生产车间领用甲材料5 000元;管理部门领用甲材料2 000元,在建工程领用甲材料3 000元。

学习小结与测评

1. 本任务知识点：_____

_____

2. 请选择下面图形前的编码：

　　A. ⭐⭐　　　　B. ⭐⭐⭐　　　　C. ⭐⭐⭐⭐　　　　D. ⭐⭐⭐⭐⭐

（1）在完成学习任务的认真程度上,我选（　　）;

（2）在知识的理解与运用上,我选（　　）;

（3）在与大家的合作过程中,我选（　　）。

项目三　原材料按计划成本计价的核算

岗位任务

认知原材料按计划成本计价时取得、发出的核算及账务处理。

岗位知识

一、原材料按计划成本法核算

原材料按照计划成本法核算是要求所有材料收发凭证按预先确定的计划成本计价,总账及明细账按计划成本登记,材料的实际成本与计划成本的差异,通过"材料成本差异"账户核算,月度终了,通过分配材料成本差异,将发出材料的计划成本调整为实际成本。

二、计划成本法下原材料的账务处理

(一)设置账户

计划成本法下,设置"原材料""材料采购""材料成本差异"等科目进行核算。

1. "原材料"账户

属于资产类账户,企业采用计划成本进行材料核算时,借方登记收入库材料的计划成本,贷方登记发出材料的计划成本,期末余额在借方,反映库存材料的计划成本。该账户按照材料的类别、规格、品种设置明细账,进行明细核算。

2. "材料采购"账户

属于资产类账户,用以核算企业采用计划成本进行材料日常核算时购入材料的采购成本。该账户借方登记采购材料的实际成本以及材料入库时结转的节约差异,贷方登记入库材料的计划成本以及材料入库时结转的超支差异。期末余额在借方,反映企业在途材料的采购成本。该账户可按供应单位和材料品种进行明细核算。

3. "材料成本差异"账户

属于资产类账户,用以核算企业采用计划成本进行日常核算时材料计划成本与实际成本的差额。该账户借方登记入库材料形成的超支差异以及发出材料应负担的节约差异,贷方登记入库材料形成的节约差异以及发出材料应负担的超支差异。期末余额在借方,反映企业库存材料的实际成本大于计划成本的差异;期末余额在贷方,反映企业库存材料等的实际成本小于计划成本的差异。该账户按照材料类别或品种进行明细核算。

(二)原材料收入的核算

企业外购材料时,按材料是否验收入库分为以下两种情况。

1. 材料验收入库

根据结算凭证结算款项时,分录如下。

借:材料采购(实际采购成本)
　　应交税费——应交增值税(进项税额)
　　　贷:银行存款等

根据材料验收单,分录如下。

借:原材料
　　　贷:材料采购
　　　　　材料成本差异(借记或贷记)

如果材料已经验收入库,货款尚未支付,月末仍未收到相关发票凭证,按照计划成本暂估入账,即借记"原材料"科目,贷记"应付账款"等科目。下月初作相反分录予以冲回,收到账单后再进行账务处理。

【例 2-14】　蓝天有限公司向丙公司购入 L 材料一批,专用发票上记载的货款为 3 000 000 元,增值税税额 510 000 元,发票账单已收到,计划成本为 3 200 000 元,已验收入库,全部款项以银行存款支付。

借:材料采购——L 材料	3 000 000
应交税费——应交增值税(进项税额)	510 000
贷:银行存款	3 510 000
借:原材料——L 材料	3 200 000
贷:材料采购——L 材料	3 000 000
材料成本差异——L 材料	200 000

2. 材料尚未验收入库

如果相关发票凭证已到,但材料尚未验收入库,按支付或应付的实际金额,借记"材料采购"科目,贷记"银行存款""应付账款"等科目;待验收入库时再作后续分录。对于可以抵扣的增值税进项税额,一般纳税人企业应根据收到的增值税专用发票上注明的增值税额,借记"应交税费——应交增值税(进项税额)"科目。

【例 2-15】　蓝天有限公司采用汇兑结算方式购入 A 材料一批,专用发票上记载的货款为 200 000 元,增值税税额 34 000 元,发票账单已收到,计划成本 180 000 元,材料尚未入库,款项已用银行存款支付,则会计分录为:

借:材料采购——A 材料	200 000
应交税费——应交增值税(进项税额)	34 000
贷:银行存款	234 000

(三)原材料发出的核算

1. 计划成本下发出原材料的账务处理

原材料按照计划成本法计价,在处理发出业务时并不存在计算确定发出材料成本的问题,只需按照事先制订的计划成本和发出数量即可确定发出材料成本,但在月末需要将发出材料的计划成本调整为实际成本,将材料成本差异额在发出材料和结存材料之间进行分摊。账务处理如下。

(1)发出原材料时

借:生产成本、制造费用等(计划成本)

　　贷:原材料

(2)结转材料成本差异时

借:生产成本、制造费用等

　　贷:材料成本差异(或借记)

2. 材料成本差异及实际成本的确定计算

原材料按计划成本计价,本质上还是实际成本,是将实际成本分为计划成本和差异两部分,并通过材料成本差异将计划成本还原成实际成本。

$$材料成本差异率=\frac{月初结存材料成本差异额＋本期收入材料的成本差异}{月初结存材料的计划成本＋本期收入材料的计划成本}×100\%$$

发出材料应分摊的材料成本差异＝发出材料的计划成本×材料成本差异率

发出材料的实际成本＝发出材料的计划成本±发出材料应承担的材料成本差异

结存材料计划成本＝月初结存材料的计划成本＋本月购进材料的计划成本

　　　　　　　　－本月发出材料的计划成本

月末结存材料实际成本＝月末结存材料的计划成本±结存材料应分摊的材料成本差异

【例 2-16】 黄河有限公司丙材料采用计划成本核算。2015 年 9 月 1 日,结存材料的计划成本为 400 万元,材料成本差异贷方余额为 6 万元;本月入库材料的计划成本为 2 000 万元,材料成本差异借方发生额为 12 万元;本月生产产品领用材料的计划成本为 1 600 万元。本月发出和月末结存材料的实际成本及账务处理如下:

(1) 材料成本差异率$=\frac{-6+12}{400+2\ 000}×100\%=0.25\%$

(2) 本月发出材料应负担的材料成本差异为＝1 600×0.25％＝4(万元)

(3) 借:生产成本——基本生产成本　　　　　16 000 000

　　　贷:原材料　　　　　　　　　　　　　　　　16 000 000

同时,结转发出材料的材料成本差异额为

借:生产成本——基本生产成本　　　　　　　40 000

　贷:材料成本差异　　　　　　　　　　　　　　　40 000

(4) 本月发出材料的实际成本＝1 600＋4＝1 604(万元)

(5) 本月结存材料的实际成本＝(400＋2 000－1 600)×(1＋0.25％)＝802(万元)

3. 采用计划成本计价的注意事项

(1) 采购时,按实际成本付款,计入"材料采购"账户借方。

(2) 验收入库时,按计划成本计入"原材料"的借方,"材料采购"账户贷方。

(3) 期末结转,验收入库材料形成的材料成本差异超支差计入"材料成本差异"的借方,节约差计入"材料成本差异"的贷方。

(4) 平时发出材料时,一律用计划成本。

(5) 期末,计算材料成本差异率,结转发出材料应负担的差异额。

完成任务

1.【单选题】 某企业月初结存材料的计划成本为 250 万元,材料成本差异为超支 45 万元;当月入库材料的计划成本为 550 万元,材料成本差异为节约 85 万元;当月生产车间领用材料的计划成本为 600 万元。当月生产车间领用材料的实际成本为(　　　)万元。

　　A. 502.5　　　　　B. 570　　　　　C. 630　　　　　D. 697.5

2.【单选题】 某企业材料采用计划成本核算。月初结存材料计划成本为 130 万元,材料成本差异为节约 20 万元。当月购入材料一批,实际成本 110 万元,计划成本 120 万元,领用材料的计划成本为 100 万元。该企业当月领用材料的实际成本为(　　　)万元。

　　A. 88　　　　　B. 96　　　　　C. 100　　　　　D. 112

3.【单选题】 某企业对材料采用计划成本核算。2015 年 11 月 1 日,结存材料的计划成本为 400 万元,材料成本差异贷方余额为 6 万元;本月入库材料的计划成本为 2 000 万元,材料成本差异借方发生额为 12 万元;本月发出材料的计划成本为 1 600 万元。该企业 2015 年 11 月 30 日结存材料的实际成本为(   )万元。

    A. 798   B. 800   C. 802   D. 1 604

4.【单选题】 某企业采用计划成本进行材料的日常核算。月初结存材料的计划成本为 80 万元,成本差异为超支 20 万元。当月购入材料一批,实际成本为 110 万元,计划成本为 120 万元。当月领用材料的计划成本为 100 万元,当月领用材料应负担的材料成本差异为(   )万元。

    A. 超支 5   B. 节约 5   C. 超支 15   D. 节约 15

5.【单选题】 企业月初"原材料"账户借方余额 24 000 元,本月收入原材料的计划成本为 176 000 元,本月发出原材料的计划成本为 150 000 元,"材料成本差异"月初贷方余额 300 元,本月收入材料的超支差 4 300 元,则本月发出材料应负担的材料成本差异为(   )元。

    A. −3 000   B. 3 000   C. −3 450   D. 3 450

6.【多选题】 计划成本法下,下列项目中应计入材料成本差异账户借方的是(   )。

    A. 购入材料时,实际成本大于计划成本的差额

    B. 购入材料时,实际成本小于计划成本的差额

    C. 发出材料时,应转出的材料超支差异

    D. 发出材料时,应转出的材料节约差异

7.【计算分析题】 天天面业有限公司 2015 年 10 月 1 日荞麦米的计划成本为 3 000 元,实际成本为 3 200 元,本月购进荞麦米的计划成本为 8 640 元,实际成本为 8 520 元,本月发出荞麦米的计划成本为 5 000 元。要求:

(1)计算材料成本差异率。

(2)计算发出材料应负担的材料成本差异。

(3)计算发出材料的实际成本。

(4)计算月末结存材料的计划成本。

(5)计算月末结存材料的实际成本。

8.【计算分析题】 某工业企业为增值税一般纳税人,材料按计划成本计价核算。甲材料计划单位成本为每千克 10 元。"原材料"月初数量为 400 千克,借方余额为 4 000 元,"材料成本差异"账户月初借方余额 500 元。该企业 2015 年 10 月份有关资料如下:

(1)10 月 15 日,从华邦公司购入甲材料 1 500 千克,单价 12 元,增值税专用发票上注明的材料价款为 18 000 元,增值税税额 3 060 元,企业已用银行存款支付上述款项,材料尚未到达。

(2)10 月 20 日,仓库转来收料单,购入的甲材料到达,验收入库。

(3)10 月 22 日,向杰邦公司赊购甲材料 3 000 千克,单价 11 元,货款计 33 000 元,增值税 5 610 元,运费 1 000 元,税费 110 元,A 材料已验收入库,款未付。

(4)10 月 26 日,甲企业用银行存款支付 22 日购买甲材料的款项。

(5)10 月 30 日,汇总本月发料凭证,本月共发出甲材料 2 000 千克,其中生产产品领用 1 500 千克,生产车间领用 400 千克,管理部门领用 100 千克。

要求:编制相关的会计分录。

9.【分录题】 甲企业为增值税一般纳税人,委托乙企业将 A 材料加工成 B 材料,B 材

料属应税消费品,加工收回后用于连续生产应税消费品。该企业材料采用计划成本计价核算。有关经济业务如下:

(1) 发出 A 材料计划成本 120 000 元,当月材料成本差异率为—1%。

(2) 用银行存款支付加工费、运杂费、税金等共 32 890 元,其中增值税 2 890 元,消费税 13 000 元。

(3) B 材料加工完毕验收入库,计划成本 136 200 元。

要求:根据以上经济业务编制会计分录。

10.【分录题】 中南公司 2015 年 5 月初结存原材料的计划成本为 100 000 元,本月收入原材料的计划成本为 200 000 元,本月发出原材料的计划成本为 160 000 元,其中生产产品领用 100 000 元,车间一般耗用 40 000 元,企业行政管理部门领用 20 000 元,原材料成本差异的月初数为 2 000(超支),本月收入原材料成本差异为 5 000 元(节约)。要求:计算本月材料成本差异率,并编制发出材料的会计分录。

学习小结与测评

1. 本任务知识点: _____

_____

2. 请选择下面图形前的编码:

A. ★★   B. ★★★   C. ★★★★★   D. ★★★★★★

(1) 在完成学习任务的认真程度上,我选(   );

(2) 在知识的理解与运用上,我选(   );

(3) 在与大家的合作过程中,我选(   )。

项目四 周转材料的核算

岗位任务

采用一次摊销法、五五摊销法核算低值易耗品的账务处理,区分包装物单独计价、不单独计价以及出租、出借包装物时的账务处理。

岗位知识

一、周转材料的概念

周转材料是指企业能够多次使用,逐渐转移其价值但仍保持原有形态,不确认为固定资产的材料,包括低值易耗品和包装物等。

二、低值易耗品的核算

(一)低值易耗品的概念

低值易耗品是指不符合固定资产确认的各种用具物品,如工具、管理用具、玻璃器皿、劳动保护用品以及经营过程中周转使用的容器等。主要包括以下几类。

1. 一般工具

一般工具是车间生产产品通用的工具。如刀具、量具以及供生产周转使用的容器等。

2. 专用工具

专用工具是指为了生产某种特定产品所专用的工具。如专业模具、专用工具等。

3. 管理工具

管理工具是指在管理工作中使用的各种家具和办公用具。如办公桌、椅、柜子、计算器等。

4. 劳动保护用品

劳动保护用品是指为了保证安全生产而发给职工的劳动保护用的工作服、工作鞋、工作手套等。

5. 替换设备

替换设备是指容易磨损、更换频繁或为生产不同产品需要替换使用的各种设备。如轧制钢材用的轧辊、浇铸钢锭的锭模。

6. 其他低值易耗品

其他低值易耗品是指不属于以上各类的低值易耗品。

（二）低值易耗品的账务处理

1. 购入低值易耗品的账务处理

企业低值易耗品一般应设置"周转材料——低值易耗品"账户进行核算，也可以设置"低值易耗品"账户进行核算。"周转材料——低值易耗品"属资产类账户，借方反映验收入库的低值易耗品成本，贷方反映领用、摊销及盘亏等减少的低值易耗品成本，期末余额反映在库低值易耗品的成本或在用低值易耗品的摊余价值。

按低值易耗品的种类，分别"在库""在用""摊销"进行明细核算。低值易耗品的采购、收发、储存、清查等业务的核算，与原材料基本相同。

【例2-17】蓝天有限公司购入劳保用品工作服200套，每套价格220元，签发支票结算，工作服已验收入库。

借：周转材料——低值易耗品（在库）（工作服）　　　44 000
　　贷：银行存款　　　　　　　　　　　　　　　　　　　　44 000

2. 低值易耗品发出的账务处理

低值易耗品发出时，其价值也要摊销到相关的成本费用上去，摊销方法可采用一次摊销法或五五摊销法等。摊销时，按受益对象计入"制造费用""管理费用""销售费用"等科目。

（1）一次摊销法：一次摊销法是指价值在领用时一次计入有关资产成本或当期损益。账务处理如下。

借：生产成本（生产或项目领用）
　　制造费用（车间领用）
　　管理费用（厂部领用）
　　销售费用（专设销售机构领用）
　　贷：周转材料——低值易耗品（在库）

（2）五五摊销法。五五摊销法是指低值易耗品价值在领用时摊销50％，在报废时摊销50％。账务处理如下。

① 领用时

a. 将"在库"转"在用"。

借：周转材料——低值易耗品(在用)

　　贷：周转材料——低值易耗品(在库)

b. 按受益对象进行摊销50％。

借：生产成本(生产或项目领用)

　　制造费用(车间领用)

　　管理费用(厂部领用)

　　销售费用(专设销售机构领用)

　　　贷：周转材料——低值易耗品(摊销)

② 报废时

a. 摊销余下的50％。

借：生产成本、制造费用、管理费用、销售费用等

　　贷：周转材料——低值易耗品(摊销)

b. 若有残料则收回，冲减原支出科目。

借：原材料——残料

　　贷：管理费用等

c. 转销已计摊销，即"摊销"与"在用"对冲。

借：周转材料——低值易耗品(摊销)

　　贷：周转材料——低值易耗品(在用)

【例 2-18】 蓝天有限公司生产车间领用工作服50套，实际成本为11 000元，采用五五摊销法进行摊销。编制领用及报废时的分录。

① 领用时

a. 将"在库"转"在用"。

借：周转材料——低值易耗品(在用)　　　　　　　　11 000

　　贷：周转材料——低值易耗品(在库)　　　　　　　　11 000

b. 按受益对象先进行摊销50％。

借：制造费用　　　　　　　　　　　　　　　　　　5 500

　　贷：周转材料——低值易耗品(摊销)　　　　　　　　5 500

② 报废时

分摊余下的50％，并结转全部摊销额，即"摊销"与"在用"对冲

借：制造费用　　　　　　　　　　　　　　　　　　5 500

　　贷：周转材料——低值易耗品(摊销)　　　　　　　　5 500

借：周转材料——低值易耗品(摊销)　　　　　　　　11 000

　　贷：周转材料——低值易耗品(在用)　　　　　　　　11 000

三、包装物的核算

(一)包装物的概念

包装物是指为了包装本企业商品而储备的各种包装容器,如桶、箱、瓶、坛、袋等。其主要作用是盛装、装潢产品或商品。进行包装物核算时,注意将包装物与各种包装材料(如纸、绳、铁丝等)区分开来,后者不是包装容器,故非包装物,应在"原材料"科目下进行核算。包装物主要包括以下几类。

(1)生产过程中用于包装产品组成部分的包装物;

(2)随同商品出售而不单独计价的包装物;

(3)随同商品出售而单独计价的包装物;

(4)出租或出借给购买单位使用的包装物。

(二)包装物的会计处理

1. 购入包装物的账务处理

企业应设置"周转材料——包装物"科目进行核算,也可以单独设置"包装物"账户进行核算。"周转材料——包装物"账户属于资产类账户,借方反映验收入库包装物的成本,贷方反映领用、摊销、对外销售等而减少的包装物成本,期末余额反映在库包装物的成本或在用包装物的摊余价值。分"在库""在用"和"摊销"进行明细核算。购入包装物的核算方法同低值易耗品。

【例2-19】 某企业购进包装商品用的小铁桶500个,每个50元,计25 000元,增值税4 250元,小铁桶已验收入库,价款以转账支票支付。账务处理如下:

借:周转材料——包装物(在库) 25 000
应交税费——应交增值税(进项税额) 4 250
贷:银行存款 29 250

2. 发出包装物的核算

《企业会计准则——存货》应用指南规定,包装物采用一次摊销法或五五摊销法核算。

(1)生产领用的包装物成本计入"生产成本"。

企业生产过程中领用的包装物,应按月汇总,将其成本结转入产品的生产成本。

借:生产成本——基本生产成本
贷:周转材料——包装物(在库)

【例2-20】 黄河有限公司对包装物采用计划成本核算,某月生产产品领用包装物的计划成本为100 000元,包装物采用一次摊销法核算。

借:生产成本——基本生产成本 100 000
贷:周转材料——包装物(在库) 100 000

(2)随同产品出售但不单独计价的计入"销售费用"。

借:销售费用
贷:周转材料——包装物(在库)

（3）随同产品出售且单独计价的计入"其他业务收入"。

借：银行存款（或应收账款等）

　　贷：其他业务收入（包装物不含税收入）

　　　　应交税费——应交增值税（销项税额）

结转出售包装物成本时：

借：其他业务成本（包装物成本）

　　贷：周转材料——包装物（在库）

【例2-21】　蓝天有限公司随同产品出售一批包装桶，计2 000元，增值税340元，款项已收到存入银行，该批包装桶的账面价值为1 500元。

借：银行存款　　　　　　　　　　　　　　　　　　　2 340

　　贷：其他业务收入　　　　　　　　　　　　　　　　　　2 000

　　　　应交税费——应交增值税（销项税额）　　　　　　　 340

结转出售包装物成本时：

借：其他业务成本（包装物成本）　　　　　　　　　　1 500

　　贷：周转材料——包装物（在库）　　　　　　　　　　　1 500

（4）出租、出借包装物的账务处理。

企业在第一次领用新包装物用于出租、出借时，应结转其成本，收回已使用过的出租、出借包装物，入库时不再进行账务处理，为加强管理，应在备查簿上进行登记。

出租包装物的租金列入"其他业务收入"科目，结转包装物成本计入"其他业务成本"科目，可按一次摊销法或五五摊销法等进行摊销。

逾期不能收回的包装物则没收押金，扣除增值税"销项税额"后的余额，转入"其他业务收入"科目，未摊销成本列入"其他业务成本"。

出借包装物和出租包装物的核算基本相同，只是出借包装物一般不收取费用，只收押金。出借包装物是为了更好地进行销售，故应按"销售费用"进行核算。在借用期间的包装物损耗及修理费用，计入"销售费用"账户。逾期不能收回的包装物则没收押金，扣除增值税"销项税额"后的余额转为"其他业务收入"，未摊销成本计入"其他业务成本"。

【例2-22】　黄河有限公司随产品销售出租新包装箱100只，每只成本60元，押金按每只40元收取，存入银行。当月20日收回包装箱，应收租金3 510元（其中增值税510元），从押金中扣除，余款退回。包装物成本于领用时一次转销。要求编制相关会计分录。

（1）出租包装箱，结转成本：

借：其他业务成本　　　　　　　　　　　　　　　　　6 000

　　贷：周转材料——在库包装物　　　　　　　　　　　　　6 000

（2）收到押金：

借：银行存款　　　　　　　　　　　　　　　　　　　4 000

　　贷：其他应付款　　　　　　　　　　　　　　　　　　　4 000

（3）确认收入、退回多余款

借：其他应付款　　　　　　　　　　　　　　　　　　4 000

　　贷：其他业务收入　　　　　　　　　　　　　　　　　　　　3 000

　　　　应交税费——应交增值税（销项税额）　　　　　　　　　510

　　　　库存现金　　　　　　　　　　　　　　　　　　　　　　490

【例 2-23】　蓝天有限公司随同产品出售出借包装铁桶 20 只，每只成本 20 元，押金按每只 25 元收取存入银行。10 日后铁桶收回。押金通过银行存款汇出。

　　借：销售费用　　　　　　　　　　　　　　　　　　　　　　400

　　　　贷：周转材料——在库包装物（铁桶）　　　　　　　　　400

　　收取押金

　　借：银行存款　　　　　　　　　　　　　　　　　　　　　　500

　　　　贷：其他应付款——存入保证金　　　　　　　　　　　　500

　　退还包装物押金时：

　　借：其他应付款——存入保证金　　　　　　　　　　　　　　500

　　　　贷：银行存款　　　　　　　　　　　　　　　　　　　　500

完成任务

1．**【单选题】**　企业对随同商品出售而不单独计价的包装物进行会计处理时，该包装物的实际成本应结转到（　　）科目。

　　A．制造费用　　　　　B．销售费用　　　　　C．管理费用　　　　　D．其他业务成本

2．**【多选题】**　下列应记入"销售费用"的业务有（　　）。

　　A．领用随产品出售单独计价的包装物　　　　　B．领用随产品出售不单独计价的包装物

　　C．摊销出租包装物的成本　　　　　　　　　　D．摊销出借包装物的成本

3．**【多选题】**　低值易耗品价值可采用一次摊销法或五五摊销法进行摊销，摊销时可计入的科目有（　　）。

　　A．管理费用　　　　　B．制造费用　　　　　C．销售费用　　　　　D．财务费用

4．**【多选题】**　核算出租包装物业务时，可能涉及的会计科目有（　　）。

　　A．其他业务收入　　　B．其他业务成本　　　C．银行存款　　　　　D．应交税费

5．**【判断题】**　公司的低值易耗品可以多次参加生产周转而不改变其原有的实物形态，所以，应列为固定资产进行管理和核算。（　　）

6．**【分录题】**　甲企业出租包装物一批，实际成本 50 000 元，收到押金 53 000 元存入银行，同时每月收到租金 3 000 元，经一段时间后企业退还包装物押金，同时报废包装物，收到残料 2000 元并验收入库。包装物的摊销采用一次摊销法。每月租金从押金中扣除。

7．**【分录题】**　甲公司领用专用工具一批，其中生产车间领用 80 000 元，管理部门领用 1 000 元，其中生产车间领用的工具使用报废后，残料作价 2 000 元入库。要求：分别采用一次摊销法、五五摊销法对低值易耗品进行摊销，并编制相关会计分录。

学习小结与测评

1．本任务知识点：_____

_____

2. 请选择下面图形前的编码:

A. ★★　　　　B. ★★★　　　　C. ★★★★　　　D. ★★★★★

(1) 在完成学习任务的认真程度上,我选(　　);

(2) 在知识的理解与运用上,我选(　　);

(3) 在与大家的合作过程中,我选(　　)。

项目五　委托加工物资的核算

岗位任务

掌握委托加工物资的核算及账务处理。

岗位知识

一、委托加工物资的概念

委托加工是指企业为了满足生产经营的需要,在企业无法加工或加工能力不足的情况下,由企业提供原料及主要材料,通过支付加工费由受托加工企业按合同要求为企业加工所需要的原材料、半成品或商品。

二、委托加工物资计量

委托加工物资原则上按实际成本计价,具体包括:发出加工物资的实际成本、支付加工费(不含可以抵扣的增值税)、往返的运杂费、应负担的相关税费等。

三、委托加工物资的核算

1. 设置"委托加工物资"账户

"委托加工物资"属于资产类账户,在资产负债表中列入存货项目反映。借方反映发出加工物资的实际成本、支付的加工费、运杂费、相关税费等,贷方反映收回加工完成物资的实际成本和退回剩余物资的实际成本。

"委托加工物资"账户,应按加工单位和加工物资的品种进行明细核算。

2. 委托加工物资的账务处理

(1) 发出委托加工物资时

借:委托加工物资

　　贷:原材料

(2) 支付加工费、运杂费时

借:委托加工物资

　　应交税费——应交增值税(进项税额)

　　贷:银行存款

（3）支付受托方代扣代缴的消费税（属于应税消费品时）时

借：委托加工物资（收回后直接销售的消费税计入）

应交税费——应交消费税（收回后用于连续生产的应将消费税单独列出）

贷：银行存款

（4）退回剩余物资时

借：原材料等

贷：委托加工物资

（5）加工完成收回委托加工物资时

借：原材料、库存商品等

贷：委托加工物资——××公司（××材料）

【例 2-24】　A 公司委托 B 公司加工材料一批（属于应税消费品），原材料成本为 58 000 元，支付的加工费为 30 000 元（不含增值税），消费税税率为 12%，材料加工完成验收入库，收回后用于连续加工产品，加工费用、消费税已经支付。A、B 公司均为增值税一般纳税人，适用的增值税税率为 17%。A 公司按实际成本对原材料进行日常核算，有关会计处理如下。

（1）发出委托加工材料：

借：委托加工物资　　　　　　　　　　　　　　　　58 000

　　贷：原材料　　　　　　　　　　　　　　　　　　　　58 000

（2）支付加工费、消费税：

消费税组成计税价格＝（58 000＋30 000）÷（1－12%）＝100 000（元）

受托方代收代缴的消费税＝100 000×12%＝12 000（元）

借：委托加工物资　　　　　　　　　　　　　　　　30 000

　　应交税费——应交增值税（进项税额）　　　　　　 5 100

　　　　　　　——应交消费税　　　　　　　　　　　12 000

　　贷：银行存款　　　　　　　　　　　　　　　　　　　47 100

（3）加工完成收回委托加工材料：

借：原材料　　　　　　　　　　　　　　　　　　　88 000

　　贷：委托加工物资　　　　　　　　　　　　　　　　　88 000

【例 2-25】　黄河有限公司委托乙企业加工商品 10 000 件，9 月 28 日，发出材料一批，计划成本为 200 000 元，材料成本差异率为－1%；10 月 12 日，支付商品加工费 5 000 元，增值税 850 元，支付应交纳的消费税 15 000 元；10 月 20 日，用银行存款支付往返运杂费 2 000 元；10 月 24 日，上述商品 10 750 件，加工完毕，收回后直接用于销售，公司已办理验收入库手续，不考虑相关税费。

要求：编制委托加工物资发出，支付有关税、费，以及委托加工物资收回等业务会计分录。

（1）发出材料，同时结转材料成本差异：

借：委托加工物资　　　　　　　　　　　　　　　　198 000

　　材料成本差异　　　　　　　　　　　　　　　　　 2 000

　　　　贷：原材料　　　　　　　　　　　　　　　　　　　　　200 000

（2）支付加工费：

借：委托加工物资　　　　　20 000（含收回后直接销售的消费税）

　　应交税费——应交增值税（进项税额）　　　　　　850

　　贷：银行存款　　　　　　　　　　　　　　　　　　　20 850

（3）支付往返运杂费：

借：委托加工物资　　　　　　　　　　　　　　　　2 000

　　贷：银行存款　　　　　　　　　　　　　　　　　　　2 000

（4）加工完成，收回委托加工物资：

借：库存商品　　　　　　　　　　　　　　　　　220 000

　　贷：委托加工物资　　　　　　　　　　　　　　　　220 000

完成任务

1.【单选题】　甲公司为增值税一般纳税人，委托外单位加工一批应交消费税的商品，以银行存款支付加工费 200 万元、增值税 34 万元、消费税 30 万元，该加工商品收回后将直接用于销售。甲公司支付上述相关款项时，应编制的会计分录是（　　）。

　　A. 借：委托加工物资　　　　　　　　264

　　　　　贷：银行存款　　　　　　　　　　　　264

　　B. 借：委托加工物资　　　　　　　　230

　　　　　应交税费　　　　　　　　　　　34

　　　　　贷：银行存款　　　　　　　　　　　　264

　　C. 借：委托加工物资　　　　　　　　200

　　　　　应交税费　　　　　　　　　　　64

　　　　　贷：银行存款　　　　　　　　　　　　264

　　D. 借：委托加工物资　　　　　　　　264

　　　　　贷：银行存款　　　　　　　　　　　　200

　　　　　　应交税费　　　　　　　　　　　64

2.【单选题】　甲、乙公司均为增值税一般纳税人，甲公司委托乙公司加工一批应交消费税的半成品，收回后用于连续生产应税消费品。甲公司发出原材料实际成本 210 万元，支付加工费 6 万元、增值税 1.02 万元、消费税 24 万元。假定不考虑其他相关税费，甲公司收回该半成品的入账价值为（　　）万元。

　　A. 216　　　　　　　B. 217.02　　　　　　C. 240　　　　　　D. 241.02

3.【单选题】　一般纳税人委托其他单位加工材料收回后直接对外销售的，其发生的下列支出中，不应计入委托加工材料成本的是（　　）。

　　A. 发出材料的实际成本　　　　　　　B. 支付给受托方的加工费

　　C. 支付给受托方的增值税　　　　　　D. 受托方代收代缴的消费税

4.【单选题】　某企业为增值税一般纳税人，适用的增值税税率为 17%。该企业委托其他单位(增值税一般纳税企业)加工一批属于应税消费品的原材料(非金银首饰),该批委托加工原材料收回后用于继续生产应税消费品。发出材料的成本为300万元,支付的不含增值税的加工费为100万元,支付的增值税为17万元,受托方代收代缴的消费税为30万元。该批原材料已加工完成并验收入库,其成本为(　　)万元。

  A. 400　　　　　　　B. 430　　　　　　　C. 417　　　　　　　D. 317

5. 【多选题】　下列项目中应构成一般纳税企业委托加工物资成本的是(　　)。

  A. 发出用于加工的材料成本　　　　　　B. 支付的加工费

  C. 支付的往返运杂费　　　　　　　　　D. 支付的加工物资的增值税税款

6. 【判断题】　委托加工物资收回后直接用于销售的消费税并计入委托加工物资成本,收回后用于连续生产的则列入"应交税费——应交消费税"。(　　)

7. 【分录题】　天天面业有限公司2015年10月20日委托天诚食品有限公司将荞麦米加工成荞麦粉,加工后的荞麦粉将用于生产荞麦面条。发出荞麦米的成本为40 000元,应支付的加工费为6 000元,增值税1 020元,10月25日,收到增值税专用发票以转账支票付款,并于当日收回荞麦粉。要求:编制相关会计分录。

8. 【分录题】　甲企业为增值税一般纳税人,委托乙企业将A材料加工成B材料,B材料属应税消费品,加工收回后用于连续生产应税消费品。10月20日,发出A材料20 000元,用银行存款支付加工费、运杂费、税金等共22 000元,其中增值税2 040元,消费税6 000元。B材料加工完毕验收入库。要求:编制相关会计分录。

学习小结与测评

1. 本任务知识点:＿＿＿＿＿＿＿＿＿＿＿＿＿＿＿＿＿＿＿＿＿＿＿＿＿＿＿＿＿＿＿＿

＿＿

2. 请选择下面图形前的编码:

  A. ★★　　　　　　B. ★★★　　　　　　C. ★★★★　　　　　　D. ★★★★★

(1) 在完成学习任务的认真程度上,我选(　　);

(2) 在知识的理解与运用上,我选(　　);

(3) 在与大家的合作过程中,我选(　　)。

项目六　库存商品的核算

岗位任务

掌握库存商品的核算及账务处理。

岗位知识

一、库存商品的概念

  库存商品是指在企业已完成全部生产过程并验收入库,合乎标准规格和技术条件,可以作为商品直接对外出售的产品以及外购的用于销售的各种商品。

企业的库存商品,包括库存产成品、外购商品、存放在门市部准备出售的商品、发出展览的商品、寄存在外的商品等。

二、库存商品的核算

(一)工业企业库存商品的核算

1. 工业企业库存商品的计价方法

工业企业的产成品一般应按实际成本计价,在这种计价方法下,产成品的收入和发出,平时只记数量不记金额,月度终了,计算入库产成品的实际成本,对发出和销售的产成品,可以采用先进先出法、加权平均法或个别计价法确定其实际成本。

2. 工业企业产成品的账务处理

工业企业产成品一般设置"库存商品"账户进行核算,该账户借方登记验收入库产成品成本,贷方登记发出产成品成本,期末借方余额,反映结存产成品成本。该账户应按品种、规格设置明细账,明细账应采用"数量金额式"账页。

产成品入库的账务处理为:

借:库存商品——产成品(品种、规格)

　　贷:生产成本——基本生产成本(×××)

发出产成品的账务处理为:

借:主营业务成本

　　贷:库存商品——产成品(品种、规格)

【例 2-26】 黄河有限公司当月共完工 A 产品 1 000 件,其成本为 50 000 元。当月销售 A 产品 300 件,其成本为 15 000 元。

借:库存商品　　　　　　　　　　　　　　　　　　　50 000

　　贷:生产成本——基本生产成本(A 产品)　　　　　　　　50 000

借:主营业务成本　　　　　　　　　　　　　　15 000

　　贷:库存商品——A 产品　　　　　　　　　　　　　　15 000

(二)商业企业库存商品的核算

1. 商品流通企业商品流转计价

根据本企业商品经营的特点和商品管理的要求,商品采购和核算的方法有进价金额核算法和售价金额核算法两种。前者是指按照商品进价来反映商品收发和结存变化情况的商品核算方法。后者是指按商品的售价来反映商品的收发结存情况的商品核算方法。

2. 数量进价金额核算法(批发企业适用)

购进商品的实际成本包括进价成本和采购费用。采购过程中发生的运输费、保险费、装卸费以及其他可归属于存货采购成本的费用等,应当计入商品成本,也可以单独归集,期末根据所购商品存销情况进行分摊,已销的列入"主营业务成本",库存计入"库存商品"成本。

商品购进业务核算类同于材料购进业务的核算。

借：库存商品

应交税费——应交增值税（进项税额）

贷：银行存款

销售商品时

借：银行存款

贷：主营业务收入

应交税费——应交增值税（销项税额）

借：主营业务成本

贷：库存商品

所不同的是：企业销售库存商品计算销售商品的成本在每一季度的前两个月可采用毛利率法匡算，季末最后月份通过实地盘点先确定季末库存商品价值，再用倒挤法计算本季商品销售总成本，然后从销售总成本中扣除前两个月的销售成本，即为季度内第三个月应结转的成本。

毛利率法的公式为：

$$本期商品销售成本＝本期商品销售收入×[1－上期（本期）计划毛利率]$$

【例2-27】　某公司是一家商品批发企业，5月7日向甲公司购进A商品一批，总进价50 000元，增值税额8 500元，当日公司以银行存款支付货款，5月10日商品验收入库。本月共销售A商品获得含税收入70 200元，采用毛利率法计算并结转当月A商品销售成本，一季度A商品毛利率为20%。

5月7日，根据专用发票及支付结算凭证：

借：在途物资		50 000
应交税费——应交增值税（进项税额）		8 500
贷：银行存款		58 500

5月10日，根据入库单：

借：库存商品		50 000
贷：在途物资		50 000

平时销售商品时

借：银行存款		70 200
贷：主营业务收入		60 000
应交税费——应交增值税（销项税额）		10 200

月末结转成本时，已销商品成本＝60 000×（1－20%）＝48 000（元）。

借：主营业务成本		48 000
贷：库存商品		48 000

3. 售价金额核算法（商品零售企业适用）

在这种方法下，库存商品的总账和明细账都按商品的销售价格记账。需要设置"商品进销差价"账户，该账户属于资产类账户，反映商品含税售价与商品进价成本的差额。该账户借方反映分摊结转已售商品的进销差价、转出其他原因减少商品的进销差价,贷方反映验收入库商品售价大于进价的差额。期末余额反映库存商品的进销差额。

"商品进销差价"账户应按商品类别或实物负责人设置明细账,进行明细核算。售价金额核算法的操作步骤如下。

第一步,购入商品支付货款。

借:在途物资

应交税费——应交增值税(进项税额)

　　贷:银行存款等(实付价税款)

借:库存商品(按售价)

　　贷:在途物资

商品进销差价(售价与进价的差额)

第二步,商品销售时,先按含税售价确认收入,并结转销售成本。

借:银行存款

　　贷:主营业务收入(含税售价)

借:主营业务成本

　　贷:库存商品(含税售价)

第三步,月末时将税款从收入中分离出来。

借:主营业务收入

　　贷:应交税费——应交增值税(销项税额)

价税分离公式为:

$$不含税销售额=\frac{当月含税销售收入}{1+17\%}$$

第四步,计算商品进销差价率后,计算已销商品应负担的进销差价,并冲减主营业务成本。其公式为:

$$商品进销差价率=\frac{期初库存商品的进销差价+本期购入商品的进销差价}{期初库存商品的售价+本期购入商品的售价}\times100\%$$

本期已销商品应分摊的进销差价=本期销售收入×商品进销差价率

本期已售商品的实际成本=本期销售商品收入-本期已销商品的进销差价

期末结存商品应保留的进销差价=期初库存商品进销差价+本期购进商品进销差价
　　　　　　　　　　　　　　　-本期已销商品应分摊的进销差价

期末结存商品的实际成本=期末结存商品的售价-期末结存商品应保留的进销差价

借:商品进销差价

　　贷:主营业务成本

【例2-28】　某小百货柜组6月初商品进销差价余额为30 360元,6月初库存商品余额为380 000元,6月25日购进小百货成本180 000元,增值税30 600元,以银行存款支付,商品已于当日收到,售价280 800元,本月小百货共计销售收入187 200元。

第一步,购入商品支付货款。

借:在途物资　　　　　　　　　　　　　　　　180 000

应交税费——应交增值税(进项税额)　　　　　　30 600

　　贷：银行存款　　　　　　　　　　　　　　　　　210 600

借：库存商品　　　　　　　　　　　　　　　280 800

　　贷：在途物资　　　　　　　　　　　　　　　　180 000

　　　　商品进销差价　　　　　　　　　　　　　　100 800

第二步,商品销售时,先按含税售价确认收入,并结转销售成本。

借：银行存款　　　　　　　　　　　　　　　187 200

　　贷：主营业务收入　　　　　　　　　　　　　　187 200

借：主营业务成本　　　　　　　　　　　　　187 200

　　贷：库存商品　　　　　　　　　　　　　　　　187 200

第三步,6 月 30 日将税款从收入中分离出来。

$$不含税销售收入=\frac{当月含税销售收入}{1+17\%}=\frac{187\ 200}{1+17\%}=160\ 000(元)$$

$$税额=187\ 200-160\ 000=27\ 200$$

借：主营业务收入　　　　　　　　　　　　　　　　27 200

　　贷：应交税费——应交增值税(销项税额)　　　　27 200

第四步,计算产品进销差价率后,计算已销商品应负担的进销差价,并冲减主营业务成本,其公式为：

$$商品进销差价率=\frac{(30\ 360+100\ 800)}{(380\ 000+280\ 800)}\times100\%=20\%$$

$$已销商品应分摊的进销差价=本期的销售收入\times商品进销差价率$$
$$=187\ 200\times20\%=37\ 440(元)$$

借：商品进销差价　　　　　　　　　　　　　37 440

　　贷：主营业务成本　　　　　　　　　　　　　　37 440

完成任务

1.【分录题】 天天面业有限公司 2015 年 10 月份完工产品成本计算如表 2-5 所示,本月销售精典原味挂面 4600 盒,每盒售价 12.88 元。

表 2-5　完工产品成本计算表

2015 年 10 月 31 日

产品名称	计量单位	产量	成本项目			总成本	单位成本
			直接材料	直接人工	制造费用		
精典原味挂面	盒	100 000	680 000	189 000	22 000	891 000	8.91
面爱上酱	包	150 000	2 346 052	403 342	25 606	2 775 000	18.50

要求：

(1)编制产品完工入库时的会计分录；

(2)编制结转销售产品成本时的会计分录。

2.【分录题】 某商场为增值税一般纳税人,采用售价金额核算法进行核算。该商场2015年2月份期初库存日用百货的进价成本40万元,售价50万元,本期购入日用百货的进价成本280万元,售价360万元,本期销售收入350万元。计算该商场2月份的商品进销差价率、已销日用百货的实际成本、期末库存日用百货的实际成本并编制相关会计分录。

3.【计算分析题】 某批发公司月初存货200 000元,本月购货400 000元,本月商品销售收入净额500 000元,上季度该类商品毛利率20%,要求计算本月已销售存货和月末存货的成本。

学习小结与测评

1. 本任务知识点: _____

_____

2. 请选择下面图形前的编码:

A. ★★   B. ★★★   C. ★★★★   D. ★★★★★

(1) 在完成学习任务的认真程度上,我选(   );

(2) 在知识的理解与运用上,我选(   );

(3) 在与大家的合作过程中,我选(   )。

项目七　存货清查与减值的核算

岗位任务

掌握存货盘盈盘亏、期末减值的核算及账务处理。

岗位知识

一、存货清查的核算

(一)存货清查的目的与方法

为保证各项存货的安全完整,保证存货账实相符,有利于防止存货积压和加速资金周转,企业应定期或不定期对存货进行清查,以确保存货的安全完整。存货清查是指对存货的实地盘点,确定存货的实有数量,并与账面结存数进行核对,从而确定存货的实存数和账面数是否相符的专门方法。存货清查一方面检查数量,是否账实相符;一方面检查质量,检查是否有损坏。企业至少于每年年度终了开展全面的存货清查。对于存货的盘盈、盘亏应填写"存货盘存报告表",及时查明原因,按规定程序报批处理。

(二)存货清查结果的账务处理

1. 存货盘盈的账务处理
(1)批准前
借:原材料、库存商品等

　　　　贷：待处理财产损溢——待处理流动资产损溢

　　存货盘盈一般是由于收发计量或核算上的错误等原因造成的,经批准后,应冲减管理费用:

　　(2) 批准后

　　借:待处理财产损溢——待处理流动资产损溢

　　　　贷:管理费用

2. 存货盘亏或毁损的账务处理

　　(1) 批准前

　　借:待处理财产损溢——待处理流动资产损溢

　　　　贷:原材料等

　　除自然灾害外的存货非正常原因的盘亏和毁损,应按规定税率计算转出增值税的进项税额,所以,存货非正常原因的盘亏和毁损的损失是包括增值税的(即含税价值)。存货盘亏和毁损应区别原因,按规定程序进行审批处理:

　　① 定额内的自然损耗——经批准后转入管理费用。

　　② 收发计量和管理不善造成盘亏或毁损——扣除残料价值、扣除保险公司和过失人赔款后,将净损失记入管理费用。

　　③ 自然灾害或意外事故引起的存货毁损,扣除残料价值和可以收回的保险赔款后,转入营业外支出。

　　(2) 批准后

　　借:其他应收款——过失人或保险公司赔偿

　　　　管理费用——收发计量差错等

　　　　营业外支出(自然灾害)

　　　　贷:待处理财产损溢——待处理流动资产损溢

　　　　　　应交税费——应交增值税(进项税额转出)

　　【例 2-29】 蓝天有限公司发现一批甲材料毁损,实际成本是 20 000 元,经调查是因为台风造成的,根据保险责任及保险合同规定,由保险公司赔偿 12 000 元,另有残料作价 300 元回收入库。公司采用实际成本法对存货进行计价。

　　(1) 批准前

　　借:待处理财产损溢——待处理流动资产损溢　　　　　　20 000

　　　　贷:原材料　　　　　　　　　　　　　　　　　　　　　　20 000

　　注: 如属于管理方面的原因,则需将进项税额转出。

　　(2) 批准后

　　借:原材料——残料　　　　　　　　　　　　　　　　300

　　　　其他应收款——保险公司　　　　　　　　　　　12 000

　　　　营业外支出——非常损失　　　　　　　　　　　7 700

　　　　贷:待处理财产损溢——待处理流动资产损溢　　　　　20 000

二、存货减值的核算

(一)存货期末计价的方法——成本与可变现净值孰低法

资产负债表日,当存货成本低于可变现净值时,存货按成本计量;当存货成本高于可变现净值时,存货按可变现净值计量,同时按照成本高于可变现净值的差额计提存货跌价准备,计入当期损益。其公式表示为:

$$存货跌价准备科目余额=存货账面价值-可变现净值$$

存货的成本指存货的历史成本,可变现净值指存货预计未来净现金流量。

当计算结果为正数时补提,为负数时冲减已计提的跌价准备。

(二)不同情况下可变现净值的确定

1. 产成品、商品等直接用于出售的商品存货

可变现净值为:

$$可变现净值=估计售价-估计销售费用和相关税费$$

2. 需要经过加工的材料存货

$$可变现净值=该材料所生产的产成品的估计售价-至完工估计将要发生的成本$$
$$-估计销售费用和相关税费$$

可变现净值中估计售价的确定方法:签订合同的用合同价格,没有签订合同的用市场价格。

(三)计提存货跌价准备的方法

1. 通常应当按照单个存货项目计提

企业应当将每个存货项目的成本与其可变现净值逐一进行比较,按较低者计量存货,并且按成本高于可变现净值的差额计提存货跌价准备。需要注意的是,资产负债表日同一项存货中一部分有合同价格约定、其他部分不存在合同价格的,应当分别确定其可变现净值,并与其相对应的成本进行比较,分别确定存货跌价准备的计提或转回的金额。

2. 可以按照存货类别计提

如果某一类存货的数量繁多并且单价较低,企业可以按存货类别计量成本与可变现净值,即按存货类别的成本的总额与可变现净值的总额进行比较,每个存货类别均取较低者确定存货期末价值。

3. 全额计提存货跌价准备

存货存在下列情形之一的,通常表明存货的可变现净值为零。

(1)已霉烂变质的存货。

(2)已过期且无转让价值的存货。

(3)生产中已不再需要,并且已无使用价值和转让价值的存货。

(四)存货跌价准备的账务处理

企业确认的存货跌价损失,应设置"存货跌价准备"账户进行核算。该账户属于资产类账户中的调整账户,结构与资产类账户相反。贷方反映计提的存货跌价准备,借方反映恢复的存货跌价准备或其他原因冲减或结转的存货跌价准备,期末余额反映企业尚未转销的存

货跌价准备。

1. 存货计提减值

借：资产减值损失

　　贷：存货跌价准备

2. 存货跌价准备转回

当存货成本低于可变净值时，说明存货未发生跌价，则不需作账务处理。但若该项存货之前曾计提过跌价准备，当出现存货成本低于可变净值时，表明前已计提跌价准备的存货的价值得以部分恢复，应按恢复部分的数额冲销。但转回的金额以将存货跌价准备的余额冲减至零为限。

借：存货跌价准备

　　贷：资产减值损失

3. 存货跌价准备的结转

企业计提了存货跌价准备，如果其中有部分存货已经销售，则企业在结转销售成本时，应同时结转已对其计提的存货跌价准备。

借：存货跌价准备

　　贷：主营业务成本

　　　　其他业务成本

【例 2-30】　2014 年 12 月 31 日，蓝天有限公司 A 产品账面成本为 200 万元，但由于 A 产品市场价格下跌，预计可变现净值为 130 万元，由此计提存货跌价准备 70 万元。假定：

（1）2015 年 6 月 30 日，A 产品的账面成本仍为 200 万元，但由于 A 产品市场价格有所上升，使得 A 产品的可变现净值为 160 万元。

（2）2015 年 12 月 31 日，A 产品账面成本仍为 200 元，由于该产品市场价格进一步上升，预计可变现净值为 250 万元。

分析及处理如下：

（1）2015 年 6 月 30 日，由于市场价格上升，A 产品可变现净值有所恢复，应计提的存货跌价准备为 40（200－160）万元，则当期应冲减的存货跌价准备为 30（70－40）万元，且小于已计提的存货跌价准备（70 万元）。因此，应转回的存货跌价准备为 30 万元。会计分录为：

借：存货跌价准备　　　　　　　　　　　　　　　　300 000

　　贷：资产减值损失　　　　　　　　　　　　　　　　300 000

（2）2015 年 12 月 31 日，A 产品的可变现净值又有所恢复，应冲减存货跌价准备 50（200－250）万元，但 A 产品已计提的存货跌价准备的余额为 40 万元。因此，当期应冲回的存货跌价准备为 40 万元，而不是 50 万元（以将对 A 产品已计提的"存货跌价准备"余额冲到零为止）。会计分录为：

借：存货跌价准备　　　　　　　　　　　　　　　　400 000

　　贷：资产减值损失　　　　　　　　　　　　　　　　400 000

完成任务

1.【分录题】　某公司对存货进行清查，清查结果及批准处理情况如下。

（1）盘盈 A 材料 1000 千克，单价为 2 元。经查明，盘盈的 A 材料是收发计量差错造成的。

（2）盘亏 B 材料 400 千克，单价为 4 元，购进时的进项税额为 272 元。经查盘亏的 B 材料是由于保管员张明的责任保管不当造成的，应由其赔偿。

2.【分录题】 蓝天有限公司 2015 年 11 月 30 日，A 存货实际成本为 100 万元，加工该存货至完工产成品估计还将发生成本为 15 万元，估计销售费用和相关税费为 2 万元，估计用该存货生产的产成品售价 110 万元。假定该存货月初"存货跌价准备"科目余额为 0，要求计算该存货的可变现净值并编制相关的会计分录。

3.【分录题】 吉邦股份公司采用备抵法核算存货跌价损失。假设各年存货数量种类未发生变动，2014 年年末，A 种存货的实际成本为 50 万元，可变现净值为 45 万元，2015 年年末，该存货的预计可变现净值为 48 万元，2016 年年末，该存货的预计可变现净值为 51 万元，2017 年年末，该存货的可变现净值为 55 万元。要求：计算各年应提的存货跌价准备并进行相应的会计处理。

✏ 学习小结与测评

1. 本任务知识点：_____

_____

2. 请选择下面图形前的编码：

    A. ★★   B. ★★★   C. ★★★★   D. ★★★★★

（1）在完成学习任务的认真程度上，我选（   ）；

（2）在知识的理解与运用上，我选（   ）；

（3）在与大家的合作过程中，我选（   ）。

🖥 职业能力训练

一、**单项选择题**（每小题 1 分，共 10 分。每小题备选答案中，只有一个符合题意的正确答案。多选、错选、不选均不得分）

1. 企业外购材料验收入库时发现的短缺和毁损，如属途中合理损耗，则（   ）。

    A. 若已付款，应向供应单位要求索赔

    B. 应列入营业外支出

    C. 若未付款则减少应付账款

    D. 不再另作账务处理，相应提高入库材料的实际单位成本

2. 某工业企业为增值税一般纳税人，购入甲材料 400 吨，收到的增值税专用发票上注明售价为每吨 200 元，增值税 13 600 元，取得运输企业开出的增值税专用发票，不含税运输费 1 600 元，税费 176 元；装卸费 700 元，税费 42 元；保险费 600 元，税费 36 元。原材料运抵企业后，验收入库为 398 吨，运输途中合理损耗 2 吨。该原材料的入账价值为（   ）元。

    A. 80 000   B. 81 300   C. 82 900   D. 91 360

3. 企业因管理不善盘亏一批材料 5 000 元，该批材料的进项税额为 850 元，收到各种赔款 1 300 元，残料入库 300 元，报经批准后，应计入管理费用的金额为（   ）元。

    A. 3 400   B. 4 250   C. 5 000   D. 5 850

4. 某企业 2015 年 10 月初库存原材料计划成本为 35 000 元,材料成本差异借方余额为 1 636 元,10 月 16 日购入原材料的实际成本为 250 000 元,计划成本为 247 400 元,10 月份发出材料的计划成本为 180 000 元,则 10 月份库存材料的实际成本为( )元。

  A. 103 936 B. 99 960 C. 126 000 D. 96 200

5. 某企业 2014 年 12 月 31 日账面余额为 20 000 元,预计可变现净值为 18 000 元,2015 年 12 月存货的账面余额仍为 20 000 元,预计可变现净值为 21 000 元。2015 年年末应冲减的存货跌价准备为( )元。

  A. 1 000 B. 3 000 C. 4 000 D. 2 000

6. 某企业采用计划成本进行材料的日常核算。月初结存材料的计划成本为 80 万元,成本差异为超支 20 万元。当月购入材料一批,实际成本为 110 万元,计划成本为 120 万元。当月领用材料的计划成本为 100 万元,当月领用材料应负担的材料成本差异为( )万元。

  A. 超支 5 B. 节约 5 C. 超支 15 D. 节约 15

7. 某企业采用月末一次加权平均法计算发出原材料的成本。2015 年 10 月 13 日,甲材料结存 200 千克,每千克实际成本为 100 元;2 月 10 日购入甲材料 300 千克,每千克实际成本为 110 元;2 月 25 日发出甲材料 400 千克。2 月末,甲材料的库存余额为( )元。

  A. 10 000 B. 10 500 C. 10 600 D. 11 000

8. 甲、乙公司均为增值税一般纳税人,甲公司委托乙公司加工一批应交消费税的半成品,收回后用于连续生产应税消费品。甲公司发出原材料实际成本 210 万元,支付加工费 6 万元、增值税 1.02 万元、消费税 24 万元。假定不考虑其他相关税费,甲公司收回该半成品的入账价值为( )万元。

  A. 216 B. 217.02 C. 240 D. 241.02

9. 某商场采用毛利率法计算期末存货成本。甲类商品 2015 年 4 月 1 日期初成本为 3 500 万元,当月购货成本为 500 万元,当月销售收入为 4 500 万元,当月销售收入为 4 500 万元。甲类商品第一季度实际毛利率为 25%。2015 年 4 月 30 日,甲类商品结存成本为( )万元。

  A. 500 B. 1 125 C. 625 D. 3 375

10. 某企业月初结存材料的计划成本为 250 万元,材料成本差异为超支 45 万元;当月入库材料的计划成本为 550 万元,材料成本差异为节约 85 万元;当月生产车间领用材料的计划成本为 600 万元。当月生产车间领用材料的实际成本为( )万元。

  A. 502.5 B. 570 C. 630 D. 697.5

二、多项选择题(每小题 2 分,共 20 分。每小题备选答案中,有两个或两个以上符合题意的正确答案。多选、错选、不选均不得分)

1. 企业采用计划成本法核算,应设置的账户有( )。

  A. 材料采购 B. 原材料 C. 材料成本差异 D. 在途物资

2. 下列关于存货发生盘盈、毁损、盘亏,经批准后的处理中,正确的有( )。

  A. 存货发生毁损,可收回的责任人赔偿和保险赔偿列为其他应收款

  B. 存货发生盘盈实现的收益列为营业外收入

  C. 存货发生盘亏发生的净损失列为管理费用

  D. 存货毁损发生的净损失应列为营业外支出

3. 下列各项中，应列入资产负债表"存货"项目的有（　　　）。

    A. 库存商品　　　　　B. 周转材料　　　　　C. 材料成本差异　　　D. 坏账准备

4. 下列各项中，构成企业委托加工物资成本的有（　　　）。

    A. 加工中实际耗用物资的成本

    B. 支付的加工费用和保险费

    C. 收回后直接销售物资的代收代缴消费税

    D. 收回后继续加工物资的代收代缴消费税

5. 下列各项中，属于企业包装物核算范围的有（　　　）。

    A. 随同产品出售而不单独计价的包装物

    B. 随同产品出售单独计价的包装物

    C. 借入的包装物

    D. 用于包装产品，作为产品组成部分的包装物

6. 下列项目中，构成一般纳税企业存货采购成本的有（　　　）。

    A. 购买价款　　　　　　　　　　　　B. 运输途中的合理损耗

    C. 入库前的挑选整理费　　　　　　　D. 购入存货支付的增值税

7. 小规模纳税企业委托其他单位加工材料收回后用于连续生产的，其发生的下列支出中，应计入委托加工物资成本的有（　　　）。

    A. 加工费　　　　　　　　　　　　　B. 支付的增值税税额

    C. 发出材料的实际成本　　　　　　　D. 受托方代收代缴的消费税

8. 下列各项中，应记入"其他业务成本"科目的有（　　　）。

    A. 出借包装物成本的摊销

    B. 出租包装物成本的摊销

    C. 随同产品出售单独计价的包装物成本

    D. 随同产品出售不单独计价的包装物成本

9. 一般纳税企业委托其他单位加工材料收回后直接对外销售的，其发生的下列支出中，应计入委托加工物资成本的有（　　　）。

    A. 加工费　　　　　　　　　　　　　B. 支付的增值税税额

    C. 发出材料的实际成本　　　　　　　D. 受托方代收代缴的消费税

10. 企业进行存货清查，对于盘亏的存货，要先记入"待处理财产损溢"，经过批准后根据不同的原因可以分别记入（　　　）。

    A. 管理费用　　　　　B. 其他应付款　　　　　C. 营业外支出　　　　D. 其他应收款

三、判断题（每小题 1 分，共 10 分）

1. 购入材料在运输途中发生的合理损耗应计入管理费用。（　　　）

2. 应交消费税的委托加工物资收回后用于连续生产应税消费品的，按规定准予抵扣的由受托方代扣代交的消费税，应当计入"应交税费——应交消费税"科目的贷方。（　　　）

3. 企业进行存货清查时，对于存货盘盈，应先记入"待处理财产损溢"账户，待期末或报经批准后计入营业外收入。（　　　）

4. 企业采用计划成本核算原材料，平时收到原材料时应按实际成本借记"原材料"科目，领用或发出原材料时应按计划成本贷记"原材料"科目，期末再将发出材料和期末材料调

整为实际成本。（　　）

5. 一般纳税企业因购买存货而支付的进口关税,应记入"应交税费"账户。（　　）

6. 企业计提存货跌价准备,会影响资产负债表中存货项目的金额。（　　）

7. 属于非常损失造成的存货毁损,应按该存货的实际成本计入营业外支出。（　　）

8. 企业购货时所取得的现金折扣应冲减销售费用。（　　）

9. 采用售价金额核算法核算库存商品时,期末结存商品的实际成本为本期商品销售收入乘以商品进销差价率。（　　）

10. 自然灾害引起存货毁损不需要将进项税额转出。（　　）

四、计算分析题(共 60 分)

1. A 公司 2015 年 11 月 1 日结存甲材料 100 千克,每千克实际成本 1 000 元。A 公司原材料采用实际成本核算,本月发生如下有关业务:

11 月 3 日,购入甲材料 50 千克,每千克实际成本 1 050 元,材料已验收入库。5 日,发出甲材料 80 千克;7 日,购入甲材料 70 千克,每千克实际成本 980 元,材料已验收入库。12 日,发出甲材料 130 千克;20 日,购入甲材料 80 千克,每千克实际成本 1 100 元,材料已验收入库;25 日,发出甲材料 30 千克。

要求:请根据上述资料,分别采用先进先出法及全月一次加权平均法计算本月发出材料成本以及期末结存的成本。(10 分)

2. 乙企业为增值税一般纳税人,材料按计划成本计价核算。A 材料计划单位成本为每千克 20 元。该企业 2015 年 11 月份有关资料如下:"原材料"账户月初借方余额 50 000 元,"材料成本差异"账户月初借方余额 1 000 元,"材料采购"账户月初借方余额 23 400 元(上述账户核算的均为 A 材料)。

(1) 11 月 9 日,上月已付款的 A 材料 1 200 千克如数收到,已验收入库。

(2) 11 月 10 日,从外地丙公司购入 A 材料 5 000 千克,增值税专用发票注明的材料价款为 101 000 元,增值税额 17 170 元,企业已用银行存款支付上述款项,材料尚未到达。

(3) 11 月 12 日,从丙公司购入的 A 材料到达,验收入库时发现短缺 30 千克,经查明为途中定额内自然损耗。按实收数量验收入库。

(4) 6 月 15 日,从丁公司购入 A 材料 3 000 千克,货款 60 500 元,保险费 200 元,入库前的挑选整理费 300 元,货款以银行存款支付。

(5) 6 月 25 日,收到从丁公司购入的原材料。

(6) 6 月 30 日,汇总本月发料凭证,本月共发出 A 材料 8 000 千克,全部用于产品生产。

要求:根据上述业务编制相关的会计分录,并计算本月材料成本差异率、本月发出材料应负担的成本差异。(10 分)

3. 某企业对 A 材料按计划成本法核算,2015 年 7 月初 A 材料余额为 200 万元,材料成本差异为借方 4 万元,该企业 7 月份发生如下经济业务:

(1) 购入 A 材料一批,增值税专用发票上注明的材料价款为 60 万元,税款 10.20 万元,该批材料的计划成本为 66 万元,货款已支付并验收入库。

(2) 购入 A 材料一批,普通发票上注明的材料价款为 20 万元,材料的计划成本为 19 万元，材料已验收入库，并以银行存款支付全部货款。

（3）本月生产领用 A 材料一批，计划成本为 40 万元。

要求：计算发出材料应负担的材料成本差异，并编制相应的会计分录。（10 分）

4. 甲公司 2015 年 6 月 15 日采用银行存款购进原材料 1 000 件，发票上注明每件单价 100 元，总价款 100 000 元，增值税 17 000 元，20 日收到货物验收入库时发现短缺 10 件，原因待查。25 日查明是意外事故所致，保险公司同意赔偿 80%，其他 20% 作为营业外支出处理。该种材料计划单价 95 元。

要求：做出必要的计算和会计处理。（5 分）

5. 企业委托某公司加工原材料一批，向其发出的委托加工材料计划成本共计 50 000 元，上月材料差异成本率为 -3%，加工完成后应支付加工费 10 000 元及增值税 1 700 元，款项未付，用银行存款支付往返运费共计 1 000 元，税费 110 元，该批委托加工的原材料现已验上入库，共计 100 件，每件计划成本为 600 元。要求做出以上经济业务的全部会计分录。（5 分）

6. 某商品零售企业本月以银行存款购进并验收入库商品的进价 250 000 元，其售价 350 000 元，购进时增值税税率为 17%，本月售出商品的售价共计 234 000 元（含税），月末计算的综合进销差价率为 30%。

要求：编制相关会计分录。（10 分）

7. 某股份有限公司期末存货采用成本与可变现净值孰低法，甲存货的有关资料如下：

（1）2013 年 12 月 31 日成本为 200 000 元，可变现净值为 190 000 元。

（2）2014 年 6 月 30 日成本为 200 000 元，可变现净值为 188 000 元。

（3）2014 年 7 月 20 日售出甲存货的实际成本为 80 000 元，收入 85 000 元。

（4）2014 年 12 月 31 日成本为 200 000，可变现净值为 199 000 元。

（5）2015 年 6 月 30 日成本为 200 000 元，可变现净值为 210 000 元。

要求：编制相关会计分录。（10 分）

存货业务岗位核算小结

- 业务内容：原材料

业 务 内 容	账 务 处 理
材料采购业务 （实际成本法）	借：原材料（在途物资） 　　应交税费——应交增值税（进项税额） 　贷：银行存款、预付账款、应付票据、其他货币资金、应付账款等
材料采购业务 （计划成本法）	（1）借：材料采购（实际采购成本） 　　　　应交税费——应交增值税（进项税额） 　　　贷：银行存款等 （2）借：原材料 　　　贷：材料采购 　　　　　材料成本差异（借记或贷记）

业 务 内 容	账 务 处 理
材料发出业务 （实际成本法）	借：生产成本——基本生产成本(生产产品领用) 　　　　　　——辅助生产成本(辅助生产车间领用) 　　制造费用(车间管理及一般消耗领用) 　　管理费用(管理部门领用、固定资产修理支出) 　　销售费用(专设销售机构领用) 　　其他业务成本(结转销售材料成本) 　　应付职工薪酬(用于发放集体福利) 　　在建工程(专项工程领用) 　　贷：原材料
材料发出业务 （计划成本法）	(1) 发出原材料时： 借：生产成本、制造费用等(计划成本) 　　贷：原材料 (2) 结转材料成本差异时： 借：生产成本、制造费用等 　　贷：材料成本差异(或借记)
自制材料入库	借：原材料 　　贷：生产成本
出售多余材料	(1) 借：银行存款 　　　贷：其他业务收入 　　　　　应交税费——应交增值税(销项税额) (2) 借：其他业务成本 　　　贷：原材料
存货清查	(1) 存货盘盈 ① 借：原材料等 　　　贷：待处理财产损溢——待处理流动资产损溢 ② 借：待处理财产损溢——待处理流动资产损溢 　　　贷：管理费用 (2) 存货盘亏 ① 借：待处理财产损溢——待处理流动资产损溢 　　　贷：原材料等 　　　　　应交税费——应交增值税(进项税额转出) ② 借：其他应收款——过失人或保险公司赔偿 　　　管理费用——收发计量差错等 　　　营业外支出(自然灾害) 　　　贷：待处理财产损溢——待处理流动资产损溢
存货减值	借：资产减值损失——计提存货跌价准备 　　贷：存货跌价准备 或作相反分录

- 业务内容：委托加工物资

业 务 内 容	账 务 处 理
发出委托加工物资	借：委托加工物资——××公司(××材料) 　贷：原材料等
支付加工费、运杂费	借：委托加工物资 　　应交税费——应交增值税(进项税额) 　贷：银行存款等
支付(应付)受托方代扣代缴的消费税(应税消费品)	借：委托加工物资——××公司(××材料)(收回存货直接用于销售 　　　　　　　　　　　　　　　的消费税并计入) 　　应交税费——应交消费税(收回存货用于连续生产的) 　贷：银行存款(或应付账款)
退回剩余物资	借：原材料等 　贷：委托加工物资——××公司(××材料)
加工完成收回委托加工物资	借：原材料、库存商品等 　贷：委托加工物资——××公司(××材料)

- 业务内容：周转材料——低值易耗品

业 务 内 容	账 务 处 理
一次摊销法	借：制造费用、管理费用等 　贷：周转材料——低值易耗品(在库)
五五摊销法	(1) 领用时 ① 借：周转材料——低值易耗品(在用)(按全部成本) 　　贷：周转材料——低值易耗品(在库) ② 借：制造费用、管理费用等(按全部成本的50%) 　　贷：周转材料——低值易耗品(摊销) (2) 报废时 ① 借：制造费用、管理费用等(按全部成本的50%) 　　贷：周转材料——低值易耗品(摊销) ② 借：周转材料——低值易耗品(摊销)(按全部成本) 　　贷：周转材料——低值易耗品(在用)

- 业务内容：周转材料——包装物

业 务 内 容	账 务 处 理
生产领用	借：生产成本 　贷：周转材料——包装物(在库)
随同产品出售不单独计价	借：销售费用 　贷：周转材料——包装物(在库)

续表

业 务 内 容	账 务 处 理
随同产品出售单独计价	借：银行存款等 　　贷：其他业务收入 　　　　应交税费——应交增值税（销项税额） 借：其他业务成本 　　贷：周转材料——包装物（在库）
出租包装物	借：银行存款（收押金） 　　贷：其他应付款 收租金及结转成本处理同出售单独计价的包装物
出借包装物	与随同产品出售不单独计价相同

• 业务内容：库存商品

业 务 内 容		账 务 处 理
产成品入库		借：库存商品——产成品（品种、规格） 　　贷：生产成本——基本生产成本（×××）
出售产成品		借：主营业务成本 　　贷：库存商品——产成品（品种、规格）
商品流通企业	数量进价金额核算法	借：库存商品（按实际购买成本） 　　应交税费——应交增值税（进项税额） 　　贷：银行存款等
	售价金额核算法	借：库存商品（按售价） 　　应交税费——应交增值税（进项税额） 　　贷：银行存款（按实际支付的价款） 　　　　商品进销差价（按差额）

岗位三
固定资产与无形资产业务岗位核算

项目一　固定资产增加的核算

岗位任务

认知外购、自行建造以及其他方式取得固定资产的账务处理。

岗位知识

一、固定资产的概念与特征

固定资产是指企业为生产产品、提供劳务、出租或经营管理而特有的、使用时间超过 12 个月的，价值达到一定标准的非货币性资产，包括房屋、建筑物、机器、机械、运输工具以及其他与生产经营活动有关的设备、器具、工具等。固定资产是企业的劳动手段，也是企业赖以生产经营的主要资产。企业取得固定资产的方式主要有外购、自行建造、投资者投入、接受捐赠、融资租入等。固定资产的特征如下：

（1）固定资产是为生产商品、提供劳务、出租或经营管理而持有，而不是为了出售而持有。如汽车制造商生产的用于销售的汽车是作为存货而持有，若作为企业的运输工具则应列入固定资产。

（2）固定资产的使用寿命超过一个会计年度。通常情况下,固定资产的使用寿命是指企业使用固定资产的预计期间,但某些机器设备或运输设备等固定资产的使用寿命,可以用该固定资产所能生产产品或提供劳务的数量来表示。

（3）固定资产为有形资产。固定资产具有实物形态,该特征使固定资产有别于无形资产。

二、固定资产的确认条件

某一项资产项目,如果要作为固定资产加以确认,首先,要符合固定资产的定义;其次,还需要符合固定资产的确认条件。固定资产在同时满足以下两个条件时,才能加以确认。

（1）与该固定资产有关的经济利益很可能流入企业。资产最基本的特征是能给企业带来经济利益。固定资产作为一项非流动资产,若预期不能带来经济利益,则不能确认为固定资产。

（2）该固定资产的成本能够可靠地计量。在对固定资产进行确认时,固定资产的各组成部分具有不同使用寿命或者以不同方式为企业提供经济利益,适用不同折旧率或折旧方法的,应当分别将各部分确认为单项固定资产。与固定资产有关的后续支出,满足资本化条件的,应当计入固定资产成本,不满足资本化条件的,则列入当期损益(管理费用或销售费用)。

三、固定资产的分类

根据不同的管理需要和不同的分类标准进行分类,是合理组织固定资产核算和进行固定资产管理的重要条件。固定资产分类见表 3-1。

表 3-1 固定资产分类

分类标准	分类内容	说 明
按经济用途分类	生产经营用固定资产	如生产经营用的房屋建筑物、机器设备等
	非生产经营用固定资产	如职工宿舍、食堂、浴室等职工福利设施及设备器具等
按使用情况分类	使用中固定资产	如本企业使用中的固定资产、经营性租出设备、季节性等原因暂时停用的固定资产
	未使用固定资产	等待使用的固定资产
	不需用固定资产	多余的、不适用、等待处置的固定资产
按所有权分类	自有固定资产	企业拥有的可供企业自行支配使用的固定资产
	融资租入固定资产	采用融资租赁方式租入的固定资产

四、固定资产增加的账户处理

（一）设置账户

企业通过"固定资产""工程物资""在建工程"等科目核算固定资产的取得业务。

1. "固定资产"账户

"固定资产"账户属于资产类账户,核算企业持有固定资产的原始价值,借方反映增加固定资产原价,贷方反映减少、转出固定资产原价,期末余额在借方,反映企业现有的固定资产的原价。该账户按照固定资产的类别和项目进行明细核算。

2.“在建工程”账户

“在建工程”账户属于资产类账户,核算企业基建、更新改造等在建工程发生的支出。借方反映工程建造过程中发生的各项支出,贷方反映验收交付使用的在建工程成本,期末余额反映尚未达到预定可使用状态的在建工程成本。该账户按照“建筑工程”“安装工程”“在安装设备”以及单项工程进行明细核算。

3.“工程物资”账户

“工程物资”账户属于资产类账户,核算企业为在建工程准备的各种物资的价值。该账户从核算上看,应包括工程用材料、尚未安装的设备以及为生产准备的器具等,所以其明细账户,应按“专用材料”“专用设备”等设置;其入账价值一般应包括买价、不能抵扣的增值税、运杂费等。

（二）外购固定资产的核算

1.外购固定资产的成本

包括购买价款、相关税费、使固定资产达到预定可使用状态前所发生的可归属于该项资产的运输费、装卸费、安装费和专业人员服务费等。如果需要安装应先通过“在建工程”核算,然后安装完毕达到预定可使用状态时转入“固定资产”科目。

借:固定资产(在建工程)

应交税费——应交增值税(进项税额)

贷:银行存款等

关于增值税的处理说明。

（1）对于增值税一般纳税人,企业购入的生产经营用固定资产所支付的增值税在符合税收法规规定情况下,应从销项税额中扣除(即进项税额可以抵扣),不再计入固定资产成本。购进固定资产(机器设备)支付的运输费,按取得的货物运输业增值税专用运输发票上注明的运输费金额计入固定资产成本,按其运输费与增值税税率11%计算的进项税额,也可抵扣。

（2）生产经营用固定资产涉及的在建工程,领用生产用原材料时,进项税额按40%转出到待抵扣进项税额。

（3）如果将上述购入的生产设备对外销售,销售时应考虑销项税额的计算。

（4）在建工程项目领用自产产品,会计上不确认收入,直接将库存商品成本结转计入资产成本中,税法上视同销售,按计税价格乘以税率计算的销项税额计入在建工程成本。

【例 3-1】 黄河有限公司为增值税一般纳税人,购入不需安装的生产用设备一台,增值税专用发票上价款 10 万元,增值税 1.7 万元,发生运杂费 0.5 万元,保险费 0.3 万元。款项以银行存款支付。

$$固定资产的成本=买价+运输费+保险费$$

借:固定资产　　　　　　　　　　　　　　　　　108 000

　　应交税费——应交增值税(进项税额)　　　　　　 17 000

　　贷:银行存款　　　　　　　　　　　　　　　　　125 000

【例3-2】 蓝天有限公司购入生产用需安装的新刨床一台,增值税专用发票上注明价款150 000元,增值税额25 500元,另支付运输费、包装费等6 000元,安装工程出包给市安装公司施工,支付工程价款12 000元,安装完毕后立即交付使用,款项以银行存款支付。

(1)支付价款时

借:在建工程　　　　　　　　　　　　　　　　　　　　156 000

　应交税费——应交增值税(进项税额)　　　　　　　　25 500

　　贷:银行存款　　　　　　　　　　　　　　　　　　181 500

(2)投入安装、支付安装费时

借:在建工程　　　　　　　　　　　　　　　　　　　　12 000

　　贷:银行存款　　　　　　　　　　　　　　　　　　12 000

(3)安装完毕交付使用时

借:固定资产　　　　　　　　　　　　　　　　　　　　168 000

　　贷:在建工程　　　　　　　　　　　　　　　　　　168 000

2. 以一笔款项购入多项没有单独标价的固定资产

应当按照各项固定资产的公允价值比例对总成本进行分配,分别确定各项固定资产的成本。

【例3-3】 蓝天有限公司为一家制造性企业。2015年11月6日,为降低采购成本,向乙公司一次购进了三套不同型号且有不同生产能力的设备X、Y和Z。蓝天公司以银行存款支付货款92万元、增值税税额15.64万元、包装费和运杂费共1.6万元。假定设备X、Y和Z分别满足固定资产的定义及其确认条件,公允价值分别为30万元、25万元、45万元。假设不考虑其他相关税费。蓝天公司账务处理如下。

分析:以一笔款项购入多项没有单独标价的固定资产时,应当按照各项固定资产的公允价值比例对总成本进行分配,分别确定各项固定资产的成本。

(1)确定应计入固定资产成本的金额:

固定资产成本=92+1.6=93.6(万元)

(2)确定X、Y、Z设备各占公允价值的比例:

X占公允价值比例=30÷(30+25+45)=30%

Y占公允价值比例=25÷(30+25+45)=25%

Z占公允价值比例=45÷(30+25+45)=45%

(3)确定X、Y、Z的初始成本:

X设备的初始成本=93.6×30%=28.08(万元)

Y设备的初始成本=93.6×25%=23.40(万元)

Z设备的初始成本=93.6×45%=42.12(万元)

(4)编制会计分录:

借:固定资产——X设备　　　　　　　　　　　　　　　280 800

　　　　　　——Y设备　　　　　　　　　　　　　　　234 000

　　　　　　——Z设备　　　　　　　　　　　　　　　421 200

　应交税费——应交增值税(进项税额)　　　　　　　　156 400

　　贷:银行存款　　　　　　　　　　　　　　　　　1 092 400

3. 自行建造的固定资产

自行建造的固定资产按建造该项资产达到预定可使用状态前所发生的全部支出作为入账价值,包括工程用物资成本、人工成本、交纳的各种税费、应予以资本化的借款费用等。

企业自行建造固定资产包括自营建造和出包建造两种方式。无论哪种方式,所建工程都应当按照实际发生的支出来确定其工程成本。

增值税一般纳税人 2016 年 5 月 1 日后取得并在会计制度上按固定资产核算的不动产,以及 2016 年 5 月 1 日后发生的不动产在建工程,其进项税额应按照有关规定分 2 年从销项税额中抵扣,第一年抵扣比例为 60%,第二年抵扣比例为 40%。

购进时已全额抵扣进项税额的货物和服务,转用于不动产在建工程的,其已抵扣进项税额的 40%部分,应于转用的当期从进项税额中扣减,计入待抵扣进项税额,并于转用的当月起第 13 个月从销项税额中抵扣。

(1) 自行建造的固定资产(不动产)账务处理如下。

① 购入工程物资,验收入库:

借:工程物资

　　应交税费——应交增值税(进项税额)—××不动产(60%部分)

　　　　　　——待抵扣进项税额—××不动产(40%部分)

　　贷:银行存款等

取得扣税凭证起第 13 个月:

借:应交税费——应交增值税(进项税额)—××不动产

　　贷:应交税费——待抵扣进项税额—××不动产

② 领用工程物资:

借:在建工程——建筑工程等

　　贷:工程物资

③ 领用库存材料:

借:在建工程

　　应交税费——待抵扣进项税额

　　贷:原材料(成本)

　　　　应交税费——应交增值税(进项税额转出)(40%)部分

④ 领用库存商品:

借:在建工程——建筑工程

　　贷:库存商品(成本)

⑤ 结转人工费用:

借:在建工程

　　贷:应付职工薪酬

⑥ 工程达到预定可使用状态,交付使用:

借:固定资产

　　贷:在建工程——建筑工程

【例 3-4】　某企业自行建造固定资产领用原材料成本 50 000 元,该原材料已抵扣进项额 8 500 元,领用库存商品成本 100 000 元,不同情况下领用时会计处理如下。

(1) 经营用机器设备安装领用:

借:在建工程　　　　　　　　　　　　　　　　　　　　150 000

　　贷:原材料　　　　　　　　　　　　　　　　　　　　　　　50 000

库存商品	100 000

（2）购建厂房等不动产领用：

借：在建工程 150 000

应交税费——待抵扣进项税额 3 400

贷：原材料 50 000

应交税费——应交增值税（进项税额转出） 3 400

库存商品 100 000

【例 3-5】 2016 年 10 月，某企业自建厂房一幢，购入为工程准备的物资 500 万元，支付的增值税额为 85 万元，从企业仓库领用原材料用于该厂房建设，该材料的账面价值 100 万元，进项税额 17 万元（前期已经抵扣）。工程人员应计工资 100 000 元，支付的其他费用 30 000 元。工程完工并达到预定可使用状态。该企业应作如下会计处理：

（1）购入工程物资时：

借：工程物资 5 000 000

应交税费——应交增值税（进项税额） 510 000

——待抵扣进项税额 340 000

贷：银行存款 5 850 000

（2）工程领用工程物资时：

借：在建工程 5 000 000

贷：工程物资 5 000 000

（3）工程领用原材料时：

借：在建工程 1 000 000

应交税费——待抵扣进项税额 68 000

贷：原材料 1 000 000

应交税费——应交增值税（进项税额转出） 68 000

2017 年 10 月，再抵扣时：

借：应交税费——应交增值税（进项税额） 68 000

贷：应交税费——待抵扣进项税额 68 000

（4）分配工程人员工资时：

借：在建工程 100 000

贷：应付职工薪酬 100 000

（5）支付工程发生的其他费用时：

借：在建工程 30 000

贷：银行存款 30 000

（6）工程完工转入固定资产

借：固定资产 6 130 000

贷：在建工程 6 130 000

（2）出包方式建造固定资产。

企业以出包方式建造固定资产，其成本由建造该项固定资产达到预定可使用状态前所发生的必要支出构成，包括发生的建筑工程支出、安装工程支出以及需分摊计入各固定资产价值的待摊支出（属"在建工程"明细目）。待摊支出是指在建设期间发生的，不能直接计入某项固定资产价值，而应由所建造固定资产共同负担的相关费用，包括为建造工程发生的管理费、可行性研究费、临时设施费、公证费、监理费、应负担的税金、符合资本化条件的借款费用、建设期间发生的工程物资盘亏、报废及毁损净损失,试运行收入等。

对于发包企业而言,固定资产的建造如果采用出包方式,应通过"在建工程"会计科目核算,且企业与承包单位结算的工程款,应通过该科目核算。但是预付工程款项不通过该科目,应通过"预付账款"科目。

【例3-6】　甲公司经当地有关部门批准,新建厂房一栋。建造的厂房由两个单项工程组成。一个是建造生产车间,另一个是安装生产线。2015年3月16日,甲公司与乙公司签订合同,将该项目出包给乙公司承建。根据双方签订的合同,建造生产车间的价款为900万元,安装生产线的价款为30万元。

(1)2015年3月25日,甲公司按合同约定向乙公司预付10%备料款90万元。

借:预付账款　　　　　　　　　　　　　　　　　90

　　贷:银行存款　　　　　　　　　　　　　　　　　90

(2)2015年6月20日,生产车间的工程进度达到50%,甲公司与乙公司办理工程价款结算450万元,增值税税率为11%。

借:在建工程——建筑工程(生产车间)　　　　　　450

　　应交税费——应交增值税(进项税额)　　　　　29.70

　　　　　　——待抵扣进项税额　　　　　　　　　19.80

　　贷:银行存款　　　　　　　　　　　　　　　　409.5

　　　　预付账款　　　　　　　　　　　　　　　　　90

(3)2015年7月20日,购入需要安装的生产线,价款总计200万元,增值税34万元。已用银行存款付讫。

借:工程物资——生产线　　　　　　　　　　　　200

　　应交税费——应交增值税(进项税额)　　　　　　34

　　贷:银行存款　　　　　　　　　　　　　　　　234

(4)2015年9月10日,建筑工程主体已完工,甲公司与乙公司办理工程价款结算450万元。甲公司向乙公司开具了一张期限3个月的商业票据。

借:在建工程——建筑工程(生产车间)　　　　　　450

　　应交税费——应交增值税(进项税额)　　　　　29.70

　　　　　　——待抵扣进项税额　　　　　　　　　19.80

　　贷:应付票据　　　　　　　　　　　　　　　　499.5

(5)2015年9月20日,甲公司将生产线运抵现场,交乙公司安装。

借:在建工程——安装工程(生产线)　　　　　　　200

　　贷:工程物资——生产线　　　　　　　　　　　　200

(6)2015年10月10日,发电设备安装到位,甲公司与乙公司办理设备安装价款结算30万元,款项已支付。

借:在建工程——安装工程(生产线)　　　　　　　30

　　贷:银行存款　　　　　　　　　　　　　　　　30

(7)2015年10月30日,工程完工,达到可使用状态。

借:固定资产——生产车间　　　　　　　　　　　900

　　　　　　——生产线　　　　　　　　　　　　230

　　贷:在建工程——建筑工程(生产车间)　　　　　900

　　　　　　　　——安装工程(生产线)　　　　　230

4. 接受捐赠的固定资产

应按捐赠确认价值计入营业外收入，并按规定计征企业所得税。支付接受捐赠固定资产的相关税费，也应计入固定资产。

账务处理为：

（1）接受捐赠时

借：固定资产（确认的捐赠价值＋支付的相关税费）

　　应交税费——应交增值税（进项税额）（可抵扣的增值税）

　　贷：营业外收入（确认的捐赠价值）

　　　　银行存款（支付的相关税费）

（2）交纳所得税时

借：所得税费用

　　贷：应交税费——应交所得税

完成任务

1.【单选题】　某企业购入一台需要安装的设备，取得的增值税专用发票上注明的设备买价为 60 000 元，增值税款为 10 200 元，支付的运杂费为 1 200 元。设备安装时领用工程用材料物资价值 1 500 元，购进该批材料物资时支付的增值税税额为 255 元，设备安装时支付有关人员工资费用 2 500 元，该项固定资产的成本为（　　）元。

　　A. 60 000　　　　　B. 62 700　　　　　C. 65 200　　　　　D. 75 655

2.【单选题】　甲公司为一般纳税人，2015 年购入设备一台，实际支付设备价款 5 000 元，增值税为 850 元，支付运杂费 500 元，安装费 1 000 元，则该设备入账价值为（　　）元。

　　A. 6 500　　　　　B. 5 600　　　　　C. 1 500　　　　　D. 6 000

3.【单选题】　企业购入需要安装的固定资产发生的安装费用应记入（　　）科目。

　　A. 固定资产　　　B. 在建工程　　　C. 管理费用　　　D. 营业外支出

4.【单选题】　某增值税一般纳税企业自建仓库一幢，购入工程物资 200 万元，增值税税额为 34 万元，已全部用于建造仓库；耗用库存材料 50 万元，应负担的增值税税额为 8.5 万元；支付建筑工人工资 36 万元。该仓库建造完成并达到预定可使用状态，其入账价值为（　　）万元。

　　A. 250　　　　　B. 292.5　　　　　C. 286　　　　　D. 328.5

5.【单选题】　企业购入需要安装的固定资产，不论采用何种安装方式，固定资产的全部安装成本（包括固定资产买价以及包装运杂费和安装费）均应通过（　　）账户进行核算。

　　A. 固定资产　　B. 在建工程　　　C. 工程物资　　　D. 长期投资

6.【多选题】　外购固定资产，其入账价值包括（　　）。

　　A. 支付的安装费　　　　　　　　B. 支付的专业人员服务费

　　C. 领用本企业产品交纳的资源税　　D. 支付购买设备的价款

7.【多选题】　核算取得固定资产业务可能涉及的会计科目有（　　）。

　　A. 固定资产　　B. 应交税费　　　C. 在建工程　　　D. 实收资本

8.【分录题】　根据以下业务编制会计分录

（1）甲公司购入一台不需安装的设备，发票价款为 400 000 元，增值税税额 68 000 元，取得货物运输企业开出的增值税专用发票，支付运费 3 000 元，全部价款及运费已以银行存款支付。

(2) A 公司为一般纳税企业。2015 年 8 月 3 日,购入一台需要安装的生产用机器设备,取得的增值部专用发票上注明的设备价款为 3 900 万元,增值税进项税额为 663 万元,支付的运杂费为 37 万元,款项已通过银行支付;安装设备时,领用本公司原材料一批,价值 363 万元;应付安装工人的职工薪酬为 80 万元;假定不考虑其他相关税费。2015 年 10 月 8 日达到预定可使用状态。

(3) 收到 A 公司投资转入设备一台,原值 90 000 元,投资合同约定价值为 82 000 元(与公允价值相符)。

(4) 向乙公司购进三套不同型号且具有不同生产能力的设备 A、B、C。共支付货款 7 800 000 元,增值税税额 1 326 000 元,包装费 42 000 元。全部以银行存款支付。假定设备 A、B、C 均满足固定资产的定义和确认条件,公允价值分别为 2 926 000 元、3 594 800 元、1 839 200 元;不考虑其他相关税费。要求:确定固定资产 A、B、C 的入账价值并编制购入固定资产的会计分录。

(5) 接受恒生公司捐赠的九成新设备一台,该设备市场价格为 20 000 元。用银行存款支付了运杂费 600 元。

9.【分录题】 天天面业有限公司 2015 年 9 月 20 日自建一幢仓库,开出转账支票购入工程物资 200 万元,增值税税额为 34 万元,已全部用于建造仓库;耗用库存材料 50 万元,应负担的增值税税额为 8.5 万元;应付建筑工人工资 36 万元。12 月 20 日该仓库建造完成并达到预定可使用状态。要求:编制相关会计分录。

学习小结与测评

1. 本任务知识点:_____

_____

2. 请选择下面图形前的编码:

A. ★★　　　　B. ★★★　　　　C. ★★★★★　　　　D. ★★★★★★

(1) 在完成学习任务的认真程度上,我选(　　);

(2) 在知识的理解与运用上,我选(　　);

(3) 在与大家的合作过程中,我选(　　)。

项目二　固定资产折旧的核算

岗位任务

能够正确计提固定资产折旧并进行账务处理。

岗位知识

一、固定资产折旧的含义

固定资产折旧是固定资产在使用过程中,由于磨损和其他损耗而逐渐转移的价值。

固定资产折旧的过程,实际上是一个持续的成本费用分摊过程,是将固定资产的取得成本在其使用寿命内进行合理分摊,使之与各期的收入相配比,以正确确认企业的损益。固定资产的损耗可以是有形的,也可以是无形的。有形损耗是指固定资产在使用过程中由于使用和自然力作用产生的损耗,无形损耗是指由于技术进步而引起的固定资产价值上的损耗。

影响固定资产折旧的因素有:固定资产原价、预计净残值、固定资产减值准备、固定资产的使用寿命或预计生产能力、固定资产无形损耗等。企业应根据固定资产的性质和使用情况,合理预计固定资产的使用寿命及预计净残值,一经确定,不得随意改变。应计提的折旧用公式表示如下:

应计折旧额＝固定资产的原价－预计净残值－已计提的固定资产减值准备

二、固定资产折旧的范围

根据我国《企业会计准则第 4 号——固定资产》规定,企业应对所有固定资产计提折旧,但已提足折旧继续使用的固定资产和单独估价作为固定资产入账的土地除外。这里所有的固定资产包括房屋和建筑物、设备、仪器仪表、运输工具、季节性停止或大修理停用的设备以及融资融入的设备和以经营方式租出的固定资产等。计提固定资产折旧要注意以下几点规定。

(1) 固定资产按月计提折旧,当月增加的固定资产当月不计提折旧,从下月起计提折旧;当月减少的固定资产当月照提折旧,从下月起不提折旧。由上述项目范围和时间范围可见,企业计提折旧的固定资产是:月初应计提折旧的固定资产。

(2) 固定资产提足折旧后,不论能否继续使用,均不再计提折旧;提前报废的固定资产,不再补提折旧。

(3) 已达到预定可使用状态但尚未办理竣工决算的固定资产,应当按照估计价值确定其成本,并计提折旧;待办理竣工决算后,再按实际成本调整原来的暂估价,但不需调整原已计提的折旧额。达到预定可使用状态是指实体建造或安装已全部完工,后续支出很少,基本达到合同设计要求。

(4) 处于更新改造过程停止使用的固定资产,不计提折旧。这是因为更新改造的固定资产已转入在建工程,不属于固定资产核算范围,所以不计提折旧。

(5) 因大修理而停用、未使用的固定资产,照提折旧。

企业至少应当于每年年度终了,对固定资产的使用寿命、预计净残值和折旧方法进行复核。以真实地反映固定资产提供经济利益的期间以及每期实际的资产消耗。

三、固定资产的折旧方法

固定资产的折旧方法可以采用年限平均法、工作量法、双倍余额递减法、年数总和法等。企业选用不同的固定资产折旧方法,将影响固定资产使用寿命期间内不同时期的折旧费用,因此,固定资产的折旧方法一经确定,不得随意变更。折旧方法的选择应当遵循可比性原则,如需变更,在会计报表附注中予以说明。

1. 年限平均法

年限平均法又称直线法,是指将固定资产应计提折旧总额平均分摊到估计使用年限的方法。它假定折旧与固定资产的实际使用程度没有关系。这种方法计算的每期的折旧额相等。在平面直角坐标系上表现为一条直线,直线法由此而来。采用年限平均法计提折旧,其折旧方式分为个别折旧和分类折旧两种。

优点:以年限平均计算折旧,易于理解,运用广泛。

缺点:计提固定资产折旧未考虑不同使用期间负荷及损耗程度,缺乏真正意义上的合理性。

适用范围:各期使用程序和损耗程度大致相同的固定资产适合采用这种方法。

计算公式:

$$年折旧额 = \frac{固定资产原值 - 预计净残值}{预计使用年限} = \frac{固定资产原值(1 - 预计净残值率)}{预计使用年限}$$

$$年折旧率 = \frac{年折旧额}{固定资产原值} \times 100\%$$

$$月折旧率 = \frac{年折旧率}{12}$$

$$月折旧额 = 固定资产原值 \times 月折旧率 = \frac{年折旧额}{12}$$

$$预计净残值率 = \frac{预计净残值}{固定资产原值} \times 100\%$$

$$预计净残值 = 固定资产原值 \times 预计净残值率$$

【例 3-6】 黄河有限公司 2015 年 9 月 15 日,购入一台不需要安装的生产用的设备,设备的买价为 193 900 元,增值税为 32 963 元(可抵扣),采购过程中发生运杂费、保险费 2 000 元,采购人员差旅费 600 元。设备预计可以使用 5 年,采用年限平均法计提折旧,预计净残值为 300 元。要求:计算 2015 年 10 月份和 2015 年该设备的折旧额。

2015 年 10 月份折旧额 = (193 900 + 2 000 - 300) ÷ 5 ÷ 12 = 3 260(元)

2015 年折旧额 = 3 260 × 3 = 9 780(元)

或

2015 年折旧额 = (193 900 + 2 000 - 300) ÷ (5 × 12) × 3 = 9 780(元)

2. 工作量法

工作量法是根据工作量计算每期应提折旧额的一种方法。工作量法以固定资产的实际使用情况为计提折旧的依据,在固定资产的价值损耗与其产出相关性较大的情况下,采用这种方法较为合理。

优点:按工作量计提折旧,固定资产折旧与固定资产使用及其负荷和损耗在一定程度上相关联。

缺点:计提折旧无法充分有效地考虑固定资产自然力作用的损耗和无形损耗的情况。

适用范围:各项完成工作量不均衡的固定资产,如大型机械、运输设备等。

计算公式:

$$单位工作量折旧额＝\frac{固定资产原值－预计净残值}{预计总工作量}$$

某项固定资产月折旧额＝单位固定资产当月工作量×单位工作量折旧额

【例3-7】 黄河有限公司有一台设备原值118 100元,预计净残值为2 000元,预计能够使用15 000个小时,其中第3年实际使用3 000小时,采用工作量法第3年应计提折旧额是多少?

按预计工作量计算出的每小时折旧额＝(118 100－2 000)÷15 000＝7.74(元)

第3年应计提折旧＝3 000×7.74＝23 220(元)

3. 双倍余额递减法

双倍余额递减法是在不考虑固定资产残值的情况下,根据每期期初固定资产账面净值(固定资产账面余额减累计折旧)和双倍的直线法折旧率计算固定资产折旧的一种方法。这是一种定率加速折旧方法。与年数总和法不同的是,在双倍余额递减法下,用来计算的折旧率是固定不变的,而随着折旧的计提,每期期初固定资产的账面净值是个递减的数字,因此计算出来的每期折旧也是递减的。在固定资产到期前的两年内,将固定资产的账面价值扣除预计净残值后的净值平均摊销,最后两年改用直线法计提折旧。

具体公式为:

$$年折旧率＝\frac{2}{预计使用年限}×100\%$$

年折旧额＝固定资产期初账面价值×年折旧率

【例3-8】 黄河有限公司有一台销售部门使用的设备,原价为450 000元,预计使用年限为5年,估计残值收入为12 600元,清理费用为600元。根据双倍余额递减法计算各年的固定资产折旧额,则

$$双倍直线折旧率＝\frac{2}{5}＝40\%$$

各年的折旧额见表3-2。

表3-2　双倍余额递减法计算各年的固定资产折旧额　　　　　单位:元

年份	年初账面价值	折旧率	年折旧额	累计折旧额	期末账面价值
1	450 000	40%	180 000	180 000	270 000
2	270 000	40%	108 000	288 000	162 000
3	162 000	40%	64 800	352 800	97 200
4	97 200		42 600	395 400	54 600
5	54 600		42 600	438 000	12 000

企业采用不同的固定资产折旧方法,直接影响到固定资产使用寿命内不同时期的折旧额以及当期利润和应交所得税,因此,固定资产的折旧方法一经确定,不得随意变更。确实需要变更的,按照《企业会计准则第28号——会计政策、会计估计变更与差错更正》的规定进行处理。

4. 年数总和法

年数总和法是将固定资产的原值减去残值后的净额乘以一个逐年递减的折旧率来计算

每年的折旧额的一种方法。

年数总和法是一种变率加速折旧法,固定资产原值减去残值后的净额（应计折旧总额）是个固定的数字,主要是靠折旧率的变动来达到逐年减少折旧费的目的。折旧率的变动有一定的规律,是以固定资产当年开始时还可以使用的年限为分子,以固定资产的使用年限逐年数字加总为分母计算得出。具体公式为:

$$年折旧率=\frac{尚可使用年限}{预计使用寿命的年数总和}\times100\%$$

$$年折旧额=（固定资产原值-预计净残值）\times年折旧率$$

$$尚可使用年限=预计使用年限-已使用年限$$

设预计使用年限为 n,则预计使用年限的和可用公式 $n(1+n)/2$ 求得。

【例3-9】　黄河有限公司有一台销售部门使用的设备,原价为450 000元,预计使用年限为5年,估计残值收入为12 600元,清理费用为600元。要求:根据年数总和法计算各年的固定资产折旧额。

$$应计折旧总额=450 000-（12 600-600）=438 000（元）$$

各年折旧见表3-3。

表3-3　年数总和法下各年折旧计算表　　　　　　　　　单位:元

年份	年计折旧总额	尚可使用年限	年折旧率	年折旧额	累计折旧额	期末账面余额
1	438 000	5	5/15	146 000	146 000	304 000
2	438 000	4	4/15	116 800	262 800	187 200
3	438 000	3	3/15	87 600	350 400	99 600
4	438 000	2	2/15	58 400	408 800	41 200
5	438 000	1	1/15	29 200	438 000	12 000

四、折旧的账务处理

1. 账户设置——"累计折旧"

固定资产计提的折旧应当计入"累计折旧"科目,该账户属于资产类,累计折旧是固定资产的备抵科目,贷方反映折旧增加额,借方反映因出售、报废清理、盘亏等原因减少固定资产而相应转销的折旧额,该科目的余额在贷方,反映企业现有的固定资产的累计折旧额。

2. 折旧费用的账务处理

固定资产折旧费用按资产用途计入相关资产的成本或者当期损益。基本生产车间使用的应计入"制造费用",管理部门使用的应计入"管理费用",经营性租出的固定资产计入"其他业务成本",专设销售机构使用的应计入"销售费用",研究开发无形资产的则计入"研发支出"。

企业计提固定资产折旧的基本账务处理为:

借:制造费用（车间用固定资产折旧）

管理费用(厂部用固定资产折旧)

销售费用(专设销售机构固定资产折旧)

其他业务成本(企业出租固定资产折旧)

研发支出(研究开发无形资产的固定资产折旧)

在建工程(在建工程中使用固定资产计提折旧)

应付职工薪酬(非货币性薪酬)

贷:累计折旧

【例3-10】 蓝天有限公司 2015 年 10 月份固定资产的应计提折旧额为 150 000 元(其中,生产车间的固定资产折旧为 90 000 元,管理部门的固定资产折旧为 40 000 元,销售部门的折旧为 20 000 元)。10 月和 11 月份发生的有关固定资产增减业务如下,要求计算当年 11 月份应计提的折旧额。

(1) 10 月 6 日,购入一台不需要安装的 P 设备投入生产车间使用,采用年限平均法计提折旧。该设备原价为 86 000 元,预计使用 5 年,预计净残值 6000 元。

(2) 10 月 30 日,公司销售部门的一台大卡车使用期满报废,该车原价 265 000 元,预计净残值 5000 元,预计使用年限内行驶 20 万千米,10 月份行驶 2000 千米。采用工作量法计提折旧。

(3) 11 月 26 日,购进一台需要安装的生产设备,该设备的原价为 360 000 元,预计使用 8 年,预计净残值为 15 000 元。

蓝天公司 10、11 月份应计提折旧及账务处理如下:

P 设备 11 月折旧额 = (86 000 - 6 000) ÷ 5 ÷ 12 = 1 333.33(元)

大卡车 10 月折旧额 = (265 000 - 5 000) ÷ 200 000 × 2 000 = 2 600(元)

由于大卡车已于 10 月份报废,故 11 月份不再计提折旧,则

11 月份折旧 = 150 000 + 1 333.33 - 2 600 = 148 733.33(元)

根据上述计算,编制会计分录如下:

借:制造费用   91 333.33

  管理费用   40 000

  销售费用   17 400

    贷:累计折旧   148 733.33

完成任务

1.【单选题】 企业的下列固定资产,按规定不应计提折旧的是( )。

  A. 季节性停用的固定资产   B. 融资租入的设备

  C. 经营性租入的设备   D. 未使用的厂房

2.【单选题】 某企业 2014 年 12 月 11 日购入一台设备,入账价值为 200 万元,预计使用寿命为 10 年,预计净残值为 20 万元,采用年限平均法计提折旧。2015 年 12 月 31 日,该设备存在减值迹象,经测试预计可收回金额为 120 万元。2015 年 12 月 31 日,该设备账面价值应为( )万元。

  A. 120   B. 160   C. 180   D. 182

3.【单选题】 蓝天公司为增值税一般纳税人,2014 年 12 月 25 日购入不需要安装的

生产设备一台,当日投入使用。该设备价款为 360 万元,增值税税额为 61.2 万元,预计使用寿命为 5 年,预计净残值为零,采用年数总和法计提折旧。则该设备 2015 年应计提的折旧为(　　)万元。

  A. 72   B. 120   C. 140.4   D. 168.48

4.【单选题】 杰邦企业于 2015 年 10 月 31 日购入一项固定资产,其原价为 600 万元,预计使用年限为 5 年,预计净残值为 0.8 万元,采用双倍余额递减法计提折旧。2015 年度该项固定资产应计提的年折旧额为(　　)万元。

  A. 40   B. 66.4   C. 79.68   D. 80

5.【单选题】 某项固定资产的原值为 200 000 元,预计净残值为 2 000 元,预计使用年限为 5 年。则在年数总和法下第二年的折旧额为(　　)元。

  A. 26 400   B. 52 800   C. 40 000   D. 39 600

6.【多选题】 下列关于固定资产计提折旧的表述中,正确的有(　　)。

  A. 提前报废的固定资产不再补提折旧

  B. 固定资产折旧方法一经确定不得改变

  C. 已提足折旧但仍继续使用的固定资产不再计提折旧

  D. 自行建造的固定资产应自办理竣工决算时开始计提折旧

7.【多选题】 下列方法中属于加速折旧的有(　　)。

  A. 工作量法   B. 平均法

  C. 年数总和法   D. 双倍余额递减法

8.【判断题】 企业出租的固定资产由于是其他单位使用,应由其他单位计提折旧。(　　)

9.【分录题】 甲公司 2015 年 9 月份固定资产增减业务如下:

(1)购买一辆汽车供销售部门使用,采用工作量法计提折旧。该汽车原价 120 万元,预计总工作时数为 200 000 小时,预计净残值为 10 万元。该汽车 2015 年 10 月份工作量为 400 小时。

(2)厂部新办公楼交付使用,采用年限平均法计提折旧。该办公楼原价 1 240 万元,预计使用年限 20 年,预计净残值 40 万元。

假定 2015 年 10 月份未发生固定资产增减业务,要求:计算甲公司 2015 年 10 月份应计提的折旧额并编制计提折旧的会计分录。

10.【计算分析题】 天天面业有限公司购买一台生产用压面机,原价 500 000 元,预计使用 5 年,预计净残值 2 000 元。分别采用年数总和法和双倍余额递减法计算该设备各年应计提的折旧额。

11.【计算分析题】 甲公司为一般纳税人,2015 年 6 月 20 日购入一台需要安装的设备:

(1)增值税专用发票上注明价款 100 000 元,增值税税款 17 000 元,发生运杂费 10 335 元,全部款项以银行存款支付。

(2)在安装过程中,领用原材料 5 000 元,材料购进时增值税进项税额 850 元。

(3)结算安装工人工资 5 000 元。

(4)该设备当月安装完毕,交付使用。该设备预计净残值 5 000 元,预计使用 5 年。

要求:计算该设备入账价值,并编制相关会计分录;分别采用年限平均法、年数总和法、双倍余额递减法计算该设备各年折旧额。

12.【计算分析题】 企业购入设备一台,原价 20 万元,该设备预计使用 8 年,预计净残值率为 4%。要求:按双倍余额递减法计算出年折旧率和每年的折旧额。

13.【计算分析题】 某企业某项固定资产原价为 100 000 元,预计净残值 5 000 元,预计使用年限 4 年。要求:用年限平均法、双倍余额递减法和年数总和法分别计算该项固定资产每年的折旧额。

14.【计算分析题】 甲企业为增值税一般纳税人,增值税税率为 17%。2015 年发生固定资产业务如下:

(1) 1 月 20 日,企业管理部门购入一台不需安装的 A 设备,取得的增值税专用发票上注明的设备价款为 550 万元,增值税为 93.5 万元,款项均以银行存款支付。

(2) A 设备经过调试后,于 1 月 22 日投入使用,预计使用 10 年,净残值为 35 万元,决定采用双倍余额递减法计提折旧。

(3) 7 月 15 日,企业生产车间购入一台需要安装的 B 设备,取得的增值税专用发票上注明的设备价款为 600 万元,增值税为 102 万元,另发生保险费 8 万元,款项均以银行存款支付。

(4) 8 月 19 日,将 B 设备投入安装,以银行存款支付安装费 3 万元。B 设备于 8 月 25 日达到预定使用状态,并投入使用。

(5) B 设备采用工作量法计提折旧,预计净残值为 35.65 万元,预计总工时为 5 万小时。9 月,B 设备实际使用工时为 720 小时。

假设上述资料外,不考其他因素。要求:

(1) 编制甲企业 2015 年 1 月 20 日购入 A 设备的会计分录。

(2) 计算甲企业 2015 年 2 月 A 设备的折旧额并编制会计分录。

(3) 编制甲企业 2015 年 7 月 15 日购入 B 设备的会计分录。

(4) 编制甲企业 2015 年 8 月安装 B 设备及其投入使用的会计分录。

(5) 计算甲企业 2015 年 9 月 B 设备的折旧额并编制会计分录。

学习小结与测评

1. 本任务知识点: _____

_____

2. 请选择下面图形前的编码:

A. ★★　　　B. ★★★　　　C. ★★★★　　　D. ★★★★★

(1) 在完成学习任务的认真程度上,我选(　　　);

(2) 在知识的理解与运用上,我选(　　　);

(3) 在与大家的合作过程中,我选(　　　)。

项目三　固定资产后续支出与处置业务的核算

岗位任务

熟知后续支出中资本化支出与费用化支出处理原则,并学会账务处理涉及的会计科目的使用及账务处理方法

岗位知识

一、固定资产后续支出的核算

(一) 后续支出的含义

《企业会计准则第 4 号——固定资产》将固定资产的改建、修理支出分别归类为固定资产后续支出和长期待摊费用(指经营租入固定资产的改良支出)。固定资产的后续支出是指固定资产在使用过程中发生的更新改造、修理费用等支出。固定资产的后续支出分资本化的后续支出和费用化的后续支出。

(二) 企业会计准则关于固定资产改建、修理的规定

(1) 与固定资产相关的后续支出,符合固定资产确认条件的(指经济利益很可能流入企业,成本能够可靠计量),应当计入固定资产成本;不符合固定资产确认条件的,应当在发生时计入当期损益。

(2) 经营租入固定资产的改良支出,计入长期待摊费用,再按租赁时间的长短分期摊销计入损益。

(三) 固定资产改建、修理的会计处理

1. 费用化支出的账务处理

《会计科目和主要账务处理》规定:企业生产车间(部门)和行政管理部门等发生的固定资产修理费用等后续支出,均记入"管理费用"科目;企业发生的与专设销售机构相关的固定资产修理费用等后续支出,应记入"销售费用"科目。因此,企业发生的固定资产后续支出,不符合资本化条件的,应借记"管理费用""销售费用"科目,贷记"银行存款""原材料"等科目。

借:管理费用(企业生产车间和行政管理部门)
    销售费用(专设销售机构)
    贷:银行存款

【例 3-11】 黄河有限公司 2015 年 10 月对基本生产车间的一台生产用设备进行修理,修理过程中领用本企业工程物资一批,价值为 30 000 元,应支付维修人员工资 13 000 元。

借:管理费用   43 000
    贷:工程物资   30 000
        应付职工薪酬   13 000

2. 资本化支出的账务处理

(1) 改建开始,应将被改造资产的账面价值转入在建工程

借:在建工程
    累计折旧
    固定资产减值准备
    贷:固定资产

（2）发生改建费用时

借：在建工程

　　贷：银行存款

（3）改建过程中如果对固定资产进行部分拆除且有拆卸物资出售或入库，应按出售物资的含税销售价或估价，借记"银行存款""原材料"等科目，按出售物资应交增值税，贷记"应交税费——应交增值税（销项税额）"科目，按拆卸部分的账面价值，贷记"在建工程"科目，按其差额，借记或贷记"营业外收支"科目。

（4）改建、改造完毕交付使用时，按完工在建工程余额转入固定资产

借：固定资产

　　贷：在建工程

（5）重新使用后，应按具体情况重新确定折旧年限、净残值和折旧方法，计提折旧

注：处于更新改造过程中而停止使用的固定资产，转入在建工程后不计提折旧，待更新改造项目达到可使用状态转入固定资产后，再按重新确定的折旧方法和该项固定资产尚可使用年限计提折旧。

【例3-12】　黄河有限公司根据生产经营需要，2015年6月对其生产线进行改造，该生产线原值500万元，已计提折旧100万元，计提资产减值准备20万元。改造于2015年11月完工，改造共领用工程物资180万元，人工成本120万元，用银行存款支付其他费用34.84万元，改造后预计可使用年限有所延长，估计改造后该生产线可使用8年，预计净残值15万元。

（1）2015年6月，将固定资产转入在建工程

借：在建工程　　　　　　　　　　　　　3 800 000

　　累计折旧　　　　　　　　　　　　　1 000 000

　　固定资产减值准备　　　　　　　　　　200 000

　　贷：固定资产　　　　　　　　　　　　　　　5 000 000

（2）改造期间，领用工程物资、发生人工成本和其他费用

借：在建工程　　　　　　　　　　　　　3 348 400

　　贷：工程物资　　　　　　　　　　　　　　　1 800 000

　　　　应付职工薪酬　　　　　　　　　　　　　1 200 000

　　　　银行存款　　　　　　　　　　　　　　　　348 400

（3）2015年11月改造结束时，将在建工程转入固定资产

借：固定资产　　　　　　　　　　　　　7 148 400

　　贷：在建工程　　　　　　　　　　　　　　　7 148 400

（4）2015年12月开始计提折旧

$$12月份应计提折旧 = \frac{714.84 - 15}{8 \times 12} = 7.29（万元）$$

借：制造费用　　　　　　　　　　　　　　72 900

　　贷：累计折旧　　　　　　　　　　　　　　　72 900

3. 租入固定资产改建的账务处理

《企业所得税法》和《实施条例》中所称租入固定资产改建支出，一般是指经营租入固定

资产的改建支出,因为融资租入固定资产应视同自有固定资产确定使用年限和计提折旧,无须考虑租赁期限。

企业对经营租入固定资产进行改建时,符合资本化条件的,借记"长期待摊费用"科目,贷记"银行存款""原材料"等科目;分期摊销计入损益时,借记"管理费用""销售费用"科目,贷记"长期待摊费用"科目。

二、固定资产处置业务的核算

（一）固定资产处置的范围

固定资产处置包括固定资产出售、转让、报废毁损、对外投资、非货币性资产交换、债务重组、捐赠等。处于处置状态的固定资产不用于为企业生产商品、提供劳务、出租或经营管理,因此不再符合固定资产的定义,应予以终止确认。

（二）固定资产处置的账务处理

根据我国固定资产准则,企业出售、转让、报废等情况减少固定资产时,应当将处置收入扣除账面价值和相关税费后的金额计入当期损益。固定资产的账面价值是指固定资产成本扣减累计折旧和累计减值准备后的金额,要注意应将固定资产到处置日为止该计提的折旧都提完。在实际工作中,固定资产处置的核算通过设置"固定资产清理"账户进行核算。

"固定资产清理"核算企业因出售、报废和毁损、对外投资、非货币性资产交换、债务重组等原因转入清理的固定资产价值以及在清理过程中所发生的清理费用和清理收入等。本科目应当按照被清理的固定资产项目进行明细核算。

按照国家税务总局公告 2016 年第 14 号规定,一般纳税人销售自己使用过的 2009 年 1 月 1 日以后购进或者自制的固定资产(动产),按照适用税率征收增值税;一般纳税人转让其 2016 年 5 月 1 日后取得(不含自建)的不动产,适用一般计税方法,以取得的全部价款和价外费用为销售额计算应纳税额。纳税人应以取得的全部价款和价外费用扣除不动产购置原价或者取得不动产时的作价后的余额,按照 5% 的预征率向不动产所在地主管地税机关预缴税款,向机构所在地主管国税机关申报纳税。

固定资产处置的会计处理一般经过以下几个步骤。

1. 固定资产转入清理

固定资产转入清理时,按固定资产账面价值,借记"固定资产清理"科目,按已计提的累计折旧,借记"累计折旧"科目,按已计提的减值准备,借记"固定资产减值准备"科目,按固定资产账面余额,贷记"固定资产"科目。

借:固定资产清理

　　累计折旧

　　固定资产减值准备

　　贷:固定资产

2. 发生清理费用及支付相关税费

固定资产清理过程中发生的有关费用以及应支付的相关税费,借记"固定资产清理"科目,贷记"银行存款""应交税费"等科目。

　　借:固定资产清理
　　　　贷:银行存款
　　　　　　应交税费

3. 出售收入

　　企业收回出售固定资产的价款、残料价值和变价收入等,应冲减清理支出。按实际收到的出售价款以及残料变价收入等,借记"银行存款""原材料"等科目,贷记"固定资产清理"科目。

　　借:银行存款
　　　　贷:固定资产清理
　　　　　　应交税费——应交增值税(销项税额)

4. 保险赔偿和残料

　　企业计算或收到的应由保险公司或过失人赔偿的损失,应冲减支出,借记"其他应收款""银行存款"等科目,残料计入"原材料"科目借方,贷记"固定资产清理"科目。

　　借:其他应收款
　　　　原材料
　　　　贷:固定资产清理

5. 清理净损益的处理

　　固定资产清理完成后的净损失,属于生产经营期间正常的处理损失,借记"营业外支出——处置非流动资产损失"科目,贷记"固定资产清理"科目;属于生产经营期间由于自然灾害等非正常原因造成的,借记"营业外支出——非常损失"科目,贷记"固定资产清理"科目。固定资产清理完成后的净收益,借记"固定资产清理"科目,贷记"营业外收入"科目。

　　(1)结转清理净损失

　　借:营业外支出
　　　　贷:固定资产清理

　　(2)结转清理净收益

　　借:固定资产清理
　　　　贷:营业外收入

【例3-13】　2016年11月15日,黄河有限公司转让上年8月购入生产用固定资产,原值100 000元,已提折旧4 000元,转让价50 000元(含增值税)。20日将当年7月购入的不动产转让,转让收入950万元(含增值税),该不动产购置原价为800万元。累计折旧为15万元。

　　① 转让上年8月购入的固定资产

　　借:固定资产清理　　　　　　　　　　　　　　　　96 000
　　　　累计折旧　　　　　　　　　　　　　　　　　　4 000
　　　　　　贷:固定资产　　　　　　　　　　　　　　　　　100 000
　　借:银行存款　　　　　　　　　　　　　　　　　　50 000

　　贷:固定资产清理 42 735.04
　　　　应交税费——应交增值税(销项税额) 7 264.96(50 000/(1+17%)×17%)
借:营业外支出 53 264.96
　　贷:固定资产清理 53 264.96
② 转让当年 7 月购入的不动产
借:固定资产清理 7 850 000
　　累计折旧 150 000
　　贷:固定资产 8 000 000
借:银行存款 9 500 000
贷:固定资产清理 8 558 558.56
　　　　应交税费——应交增值税(销项税额) 941 441.44
　　　　(9 500 000/(1+11%)×11%)
借:固定资产清理 708 558.56
　　贷:营业外收入 708 558.56
预交 5% 增值税时:
借:应交税费——预交增值税 71 428.57 (9 500 000-8 000 000)/(1+5%)×5%
　　贷:银行存款 71 428.57
月末结转未交增值税时
借:应交税费——未交增值税 71 428.57
　　贷:应交税费——预交增值税 71 428.57

完成任务

1.【单选题】 固定资产处置时的净损失应计入( )。
　　A. 营业外支出　　　　　　　　　B. 管理费用
　　C. 资本公积　　　　　　　　　　D. 长期待摊费用

2.【多选题】 通过"固定资产清理"科目核算的固定资产业务有( )。
　　A. 固定资产报废　　　　　　　　B. 固定资产出售
　　C. 固定资产毁损　　　　　　　　D. 固定资产盘亏

3.【多选题】 下列关于固定资产的后续支出说法正确的有( )。
　　A. 固定资产的后续支出是指固定资产在使用过程中发生的更新改造支出、修理费用等
　　B. 固定资产的更新改造中,如有被替换的部分,应同时将被替换部分的账面余额从该固定资产原账面价值中扣除
　　C. 企业生产车间发生的不可资本化的后续支出发生的固定资产日常修理费用,计入制造费用科目
　　D. 企业专设销售机构发生的不可资本化的后续支出,计入销售费用科目

4.【判断题】　与固定资产有关的后续支出,无论金额大小,均应计入固定资产成本。（　　）

5.【分录题】　天天面业有限公司原有的一条生产线原值为 50 万元,预计使用 6 年,已提折旧 28 万元,由于难以满足公司发展的需要,2015 年 9 月公司对现有的生产线进行改扩建,以提高其生产能力。2015 年 10 月完成了生产线的改扩建工程,达到可使用状态。共发生支出 20 万元,全部以银行存款支付。不考虑其他税费,假定该设备没有发生减值。估计改造后该生产线可使用 5 年,预计净残值 6 万元。要求：编制相关会计分录并计提 2015 年 11 月份折旧。

6.【分录题】　2015 年 10 月 20 日,天天面业有限公司报废多功能面条机一台,原值 150 000 元,已提折旧 120 000 元。清理过程中,取得残值变价收入 3 000 元,支付清理费用 4 000 元。要求：编制处置固定资产的会计分录。

7.【分录题】　甲公司 2015 年 6 月出售一栋房产,该项房产原值 600 000 元,已提折旧 200 000 元,已提减值准备 30 000 元。出售时以银行存款支付清理费用 5 000 元。出售房产收入 550 000 元,增值税率 11%。

学习小结与测评

1. 本任务知识点：_____

_____

2. 请选择下面图形前的编码：

　A.　★★　　　　　　B.　★★★　　　　　　C.　★★★★

　D.　★★★★★

（1）在完成学习任务的认真程度上,我选（　　　　）；

（2）在知识的理解与运用上,我选（　　　　）；

（3）在与大家的合作过程中,我选（　　　　）。

项目四　固定资产清查与减值的核算

岗位任务

核算固定资产盘盈、盘亏业务,进行固定资产减值测试,并进行账务处理。

岗位知识

一、固定资产清查的含义

固定资产清查是指从实物管理的角度对单位实际拥有的固定资产进行实物清查,并与固定资产进行账务核对,确定盘盈、毁损、报废及盘亏资产。固定资产清查的范围主要包括土地、房屋及建筑物、通用设备、专用设备、交通运输设备等。企业应建立固定资产清查制度,定期或不定期对固定资产进行全面或局部的检查。财务部门需组织固定资产使用部门和管理部门至少于每年年末进行一次全面清查,明确资产权属,确保实物与卡片、报表相符。以保证固定资产的安全完整。

二、固定资产清查的程序

(1) 对本单位拥有的固定资产进行实物清点,并登记造册。

(2) 将实物按品种、数量、型号等与固定资产账户进行核对。

(3) 按照管理权限上报有关情况,并根据批复进行账务处理。

三、固定资产清查结果的处理

(1) 账实相符——不必进行账务处理。

(2) 账实不符——进行账务处理,调整账存数,使账存数与实际数一致。

(3) 实存数大于账存数——盘盈。

(4) 实存数小于账存数——盘亏。

实存数与账存数一致,但财产物资有质量问题,不能按正常的财产物资使用的称为毁损。

清查结果处理步骤:报经审批前,根据盘盈盘亏报告表,编制记账凭证,调整账簿记录,报批后,根据审批意见,转销盘盈、盘亏或毁损。

对于盘盈、盘亏的固定资产应当查明原因,编制固定资产盘盈盘亏报告表,并写出书面报告按规定程序上报。

(一) 固定资产盘亏的账务处理

对于固定资产盘点的会计处理,企业不再通过"固定资产清理"科目,而是设置"待处理财产损溢——待处理固定资产损溢"账户来进行核算。

"待处理财产损溢"账户属于资产类,核算企业在清查财产过程中查明的各种财产盘盈、盘亏和毁损的价值(物资在运输途中发生的非正常短缺与损耗,也通过本科目核算)。盘亏时记入该账户的借方,转销时记入该账户的贷方;盘盈时记入该账户的贷方,借方则通过"以前年度损益调整"账户核算。

在该账户下设置"待处理固定资产损溢""待处理流动资产损溢"进行明细核算。

(1) 发生盘亏时

借:待处理财产损溢——待处理固定资产损溢(差额、账面净值)

　　累计折旧(已提折旧)

　　固定资产减值准备(已提减值准备)

　　贷:固定资产(账面原值)

(2) 经审核批准后,予以转销时

借:其他应收款(保险公司或责任人赔偿部分)

　　营业外支出——盘亏损失(净损失)

　　贷:待处理财产损溢——待处理固定资产损溢

【例3-14】 黄河有限公司进行财产清查时发现短缺一台笔记本电脑,原价为7 000元,已计提折旧 6 000 元。

（1）盘亏固定资产时

借：待处理财产损溢　　　　　　　　　　　　　　1 000

　　累计折旧　　　　　　　　　　　　　　　　　6 000

　　　贷：固定资产　　　　　　　　　　　　　　　　　　7 000

（2）报经批准转销时

借：营业外支出——盘亏损失　　　　　　　　　　1 000

　　　贷：待处理财产损溢　　　　　　　　　　　　　　　1 000

（二）固定资产盘盈的账务处理

按新准则规定，固定资产盘盈应作为前期差错记入"以前年度损溢调整"科目。固定资产盘盈不再计入当期损益，而是作为以前期间的会计差错。

盘盈的固定资产，应按以下规定确定其入账价值：如果同类或类似固定资产存在活跃市场的，按同类或类似固定资产的市场价格，减去按该项资产的新旧程度估计的价值损耗后的余额，作为入账价值；若同类或类似固定资产不存在活跃市场的，按该项固定资产的预计未来现金流量的现值，作为入账价值。

企业在财产清查中盘盈的固定资产，在按管理权限报经批准处理前应先通过"以前年度损益调整"科目核算。盘盈的固定资产，应按重置成本确定其入账价值，借记"固定资产"科目，贷记"以前年度损益调整"科目。

固定资产盘盈——作为前期差错，通过"以前年度损益调整"账户进行核算。

（1）发现盘盈时

借：固定资产（重置价值－估计折旧）

　　　贷：以前年度损益调整

（2）经审核批准后，计提所得税费用

借：以前年度损益调整

　　　贷：应交税费——应交所得税（调整额×所得税税率）

（3）补提法定盈余公积后，余额转入"利润分配"账户

借：以前年度损益调整

　　　贷：盈余公积——法定盈余公积

　　　　　利润分配——未分配利润

【例 3-15】　黄河有限公司于年末对固定资产进行全面清查，盘盈一台七成新的机器设备，该设备同类产品市场价格为 50 000 元，企业所得税税率为 25%。

（1）借：固定资产　　　　　　　　　　　　　　　35 000

　　　　贷：以前年度损益调整　　　　　　　　　　　　　35 000

（2）调整所得税

借：以前年度损益调整　　　　　　　　　　　　8 750

　　　贷：应交税费——应交所得税　　　　　　　　　　　8 750

（3）结转以前年度损益调整

借：以前年度损益调整　　　　　　　　　　　　26 250

　　贷：盈余公积　　　　　　　　　　　　　　　　2 625

　　　　利润分配——未分配利润　　　　　　　　23 625

四、固定资产减值的核算

（一）固定资产减值的含义

所谓固定资产减值准备是指由于固定资产市价持续下跌，或技术陈旧、损坏、长期闲置等原因导致其可收回金额低于账面价值的，应当将可收回金额低于其账面价值的差额作为固定资产减值准备。

固定资产减值准备与累计折旧两者都核算固定资产价值的降低，一个是固定资产净值的减损，一个是固定资产价值的转移。累计折旧是固定资产原值的减项，固定资产减值准备则是固定资产净值的减项。固定资产预计使用年限和预计净残值、折旧方法等，一经确定不得随意变更。当折旧估计发生偏差、固定资产价值发生减损时，固定资产减值准备可以在期末及时地予以调整。所以固定资产减值准备是累计折旧的补充，它对累计折旧中的估计偏差进行矫正。

（二）固定资产减值计算步骤

企业应当在期末对固定资产逐项进行检查，资产在发生减值时，原则上都应及时加以确认和计量。减值损失计算步骤如下。

1. 计算固定资产账面价值

$$账面价值＝原值－累计折旧－资产减值准备$$

2. 计算固定资产可收回金额

$$可收回金额＝公允价值－处置费用$$

$$可收回金额＝资产预计未来现金流量的现值$$

按孰高原则可收回金额为以上两者中的高者。

3. 确定减值准备

$$减值准备＝账面价值－按孰高原则确定的可收回金额$$

当固定资产可收回金额＜固定资产账面价值时计提，计提数额为可收回金额低于其账面价值的差额。

（三）固定资产减值的账务处理

企业计提的固定资产减值准备，应列为"资产减值损失"，并通过"固定资产减值准备"账户进行核算。"固定资产减值准备"账户属于资产类，核算企业固定资产发生减值时计提的减值准备。资产负债表日，企业根据资产减值准则确定固定资产发生减值的，按应减记的金额，借记"资产减值损失"科目，贷记本科目。已计提减值准备的固定资产，以后年度其价值得到恢复，可收回金额高于账面价值时，不再冲回提取的减值准备。企业计提固定资产减值准备的账务处理为：

借：资产减值损失——固定资产减值
　　贷：固定资产减值准备

固定资产减值损失一经确认,在以后会计期间不得转回。固定资产计提过减值准备后,应当以新的固定资产账面价值为基础重新计算和计提每期折旧额。

企业当期确认的资产减值损失反映在利润表中,减少当期利润;计提的资产减值准备作为相关资产的备抵账户,反映在资产负债表中,减少期末资产价值,这就夯实了企业资产,避免了利润虚增,体现了谨慎性原则,如实反映了企业的财务状况和经营成果。

【例3-16】 黄河有限公司于2014年9月16日对一生产线(该生产线属于不能移动,如果移动就会改变性质、损害其价值的不动产)进行改扩建,改扩建前该固定资产的原价为600万元,已提折旧150万元,已提减值准备70万元。在改扩建过程中领用工程物资80万元,领用生产用原材料20万元,原材料的进项税额为3.4万元。发生改扩建人员工资45万元,用银行存款支付其他费用26万元。该固定资产于2014年12月12日达到预定可使用状态。该企业对改扩建后的固定资产采用年限平均法计提折旧,预计尚可使用年限为10年,预计净残值为30万元。2015年12月31日,该固定资产的公允价值减去处置后的净额为480万元,预计未来现金流量现值为490万元。编制相关会计分录如下(金额单位用万元表示)。

(1) 固定资产转入改扩建

借：在建工程　　　　　　　　　　　　　　　380
　　累计折旧　　　　　　　　　　　　　　　150
　　固定资产减值准备　　　　　　　　　　　70
　　　贷：固定资产　　　　　　　　　　　　　　　600

(2) 改扩建过程中领用材料物资及发生相关费用

借：在建工程　　　　　　　　　　　　　　　171
　　应交税费——待抵扣进项税额　　　　　　1.36
　　　贷：工程物资　　　　　　　　　　　　　　　80
　　　　　原材料　　　　　　　　　　　　　　　20
　　　　　应付职工薪酬　　　　　　　　　　　　45
　　　　　银行存款　　　　　　　　　　　　　　26
　　　　　应交税费——应交增值税(进项税额转出)　1.36

(3) 改建完工,转入固定资产

在建工程账户的金额=380+171=551(万元)

借：固定资产　　　　　　　　　　　　　　　551
　　　贷：在建工程　　　　　　　　　　　　　　　551

(4) 计提2015年1月份折旧额并编制折旧的会计分录

2015年1月计提折旧=(551-30)/10/12=4.34(万元)

借：制造费用　　　　　　　　　　　　　　　4.34
　　　贷：累计折旧　　　　　　　　　　　　　　　4.34

(5) 进行减值测试,并判断是否计提减值准备

2015年12月31日,固定资产的账面价值=551-4.34×12=498.92(万元)

公允价值减去处置后的净额为480万元,预计未来现金流量现值为490万元,按照孰高原则可收回金额为490万元,由此可见:

资产的账面价值＞可收回金额,该资产已发生减值。

应计提的减值准备＝498.92－490＝8.92(万元)

借:资产减值损失　　　　　　　　　　　　　　　　8.92

　　贷:固定资产减值准备　　　　　　　　　　　　　　8.92

完成任务

1.【计算分析题】 2015 年 10 月 20 日,天天面业有限公司发现一台机器设备存在减值现象,其生产的产品不合格率较高,该机器设备原值 60 万元,预计使用寿命 10 年,预计净残值率为 10%,已使用 5 年,未计提过减值准备。如果将该设备转让,转让净所得估计为 12 万元,若继续使用该设备,预计未来现金流量的现值为 24 万元。假定剩余使用寿命和净残值不变。

要求:

(1) 计算该设备的账面价值。

提示:该设备已使用 5 年,按照年限平均法计提折旧,累计已计提折旧额＝60×(1－10%)/10×5＝27(万元)。

(2) 计算该设备可收回金额。

提示:转让净所得和预计未来现金流量的现值中高者为可收回金额。

(3) 编制计提减值准备的会计分录。

2.【分录题】 某企业在固定资产清查中,发现盘亏空调一台,其账面原值为 53 000 元,已提折旧为 35 000 元,经调查是由于报废没及时进行账务处理,无残值,经批准作营业外支出。

3.【分录题】 蓝天有限公司于 2015 年 10 月 20 日对全部固定资产进行盘查,盘盈一台八成新的设备,该设备同类产品市场价格为 26 000 元。所得税税率为 25%。

学习小结与测评

1. 本任务知识点: _____

_____

2. 请选择下面图形前的编码:

A. ⭐⭐　　　B. ⭐⭐⭐　　　C. ⭐⭐⭐⭐　　　D. ⭐⭐⭐⭐⭐

(1) 在完成学习任务的认真程度上,我选(　　　);

(2) 在知识的理解与运用上,我选(　　　);

(3) 在与大家的合作过程中,我选(　　　)。

项目五　无形资产认知与分类

岗位任务

掌握无形资产的概念、特征和分类。

岗位知识

一、无形资产的含义

无形资产具有广义和狭义之分,广义的无形资产包括货币资金、应收账款、金融资产、长期股权投资、专利权、商标权等,因为它们没有物质实体,而是表现为某种法定权利或技术。狭义的无形资产仅包括专利权、商标权等。会计准则中的无形资产是指狭义上的无形资产。无形资产是指企业拥有或者控制的、没有实物形态的、可辨认的非货币性资产。

无形资产可辨认是指能够从企业中分离或划分出来,并能单独或者与相关合同、资产或负债一起用于出售、租赁或者交换的源自合同性权利或其他法定权利。

二、无形资产的特征

(1) 不具有实物形态——最基本的特征。

(2) 具有可辨认性,是指能够与实体分开单独处置的资产,如专利权有专利证书。

(3) 属于非货币性资产。

三、无形资产的确认条件

某个项目要作为企业的无形资产确认,首先应符合无形资产的定义,其次还应符合以下两个确认条件。

1. 与该无形资产有关的经济利益很可能流入企业

如果企业有权获得一项无形资产产生的未来经济利益,并能约束其他方获得这项利益,则表明企业控制了该项无形资产。

作为无形资产确认的项目,必须具备其生产的经济利益很可能流入企业这一条件。因为资产最基本的特征是产生的经济利益预期很可能流入企业,如果某一项目产生的经济利益预期不能流入企业,就不能确认为企业的资产。在会计实务中,要确定无形资产所创造的经济利益是否很可能流入企业,需要对无形资产在预计使用寿命内可能存在的各种经济因素做出合理估计,并且应当有明确的证据支持。

2. 该项无形资产的成本能够可靠地计量

企业自创商誉以及内部产生的品牌、报刊名等,因其成本无法可靠计量,不应确认为无形资产。

四、无形资产的内容

无形资产通常包括专利权、非专利技术、商标权、著作权、特许权、土地使用权等。详细说明见表3-4。

表 3-4　无形资产内容

名　称	内 容 说 明	常 见 形 式
专利权	专利权是指国家专利机关授予发明人在一定期限内所享有的专利、专销和使用期发明成果的一种专门权利	发明专利权；实用新型专利；外观设计专利
商标权	商标是用来辨认特定商品或劳务的标记。商标权是指企业专门在某种指定的商品上使用特定的名称、图案、标记的权利	自创商标权；外购商标权
土地使用权	土地使用权是指国家准许某一企业或单位在一定期间内对国有土地享有开发、利用、经营的权利。按照《企业会计准则》第6号——无形资产准则的规定，企业通过划拨无偿取得的土地使用权也应确认为"无形资产"	行政划拨取得；外购取得；投资者投资取得
非专利技术	非专利技术也称专有技术，是由发明人垄断的、不公开的、具有使用价值的先进技术、资料、技能、诀窍等	设计图纸、技术规范工艺流程、管理制度
著作权	著作权也称版权，是指著作人对其著作享受的出版、发行等方面的专有权利	精神权利（包括发表权、署名权、修改权、保护作品完整权）及经济权利
特许权	特许权也称"专营权"，分为两种，一种是被政府机构授予的准许企业在一个地区经营某种业务的权利，这种情况下不列无形资产；另一种是被其他企业授予的准许企业使用其某些权利，如商标、商号、技术秘密等，列入无形资产	政府特许权（如水、电、通信等专营权）；企业特许权（如连锁店使用总店的名称等）

五、无形资产的分类

无形资产的分类标准多种多样，根据无形资产的性质可按不同来源、能否辨认和有无期限进行分类。

1. 按不同来源，可分为外来无形资产和自创无形资产

外来无形资产包括国家给予的某种特权，外单位作为资本投入的无形资产以及企业从外单位购入的无形资产；自创无形资产指本单位自行研制创造而获得的无形资产（商誉除外）。

2. 按能否辨认，分为可辨认的无形资产和不可辨认的无形资产

可辨认的无形资产具有专门的名称，可以单独取得和转让，包括专利权、非专利技术、商标权、著作权、土地使用权、特许权等；不可辨认的无形资产，指不能单独取得或转让也不能脱离企业的无法资产。

3. 按有无期限，可分为有期限无形资产和无期限无形资产

有期限无形资产是指在法律中规定有最长有效期的无形资产，如商标、专利技术、专营权等；无期限无形资产指没有相应法律规定有效期限，其经济寿命难以预先准确估计的无形资产，如非专利技术和商誉等。

完成任务

判断以下各项是否属于无形资产：

□ 自创的商标　　　　　　　　　　□ 企业通过划拨无偿取得的土地使用权

□企业自创商誉　　　　　　　□版权

□内部产生的品牌、报刊名　　□管理制度

□祖传秘方　　　　　　　　　□烟草专卖权

学习小结与测评

1. 本任务知识点：_____

_____

2. 请选择下面图形前的编码：

A. ★★　　　　B. ★★★　　　　C. ★★★★　　　　D. ★★★★★

(1) 在完成学习任务的认真程度上，我选（　　）；

(2) 在知识的理解与运用上，我选（　　）；

(3) 在与大家的合作过程中，我选（　　）。

项目六　无形资产增加的核算

岗位任务

掌握外购无形资产、自行开发无形资产的计量及账务处理。

岗位知识

一、无形资产的初始计量

无形资产的取得成本包括购买价款、相关税费以及直接归属于使该项资产达到预定用途所发生的其他支出，其中，包括发生的专业服务费用、测试无形资产是否能够正常发挥作用的费用等。不包括为引入新产品进行宣传发生的广告费（计入销售费用）、管理费用及其他间接费用，也不包括在无形资产已经达到预定用途以后发生的费用。

二、无形资产增加的核算

1. 外购无形资产

企业通过"无形资产"账户来核算无形资产的增减变动情况。该账户属于资产类账户，借方登记取得无形资产的成本，贷方登记出售无形资产转出的无形资产的账面余额，期末余额在借方，反映企业拥有的无形资产的成本。本账户按无形资产的类别设置明细账户。

【例 3-17】 某公司 2015 年 10 月 15 日以银行存款购买一项专利权用于生产产品。取得增值税专用发票，不含税价款 400 万元，增值税税率为 6%，另支付专业服务费用 80 万元、测试无形资产是否能够正常发挥作用的费用等 20 万元。为了宣传新产品而发生的广告费 10 万元，已经支付给广告公司。

无形资产的入账价值＝400＋80＋20＝500（万元）

借：无形资产　　　　　　　　　　　　　　　5 000 000

应交税费——应交增值税(进项税额)	240 000	
贷：银行存款		5 240 000
借：销售费用	100 000	
贷：银行存款		100 000

2. 投资者投入的无形资产

投资者投入无形资产的成本应当按照投资合同或协议约定的价值确定,但合同或协议约定价值不公允的除外。在投资合同或协议约定价值不公允的情况下,按照该项无形资产的公允价值作为其入账价值。

3. 企业取得的土地使用权的会计处理

企业取得的土地使用权,通常应当按照取得时所支付的价款及相关税费确认为无形资产。土地使用权用于自行开发建造厂房(自用厂房、办公楼)等地上建筑物时,土地使用权的账面价值不与地上建筑物合并计算其成本,而仍作为无形资产进行核算。但是,如果房地产开发企业取得的土地使用权用于建造对外出售的房屋建筑物的(如商品房、公寓),其相关的土地使用权的价值应当计入所建造的房屋建筑物成本。建造对外出租(商铺、写字楼)时确认为投资性房地产。

企业外购房屋建筑物所支付的价款中包括土地使用权以及建筑物的价值的,则应当对实际支付的价款按照合理的方法(如公允价值相对比例)在土地使用权和地上建筑物之间进行分配;如果确实无法在土地使用权和地上建筑物之间进行合理分配的,应当全部作为固定资产,按照固定资产确认和计量的原则进行处理。

【例 3-18】 2015 年 10 月 10 日,A 公司取得股东作为出资投入的一宗土地使用权及地上建筑物,取得时,土地使用权的公允价值为 1 000 万元,地上建筑物的公允价值为 5 000万元。

借：无形资产	10 000 000	
固定资产	50 000 000	
贷：实收资本		60 000 000

4. 企业内部自行研发无形资产的核算

(1) 区分研究阶段与开发阶段分别进行核算

研究阶段的支出应当在发生时全部计入当期损益;开发阶段的支出满足资本化条件时计入无形资产的成本。无法区分研究阶段和开发阶段的支出,应当在发生时作为管理费用,全部计入当期损益。

(2) 研发形成的无形资产的成本

自行开发的无形资产成本包括自满足无形资产确认条件后至达到预定用途前所发生的支出总额,包括开发该无形资产时耗费的材料、劳务成本、注册费、在开发该无形资产过程中使用的其他专利权和特许权的摊销、计提专用设备折旧,以及按照借款费用的处理原则可以资本化的利息支出。开发阶段的支出,同时满足下列条件的,才能确认为无形资产。

① 完成该无形资产以使其能够使用或出售,在技术上具有可行性;

② 具有完成该无形资产并使用或出售的意图;

③ 无形资产产生经济利益的方式能够证明运用该无形资产生产的产品存在市场或无

形资产自身存在市场,无形资产将在内部使用的,应当证明其有用性;

④ 有足够的技术、财务资源和其他资源支持,以完成该无形资产的开发,并有能力使用或出售该无形资产;

⑤ 归属于该无形资产开发阶段的支出能够可靠地计量。

（3）会计核算

设置"研发支出"科目。该科目核算企业进行研究与开发无形资产过程中发生的各项支出。企业自行开发无形资产发生的研发支出,不满足资本化条件的,借记本科目（费用化支出）,满足资本化条件的,借记本科目（资本化支出）,贷记"原材料""银行存款""应付职工薪酬"等科目。本科目应当按照研究开发项目,分别以"费用化支出"与"资本化支出"进行明细核算。

① 企业自行开发无形资产发生的研发支出

借：研发支出——费用化支出（不满足资本化条件）

　　研发支出——资本化支出（满足资本化条件）

　　贷：原材料、银行存款、应付职工薪酬等

② 期（月）末,应将该科目归集的费用化支出金额转入"管理费用"科目

借：管理费用

　　贷：研发支出——费用化支出（不满足资本化条件）

③ 研究开发项目达到预定用途形成无形资产时

借：无形资产

　　贷：研发支出——资本化支出（满足资本化条件）

【例 3-19】　黄河有限公司自行研究开发一项新产品专利技术,在研究开发过程中发生材料费 300 万元、人工工资 100 万元,以银行存款支付其他费用 250 万元,总计 650 万元,其中,符合资本化条件的支出为 500 万元,期末,该专利技术已经达到预定用途。

（1）发生费用化支出和资本化支出

借：研发支出——费用化支出	1 500 000
——资本化支出	5 000 000
贷：原材料	3 000 000
应付职工薪酬	1 000 000
银行存款	2 500 000

（2）开发完毕转入无形资产,并将费用化支出转入管理费用

借：管理费用	1 500 000
无形资产	5 000 000
贷：研发支出——费用化支出	1 500 000
——资本化支出	5 000 000

完成任务

1.【分录题】　蓝天有限公司从真田食品有限公司购入一项专利权,按照协议约定以转账方式支付,实际支付的价款为 100 000 元,并支付税款 6 000 元和有关专业服务费用 6 000 元,款项已通过银行转账支付。要求编制相关会计分录。

2.【**分录题**】　天天面业有限公司于 2014 年 9 月开始研究一项应用技术,发生研究费用 20 万元,其中发生材料消耗 10 万元,应付研发人员工资及社会保险费 6 万元,以银行存款支付差旅费 4 万元。同年 12 月进入开发阶段,在这一阶段消耗材料费 18 万元,研发人员工资及社会保险费 20 万元,以银行存款支付其他费用 5 万元。开发阶段发生的支出符合《企业会计准则第 6 号——无形资产》规定的开发支出资本化条件。到 2015 年 10 月,该项目已达预定用途满足转为无形资产的全部条件,并办理了专利申请手续。要求编制相关的会计分录。

(1) 研究阶段发生费用化支出时会计分录,包括领用的原材料、工资及社会保险费、差旅费。

(2) 期末,结转本期归集的费用化支出时会计分录。

(3) 开发阶段发生的资本化支出时会计分录。

(4) 结转确认为无形资产时会计分录。

学习小结与测评

1. 本任务知识点:＿＿＿＿＿＿＿＿＿＿＿＿＿＿＿＿＿＿＿＿＿＿＿＿＿＿＿＿＿

＿＿＿＿＿＿＿＿＿＿＿＿＿＿＿＿＿＿＿＿＿＿＿＿＿＿＿＿＿＿＿＿＿＿＿＿＿

2. 请选择下面图形前的编码:

A. ★★　　　　B. ★★★　　　　C. ★★★★　　　　D. ★★★★★

(1) 在完成学习任务的认真程度上,我选(　　　);

(2) 在知识的理解与运用上,我选(　　　);

(3) 在与大家的合作过程中,我选(　　　)。

项目七　无形资产摊销的核算

岗位任务

熟知摊销的相关规定,会计算摊销额并进行账务处理。

岗位知识

一、无形资产摊销金额的确定

无形资产的应摊销金额为其成本扣除预计残值后的金额。已计提减值准备的无形资产,还应扣除已计提的无形资产减值准备累计金额。

无形资产应摊销总金额＝入账价值－残值－无形资产减值准备。

式中,残值:一般为零但下列情况除外。

(1) 有第三方承诺在无形资产使用寿命结束时购买该无形资产;

(2) 可以根据活跃市场得到预计残值信息,并且该市场在无形资产使用寿命结束时很可能存在。

无形资产每月摊销额＝应摊销总金额/使用年限/12(直线法)

二、无形资产摊销的相关规定

1. 估计使用寿命

无形资产的使用寿命如为有限的,应当估计该使用寿命的年限或者构成使用寿命的产量等类似计量单位数量;同时进行摊销。无法预见无形资产为企业带来经济利益期限的,应当视为使用寿命不确定的无形资产,不需要进行摊销,但是需要在每年年末进行减值测试。企业至少应当于每年年度终了,对无形资产的使用寿命及摊销方法进行复核,如果有证据表明无形资产的使用寿命及摊销方法不同于以前的估计,则对于使用寿命有限的无形资产,应改变其摊销年限及摊销方法,并按照会计估计变更进行处理。

2. 无形资产摊销时间

无形资产的摊销期自其可供使用时开始至终止确认时止,取得当月起在预计使用年限内合理摊销,处置无形资产的当月不再摊销。

3. 无形资产摊销方法

无形资产摊销方法包括直线法、产量法等。企业选择的无形资产摊销方法,应当能够反映与该项无形资产有关的经济利益的预期实现方式,并一致地运用于不同会计期间;无法可靠确定其预期实现方式的,应当采用直线法进行摊销。

4. 无形资产的残值

无形资产的残值一般为零,除非有第三方承诺在无形资产使用寿命结束时愿意以一定的价格购买该项无形资产,或者存在活跃的市场,通过市场可以得到无形资产使用寿命结束时的残值信息,并且从目前情况看,在无形资产使用寿命结束时,该市场还可能存在的情况下,可以预计无形资产的残值。

残值确定以后,在持有无形资产的期间内,至少应于每年年末进行复核,预计其残值与原估计金额不同的,应按照会计估计变更进行处理。如果无形资产的残值重新估计以后高于其账面价值的,则无形资产不再摊销,直至残值降至低于账面价值时再恢复摊销。

三、无形资产摊销的会计处理

无形资产摊销应借记"管理费用""制造费用""销售费用""其他业务成本""研发支出"科目,贷记"累计摊销"科目。

(1) 无形资产的摊销金额一般应当计入当期损益(管理费用、其他业务成本等)。

(2) 某项无形资产包含的经济利益通过所生产的产品或其他资产实现的,其摊销金额应当计入相关资产的成本。

$$应摊销金额＝成本－预计残值$$

借:管理费用(生产经营及管理用)

　　制造费用(生产产品用)

　　其他业务成本(出租无形资产)

　　贷:累计摊销

【例3-20】　甲公司2015年9月20日购入一项专利技术,取得增值税专用发票,价款60万元,增值税税率为6%,以银行存款支付。估计该专利技术可使用年限为10年。预计净残值为0。

(1) 取得无形资产时

借：无形资产   600 000

　　应交税费——应交增值税(进项税额)   36 000

　　贷：银行存款   636 000

(2) 按10年摊销,计提当月摊销额

当月摊销额＝600 000÷10÷12＝5 000(元)

借：管理费用   5 000

　　贷：累计摊销   5 000

完成任务

1.【计算分析题】 2015年10月13日,天天面业有限公司以银行存款200 000元购入一项外观设计专利,该无形资产法律规定的使用年限为10年。假定该项无形资产的净残值为0,计算2015年10月份的摊销额并编制当月摊销时的会计分录。

2.【计算分析题】 2015年10月20日,蓝天有限公司购入某项专利权的成本为600 000元,估计使用寿命为10年,该项专利用于产品的生产。假定该项无形资产的净残值为0,编制购入及当月摊销时的会计分录。

学习小结与测评

1. 本任务知识点：_____

_____

2. 请选择下面图形前的编码：

A. ★★   B. ★★★   C. ★★★★   D. ★★★★★

(1) 在完成学习任务的认真程度上,我选(   );

(2) 在知识的理解与运用上,我选(   );

(3) 在与大家的合作过程中,我选(   )。

项目八　无形资产处置与减值的核算

岗位任务

掌握无形资产出售、出租及报废与减值的核算。

岗位知识

无形资产处置主要包括无形资产出售、出租及报废的处理。

一、无形资产处置的核算

1. 出售无形资产

企业出售无形资产,应该将取得的价款与该无形资产账面价值(成本减去累计摊销和已计提的减值准备)的差额,确认为处置非流动资产的利得或者损失,计入当期营业外收支。与固定资产处置性质相同,计入当期损益。

借:银行存款

　　累计摊销

　　无形资产减值准备

　　贷:无形资产

　　　　营业外收入——处置非流动资产利得(处置损失为营业外支出,记在借方)

【例3-21】　2015年10月20日,黄河有限公司出售一块土地的使用权,该土地使用权的账面价值为100万元,已计提累计摊销50万元,出售价款80万元(不含税)。适用的增值税税率为11%

借:银行存款　　　　　　　　　　　　　　　　　　888 000

　　累计摊销　　　　　　　　　　　　　　　　　　500 000

　　贷:无形资产　　　　　　　　　　　　　　　　　1 000 000

　　　　应交税费——应交增值税(销项税额)　　　　　88 000

　　　　营业外收入——处置非流动资产利得　　　　　300 000

2. 无形资产出租

无形资产出租,即让渡无形资产使用权,属于与日常活动相关的其他经营活动。企业让渡无形资产使用权形成的租金收入计入"其他业务收入"科目,发生的相关费用计入"其他业务成本"科目。

【例3-22】　黄河有限公司持有的一项无形资产出租给某单位使用,当月取得租金收入20 000元,已存入银行,当期该项无形资产摊销额为4 000元,编制当月摊销分录。(不考虑相关税费)

(1) 取得租金

借:银行存款　　　　　　　　　　　　　　　　　　20 000

　　贷:其他业务收入　　　　　　　　　　　　　　　20 000

(2) 当月摊销

借:其他业务成本　　　　　　　　　　　　　　　　4 000

　　贷:累计摊销　　　　　　　　　　　　　　　　　4 000

3. 无形资产报废

如果无形资产预期不能为企业带来经济利益,如该无形资产已被其他新技术所代替,则应将其报废并予以转销,其账面价值转作当期损益。转销时,应该按照已计提的累计摊销,借记"累计摊销"科目;按其账面余额,贷记"无形资产"科目;按其差额借记"营业外支出"科目。已计提减值准备的,还应该同时结转减值准备。

借:累计摊销

　　无形资产减值准备

　　营业外支出

　　　　贷：无形资产

【例 3-23】 黄河有限公司的一项专利权，由于科学技术的进步，该专利技术预期不能为企业带来经济利益，需要转销。该项无形资产的入账价值为 400 000 元，已计提累计摊销280 000 元，没有计提减值准备，则账务处理如下。

　　　借：累计摊销　　　　　　　　　　　　　　　　280 000
　　　　　营业外支出　　　　　　　　　　　　　　　　120 000
　　　　　贷：无形资产　　　　　　　　　　　　　　　　　　400 000

二、无形资产减值损失的核算

1. 无形资产减值损失的测定

无形资产的价值具有很大的不确定性，技术进步的加快和市场环境的瞬息变化都有可能使无形资产的价值下跌。所以，无形资产的期末计价与固定资产基本相同，都要在资产负债表日判断无形资产是否存在减值现象，如果无形资产的预计可收回金额低于其账面价值，则应当计提无形资产减值准备。

　　　　无形资产的减值损失＝某项无形资产的账面价值－可收回金额

2. 无形资产减值的账务处理

企业无形资产的减值准备，通过"无形资产减值准备"科目核算。

"无形资产减值准备"科目核算企业无形资产发生减值时计提的减值准备，该科目属于资产类中的备抵科目。本科目期末贷方余额，反映企业已计提但尚未转销的无形资产减值准备。资产负债表日，无形资产发生减值的，按应减记的金额，借记"资产减值损失"科目，贷记"无形资产减值准备"科目。处置无形资产还应同时结转减值准备。无形资产减值一经提取，不得转回。

　　　借：资产减值损失——无形资产减值损失
　　　　　贷：无形资产减值准备

【例 3-24】 黄河有限公司 2015 年 10 月 12 日用银行存款 300 000 元购入一项无形资产，公司无法预见该无形资产为企业带来经济利益期限。2015 年 12 月 31 日，该无形资产的可收回金额为 200 000 元。要求计算并编制相关会计分录。

　　（1）借：无形资产　　　　　　　　　　　　　　　300 000
　　　　　　　贷：银行存款　　　　　　　　　　　　　　　　300 000
　　（2）借：资产减值损失　　　　　　　　　　　　　　100 000
　　　　　　　贷：无形资产减值准备　　　　　　　　　　　　100 000

【例 3-25】 2014 年 1 月 1 日，黄河有限公司外购非生产用专利一项，实际支付的价款为60 万元。估计该专利尚可使用年限为 5 年。2015 年 12 月 31 日，由于与该专利相关的经济因素发生不利变化，致使该专利发生价值减值。估计其可收回金额为 21 万元。2017 年 1 月1 日，将该无形资产对外出售，取得价款 12 万元并收存银行。假定不考虑相关税费的影响。要求：编制从无形资产购入到无形资产出售相关业务的会计分录。

　　（1）2014 年 1 月 1 日购入时

　　　　借：无形资产　　　　　　　　　　　　　　　　600 000
　　　　　　贷：银行存款　　　　　　　　　　　　　　　　　600 000

（2）2014 年摊销时

预计使用年限为 5 年，因此，应按 5 年进行摊销，每年摊销 12 万元。

借：管理费用　　　　　　　　　　　　　　　120 000

　　贷：累计摊销　　　　　　　　　　　　　　　　　120 000

（3）2015 年摊销时

借：管理费用　　　　　　　　　　　　　　　120 000

　　贷：累计摊销　　　　　　　　　　　　　　　　　120 000

（4）2015 年计提减值准备

2015 年 12 月 31 日，无形资产的摊余价值为 36 万元，估计其可收回金额为 21 万元，该无形资产应计提减值准备 15 万元。

借：资产减值损失　　　　　　　　　　　　　150 000

　　贷：无形资产减值准备　　　　　　　　　　　　　150 000

（5）2016 年摊销时

2016 年 1 月 1 日无形资产的账面价值为 21 万元，在剩余 3 年内每年摊销 7 万元。

借：管理费用　　　　　　　　　　　　　　　70 000

　　贷：累计摊销　　　　　　　　　　　　　　　　　70 000

（6）2017 年 1 月 1 日出售时

借：银行存款　　　　　　　　　　　　　　　120 000

　　累计摊销　　　　　　　　　　　　　　　310 000

　　无形资产减值准备　　　　　　　　　　　150 000

　　营业外支出　　　　　　　　　　　　　　20 000

　　贷：无形资产　　　　　　　　　　　　　　　　　600 000

完成任务

1．【分录题】　天天面业有限公司转让拥有的无形资产一项，取得收入 60 万元，该无形资产取得时的成本为 90 万元，已摊销 27 万元，已计提减值准备 10 万元，假定不考虑相关税费，编制相关分录。

2．【计算分析题】　2015 年 7 月 31 日，市场上某技术生产的产品销售势头较好，已对甲公司产品的销售产生重大不利影响。甲公司外购的类似专利技术的账面原值为 160 万元，摊销年限为 10 年，已摊销年限为 5 年，采用直线法摊销。2015 年 12 月 31 日，经减值测试，该专利技术的可收回金额为 75 万元。要求：判断该专利技术是否计提减值准备。

学习小结与测评

1．本任务知识点：_____

_____

2．请选择下面图形前的编码：

　　A. ★★　　　　　B. ★★★　　　　　C. ★★★★　　　　D. ★★★★★

（1）在完成学习任务的认真程度上，我选（　　　）；

（2）在知识的理解与运用上，我选（　　　）；

（3）在与大家的合作过程中,我选(　　)。

职业能力训练

一、单项选择题(每小题 2 分,共 20 分。每小题备选答案中,只有一个符合题意的正确答案。多选、错选、不选均不得分)

1. 下列固定资产中当月应计提折旧的有(　　)。

    A. 以经营租赁方式租出的汽车　　　　B. 当月购入并投入使用的机器

    C. 已提足折旧的厂房　　　　　　　　D. 单独计价入账的土地

2. 计提固定资产折旧时,可以先不考虑固定资产残值的方法是(　　)。

    A. 年限平均法　　　　B. 工作量法　　　　C. 双倍余额递减法　D. 年数总和法

3. 固定资产报废清理后发生的净损失,应计入(　　)。

    A. 投资收益　　　　B. 管理费用　　　　C. 营业外支出　　　D. 其他业务成本

4. 企业购入需要安装的固定资产,不论采用何种安装方式,固定资产的全部安装成本(包括固定资产买价以及包装运杂费和安装费)均应通过(　　)账户进行核算。

    A. 固定资产　　　　B. 在建工程　　　　C. 工程物资　　　　D. 长期投资

5. 企业 2015 年 10 月 22 日一生产线投入使用,该生产线成本 740 万元,预计使用 5 年,预计净残值 20 万元,采用年数总和法计提折旧的情况下,2015 年该设备应计提的折旧为(　　)万元。

    A. 40　　　　　　　B. 14　　　　　　　C. 12　　　　　　　D. 20

6. 某企业为增值税一般纳税人,自建一幢仓库,购入工程物资 200 万元,增值税税额为 34 万元,已全部用于建造仓库;耗用库存材料 50 万元,应负担的增值税税额为 8.5 万元;支付建筑工人工资 36 万元。该仓库建造完成并达到预定可使用状态,其入账价值为(　　)万元。

    A. 250　　　　　　B. 292.5　　　　　C. 286　　　　　　D. 328.5

7. 某企业购进一台设备,该设备的入账价值为 100 万元,预计净残值为 5.60 万元,预计使用年限为 5 年。在采用双倍余额递减法计提折旧的情况下,该项设备第三年应提折旧额为(　　)万元。

    A. 24　　　　　　　B. 14.4　　　　　　C. 20　　　　　　　D. 8

8. 某企业以 100 万元购入 A、B、C 三项没有单独标价的固定资产。这三项资产的公允价值分别为 30 万元、40 万元和 50 万元。则 A 固定资产的入账成本为(　　)万元。

    A. 120　　　　　　B. 100　　　　　　C. 30　　　　　　　D. 25

9. 某企业出售一台设备(不考虑相关税金),原价 160 000 元,已提折旧 45 000 元,出售设备时发生各种清理费用 3 000 元,出售设备所得价款 113 000 元。则该设备出售净收益为(　　)元。

    A. −2 000　　　　　B. 2 000　　　　　C. 5 000　　　　　D. −5 000

10. 2014 年 12 月 20 日,甲公司购入一台不需要安装的机器设备,价款 100 000 元,增值税 17 000 元,另支付运杂费 2 000 元,包装费 1 000 元,款项均以银行存款支付。甲公司购入设备时的入账价值为(　　)元。

    A. 120 000　　　　　B. 102 000　　　　　C. 101 000　　　　　D. 103 000

二、多项选择题(每小题 2 分,共 20 分。每小题备选答案中,有两个或两个以上符合题意的正确答案。多选、错选、不选均不得分)

1. 购入的固定资产,其入账价值包括(　　)。
    A. 买价　　　　　B. 安装成本　　　　　C. 包装费　　　　　D. 进口关税

2. 下列关于固定资产计提折旧的表述中,正确的有(　　)。
    A. 提前报废的固定资产不再补提折旧
    B. 固定资产折旧方法一经确定不得改变
    C. 已提足折旧但仍继续使用的固定资产不再计提折旧
    D. 自行建造的固定资产应自办理竣工决算时开始计提折旧

3. 计提固定资产折旧可能涉及的借方科目有(　　)。
    A. 制造费用　　　　　B. 销售费用　　　　　C. 管理费用　　　　　D. 其他业务成本

4. 下列各项中,会引起固定资产账面价值发生变化的有(　　)。
    A. 计提固定资产减值准备　　　　　B. 计提固定资产折旧
    C. 固定资产费用化的后续支出　　　　　D. 固定资产资本化的后续支出

5. 在采用自营方式建造固定资产的情况下,下列项目中应计入固定资产取得成本的有(　　)。
    A. 工程项目耗用的工程物资
    B. 在建工程人员工资
    C. 生产车间为工程提供的水、电等费用
    D. 企业行政管理部门为组织和管理生产经营活动而发生的费用

6. 下列各项中,应计提固定资产折旧的有(　　)。
    A. 经营租入的设备
    B. 融资租入的办公楼
    C. 已投入使用但未办理竣工决算的厂房
    D. 已达到预定可使用状态但未投产的生产线

7. 下列项目中,影响固定资产计提折旧的因素有(　　)。
    A. 固定资产原价　　　　　　　　B. 预计净残值
    C. 固定资产减值准备　　　　　　D. 固定资产的使用寿命

8. 下列项目中,应计入固定资产入账价值的有(　　)。
    A. 固定资产购入时支付的运杂费
    B. 固定资产安装过程中发生的各种材料、工资等费用
    C. 固定资产日常修理期间发生的修理费
    D. 固定资产改良过程中发生的材料费

9. 下列各项中,不会引起无形资产账面价值发生增减变动的有(　　)。
    A. 对无形资产计提减值准备
    B. 企业内部研究开发项目研究阶段发生的支出
    C. 摊销无形资产成本
    D. 企业内部研究开发项目开发阶段发生的支出不满足无形资产确认条件

10. 下列关于无形资产摊销的表述中,正确的有( )。

　　A. 使用寿命不确定的无形资产不需要进行摊销处理

　　B. 已计提减值准备的无形资产应以减值后的余额作为摊销的基础

　　C. 已计提减值准备的无形资产仍应以原入账价值作为摊销的基础

　　D. 无形资产使用年限发生变更的,应按变更时的账面价值和变更后的剩余年限进行摊销

三、判断题(每小题1分,共10分)

1. 企业外购的固定资产,应按实际支付的购买价款、相关税费、使固定资产达到预定可使用状态前所发生的可归属于该项资产的运输费、装卸费、安装费、专业人员服务费和员工培训费等,作为固定资产的取得成本。( )

2. 企业以一笔款项购入多项没有单独标价的固定资产时,应按各项固定资产账面价值的比例对总成本进行分配,分别确定各项固定资产的成本。( )

3. 在不考虑计提固定资产减值准备的情况下,某项固定资产期满报废时,无论采用年限平均法,还是采用加速折旧法,其累计折旧额一定等于该项固定资产应计提折旧总额。

4. 盘盈的固定资产通过"待处理财产损溢"科目核算,其净收益计入当期营业外收入。( )

5. 企业发生固定资产盘亏、盘盈时,应通过"固定资产清理"账户核算。( )

6. 与固定资产有关的后续支出,无论金额大小,均应计入固定资产成本。( )

7. 企业开发阶段发生的支出应全部资本化,计入无形资产成本。( )

8. 企业出售无形资产,应将所得价款与该项无形资产的账面价值以及出售相关税费后的差额,计入当期损益(营业外收入或营业外支出)。( )

9. 对于使用寿命有限的无形资产应当自可供使用(即其达到预定用途)下月起开始摊销,处置当月不再摊销。( )

10. 已达到预定可使用状态但尚未办理竣工决算的固定资产,应当按照估计价值确定其成本,并计提折旧;待办理竣工决算后,再按实际成本调整原来的暂估价值,但不需要调整原已计提的折旧额。( )

四、计算分析题(共50分)

1. 某公司销售部门有一台使用中的设备,原价为200 000元,预计使用年限为5年,估计残值收入为20 000元,清理费用为5 000元。

要求:根据年数总和法和双倍余额递减法计算各年的固定资产折旧额。(10分)

2. 甲公司2015年10月初累计折旧科目余额为36万元,其中生产车间20万元,管理部门16万元,10月份固定资产增减业务如下:

(1) 生产车间的一台设备,采用年限平均法计提折旧。该设备原价120万元,预计使用10年,预计净残值为6万元。

(2) 厂部新办公楼交付使用,采用年限平均法计提折旧。该办公楼原价800万元,预计使用年限20年,预计净残值30万元。

(3) 公司总部的一辆轿车使用期满予以报废。该轿车原价74万元,净残值2万元,该轿车预计总工作量为50万公里,10月份工作量为4 000公里。采用工作量法计提折旧。

假定2015年11月份未发生固定资产增减业务,不考虑其他固定资产的折旧。

要求：（答案中的金额单位用万元表示）（共 20 分）

（1）计算甲公司 2015 年 11 月份应计提的折旧额。

（2）编制甲公司 2015 年 11 月份计提折旧的会计分录。

3. 甲公司为一项新产品专利技术进行研究开发活动。2014 年发生如下业务。

（1）2014 年 1 月，为获取知识而进行的活动发生差旅费 20 万元，以现金支付；

（2）2014 年 3 月，为改进材料、设备而发生费用 30 万元，以银行存款支付；

（3）2014 年 6 月，在开发过程中发生材料费 40 万元、人工工资 30 万元，以及其他费用 30 万元，合计 100 万元，其中，符合资本化条件的支出为 80 万元；

（4）2014 年 7 月，该专利技术已经达到预定用途，并交付生产车间用于产品。预计使用年限为 5 年，采用直线法摊销。

要求：编制研发支出相关会计分录，以及有关无形资产摊销的会计分录（假定按年摊销）。（20 分）

固定资产与无形资产业务核算小结

- 业务内容：外购固定资产（动产）

业 务 内 容		账 务 处 理
不需要安装		借：固定资产——生产经营用固定资产 　　应交税费——应交增值税（进项税额） 　　贷：银行存款等
需要安装	支付购置价款	借：在建工程 　　应交税费——应交增值税（进项税额） 　　贷：银行存款等
	发生安装费用	借：在建工程 　　贷：银行存款、原材料、库存商品等
	交付使用	借：固定资产 　　贷：在建工程

- 业务内容：自行建造固定资产（不动产）

业 务 内 容	账 务 处 理
购入工程物资，验收入库	借：工程物资 　　贷：银行存款等
领用工程物资	借：在建工程——建筑工程等 　　贷：工程物资
领用库存材料	借：在建工程 　　贷：原材料（成本） 　　　　应交税费——应交增值税（进项税额转出）
领用库存商品	借：在建工程——建筑工程（成本＋销项税额） 　　贷：库存商品（成本） 　　　　应交税费——应交增值税（销项税额）（售价×税率）

续表

业 务 内 容	账 务 处 理
结转人工费用	借：在建工程 贷：应付职工薪酬
交付使用	借：固定资产 贷：在建工程——建筑工程

• 业务内容：计提折旧

业 务 内 容	账 务 处 理
计提折旧	借：制造费用（车间用固定资产折旧） 管理费用（厂部用固定资产折旧） 销售费用（专设销售机构固定资产折旧） 其他业务成本（经营性出租固定资产折旧） 研发支出（研究开发无形资产的固定资产折旧） 贷：累计折旧

• 业务内容：固定资产后续支出

业 务 内 容		账 务 处 理
固定资产修理（费用化支出）		借：管理费用（企业生产车间和行政管理部门） 销售费用（专设销售机构） 贷：银行存款
固定资产改扩建和改良（资本化支出）	将固定资产转入改扩建工程	借：在建工程 累计折旧 固定资产减值准备 贷：固定资产
	支付工程款	借：在建工程 贷：银行存款等
	完工转入固定资产	借：固定资产 贷：在建工程

• 业务内容：固定资产处置

业 务 内 容	账 务 处 理
将出售、报废、毁损的固定资产转入清理	借：固定资产清理 累计折旧 固定资产减值准备 贷：固定资产
发生的清理费用和相关税费	借：固定资产清理 贷：银行存款 应交税费

续表

业务内容	账务处理
处置收入和残料入库	借：银行存款 　　原材料 　贷：固定资产清理
结转处理净损益	净收益： 　借：固定资产清理 　　贷：营业外收入——固定资产清理收益 净损失： 　借：营业外支出——固定资产清理损失 　　贷：固定资产清理

- 业务内容：固定资产清查

业务内容	账务处理
固定资产盘亏	(1) 批准前 借：待处理财产损溢——待处理固定资产损溢 　　累计折旧(已提折旧) 　　固定资产减值准备(已提减值准备) 　贷：固定资产(账面原值) (2) 批准后 借：其他应收款(保险公司或责任人赔偿部分) 　　营业外支出——盘亏损失(净损失) 　贷：待处理财产损溢——待处理固定资产损溢
固定资产盘盈	(1) 盘盈时： 　借：固定资产(重置价值－估计折旧) 　　贷：以前年度损益调整 (2) 经审核批准后，计提所得税费用： 　借：以前年度损益调整 　　贷：应交税费——应交所得税(调整额×所得税税率) (3) 补提法定盈余公积后，余额转入"利润分配"账户： 　借：以前年度损益调整 　　贷：盈余公积——法定盈余公积 　　　利润分配——未分配利润
固定资产减值	借：资产减值损失——固定资产减值 　贷：固定资产减值准备

- 无形资产业务核算实训指导

业务内容	账务处理
外购无形资产	借：无形资产 　贷：银行存款、应付账款、应付票据等

续表

业 务 内 容		账 务 处 理
自形开发无形资产	发生研究过程中的支出	借：研发支出——费用化支出 　　贷：银行存款 　　　　应付职工薪酬 　　　　原材料等
	发生开发过程中的支出	借：研发支出——费用化支出（不符合资本化条件的支出） 　　　　　　——资本化支出（符合资本化条件的支出） 　　贷：银行存款 　　　　应付职工薪酬 　　　　原材料等
	期末结转本期归集的费用化支出	借：管理费用——研究费用 　　贷：研发支出——费用化支出
	结转资本化支出	借：无形资产 　　贷：研发支出——资本化支出 　　　　银行存款（支付的相关费用）
无形资产摊销		借：管理费用（生产经营及管理用） 　　制造费用（生产产品用） 　　其他业务成本（出租无形资产） 　　贷：累计摊销
无形资产处置		借：银行存款 　　累计摊销 　　无形资产减值准备 　　贷：无形资产 　　　　营业外收入——处置非流动资产利得 （若是处置损失，则用营业外支出——处置非流动资产损失，记在借方）
无形资产减值		借：资产减值损失——无形资产减值损失 　　贷：无形资产减值准备

岗位四
往来业务岗位核算

学习任务导航

项目一　应收及预付款项认知

岗位任务

熟知应收及预付款项的基本内容、计量原则。

岗位知识

一、应收及预付款项的内容

应收和预付款项是企业在日常生产经营过程中发生的各项债权,是企业资产的一个重要组成部分。应收款项属于企业的短期债权,是企业因销售商品、提供劳务而产生的应收未收款项以及经营中其他应收和暂付款项,主要包括应收账款、应收票据、其他应收款、应收股利、应收利息等。

应收款项是企业为了吸引客户,直接给客户提供信用而产生的权利,常见的有应收账款和应收票据;其他应收款是指企业应收其他单位的租金、存出保证金(押金)或应收个人的款项等;预付账款是企业按照合同规定,预先支付给供货方或施工单位的货款或工程款。

二、应收及预付款项的计量原则

应收及预付款应当按照实际发生额记账，并按照往来客户设置明细账，进行明细核算。带息的应收款项，应于期末按照本金（或票面价值）与确定的利率计算的金额，增加其账面余额，并确认为利息收入，计入当期损益。到期不能收回的应收票据，应按其账面余额转入应收账款，并不再计提利息。企业将应收债权与债务重组的，应按《企业会计准则第 12 号——债务重组》等相关规定处理。资产负债表日，企业对应收款项（一般不包括应收票据）计提坏账准备。坏账准备应当单独核算，在资产负债表中，应收款项按照减去已计提的坏账准备后的净额反映。

完成任务

下面哪些属于企业的应收及预付款项？

☐ 应收票据　　　　☐ 应收账款　　　　☐ 应付票据
☐ 预收账款　　　　☐ 其他应收款　　　☐ 其他应付款
☐ 预付账款　　　　☐ 应付账款　　　　☐ 应收股利

学习小结与测评

1. 本任务知识点：＿＿＿＿＿＿＿＿＿＿＿＿＿＿＿＿＿＿＿＿＿＿＿

＿＿＿＿＿＿＿＿＿＿＿＿＿＿＿＿＿＿＿＿＿＿＿＿＿＿＿＿＿＿＿＿

2. 请选择下面图形前的编码：

A. ★★　　　B. ★★★　　　C. ★★★★　　　D. ★★★★★

（1）在完成学习任务的认真程度上，我选（　　）；

（2）在知识的理解与运用上，我选（　　）；

（3）在与大家的合作过程中，我选（　　）。

项目二　应收账款的核算

岗位任务

掌握应收账款确认、计量与核算。

岗位知识

一、应收账款的含义

应收账款是指企业因销售商品、提供劳务等经营活动，应向购货单位或接受劳务单位收取的款项，主要包括企业销售商品或提供劳务等应向有关债务人收取的价税款及代购货单位垫付的包装费、运杂费等。

对于应收账款的处理，主要解决两个方面的问题，即入账时间和入账金额。前者称为应收账款的确认，后者称为应收账款的计价，应收账款应在销售收入确认时按实际发生额同时入账。但需要注意的是,在确定应收账款的入账价值时,还应当考虑商业折扣和现金折扣等因素。根据《企业会计准则第 22 号——金融工具的确认与计量》应用指南规定,对一般企业对外销售商品或提供劳务形成的应收债权,应将从购货方应收的合同或协议价款作为初始入账金额,但应收合同或协议价款不公允的除外。

二、设置"应收账款"账户

为了核算和监督企业因销售商品、提供劳务等经营活动形成的债权,企业应设置"应收账款"科目。

"应收账款"账户属于资产类账户,用以核算企业因销售商品、提供劳务等经营活动应收取的款项。该账户借方登记由于销售商品以及提供劳务等发生的应收账款,包括应收取的价款、税款和代垫款等;贷方登记已经收回的应收账款。期末余额通常在借方,反映企业尚未收回的应收账款;期末余额如果在贷方,反映企业预收的账款。该账户应按不同的债务人进行明细分类核算。

不单独设置"预收账款"账户的企业,其预收款项也在本科目核算。

由于应收账款是因为赊销业务而产生的,因此其入账时间与确认销售收入的时间是一致的,具体入账时间可以根据确认收入实现的时间来定。

三、应收账款折扣的处理

(一) 折扣种类

应收账款通常应按交易实际发生的金额计价入账,通常应以从购货方应收的合同或协议价款作为初始确认金额。计价时还需要考虑商业折扣和现金折扣等因素。

(二) 折扣的表示方法

1. 商业折扣

商业折扣是指企业为了促销或为了尽快出售一些残次、陈旧、冷门的商品而在商品标价上给予的折扣。商业折扣作为一种促销手段,是在交易成立及实际付款之前予以扣除,因此,对应收账款和销售收入均不产生影响。在商业折扣的情况下,企业销售商品时,商品价目单上扣除商业折扣后的净额才是真正的销售价格,按此确认销售收入和应收账款。商业折扣以百分数来表示,比如购买 2 件以上商品打 9 折,其实是优惠了 10%。

2. 现金折扣

现金折扣是指在赊销方式下,企业为了鼓励债务人提前偿付债务而设置的一种折扣优待。现金折扣是在销售后发生的。现金折扣一般用"折扣率/付款期限"来表示。例如,"2/10,1/20,n/30"表示:债务人在 10 天内付款的,销货企业将按商品价款或价税款合计给债务人 2% 的折扣;如在第 11 天至第 20 天内付款的,将给予 1% 的折扣;超过 20 天付款则不再享受优惠,企业允许客户最长付款期限为 30 天。现金折扣对于销货企业称为销货折扣,对于购货企业称为购货折扣。

四、现金折扣条件下，应收账款入账价值的确定

现金折扣条件下，应收账款入账价值的确定有总价法和净价法两种。

1. 总价法

总价法是将未扣减现金折扣前的金额作为应收账款的入账价值。现金折扣只有客户在折扣期内支付货款时，才予以确认。在这种方法下，销售方把给予客户的现金折扣视为融资的理财费用。会计上作为借记"财务费用"处理。

2. 净价法

净价法是将扣减现金折扣后的金额作为实际售价，据以确认应收账款的入账价值。这种方法是把客户取得折扣视为正常现象，认为客户一般都会提前付款，而将由于客户超过折扣期限而多收入的金额，视为提供信贷获得的收入，冲减当期的财务费用。

按照我国会计准则要求，应收账款只能采用总价法确认，即现金折扣不影响应收账款的入账价值，实际发生现金折扣时，作为财务费用计入当期损益。

五、应收账款的账务处理

1. 无折扣条件

企业发生的应收账款，在没有商业折扣的情况下，按应收的全部金额入账。

因销售商品、提供劳务等发生应收账款时

借：应收账款（按应收取的全部金额）

　　贷：主营业务收入（按实现的营业收入）

　　　　应交税费——应交增值税（销项税额）（按专用发票上注明的增值税额）

　　　　银行存款（按代垫包装费、运杂费等）

2. 有商业折扣条件

在有商业折扣的情况下，应按扣除商业折扣后的金额入账；商业折扣的金额不必进行账务处理。

3. 有现金折扣条件

在有现金折扣的情况下，采用总价法入账，在确定应收账款的入账金额时不必考虑现金折扣，真正发生现金折扣时，列入"财务费用"处理。

借：银行存款（按收回的价税款和各种代垫款项）

　　财务费用（按对方享受的现金折扣）

　　贷：应收账款

【例4-1】 蓝天有限公司2015年10月8日向微笑实业股份有限公司销售产品一批，发票上注明：价款10万元，增值税1.7万元，付款条件为：2/10，1/20，n/30（按售价计算现金折扣，不含增值税），商品已发出，办好托收手续。请按以下三种情况分别进行账务处理。

(1) 若2015年10月16日，收妥货项，存入银行。则满足优惠2%的条件。

$$现金折扣额 = 100\,000 \times 2\% = 2\,000（元）$$

$$实际收款额 = 117\,000 - 2\,000 = 115\,000（元）$$

借：银行存款　　　　　　　　　　　　　　　115 000

　　财务费用　　　　　　　　　　　　　　　　2 000

　　　　　贷：应收账款——微笑实业股份有限公司　　　　　　　117 000

　　（2）若 2015 年 10 月 20 日，收妥款项，存入银行。则满足优惠 1%的条件。

　　　　　　现金折扣额＝100 000×1%＝1 000(元)

　　　　　　实际收款额＝117 000－1 000＝116 000(元)

　　　借：银行存款　　　　　　　　　　　　　　　　　116 000

　　　　　财务费用　　　　　　　　　　　　　　　　　　1 000

　　　　　贷：应收账款——微笑实业股份有限公司　　　　　　　117 000

　　（3）若 2015 年 10 月 30 日收妥款项，存入银行。则不能享受优惠条件，但仍在 30 天的信用期内。全额收回货款。

　　　借：银行存款　　　　　　　　　　　　　　　　　117 000

　　　　　贷：应收账款——微笑实业股份有限公司　　　　　　　117 000

4．有商业折扣又有现金折扣条件

　　在有商业折扣又有现金折扣条件下，应收账款应按扣除商业折扣后的金额入账，在发生现金折扣时，列入"财务费用"处理。

完成任务

　　1．【单选题】　某企业销售商品一批，增值税专用发票上注明的价款为 60 万元，适用的增值税税率为 17%，为购买方代垫运杂费 2 万元，款项尚未收回。该企业确认的应收账款为(　　)万元。

　　　A．60　　　　　　　　B．62　　　　　　　　C．70.2　　　　　　　D．72.2

　　2．【单选题】　某企业在 2015 年 10 月 8 日销售商品 100 件，增值税专用发票上注明的价款为 10 000 元，增值税税额为 1 700 元。企业为了及早收回货款而在合同中规定的现金折扣条件为：2/10，1/20，n/30。假定计算现金折扣时不考虑增值税。如买方 2015 年 10 月 14 日付清货款，则该企业实际收款金额应为(　　)元。

　　　A．11 466　　　　　　B．11 500　　　　　　C．11 583　　　　　　D．11 600

　　3．【单选题】　某企业赊销商品一批，标价 20 000 元，商业折扣 10%，增值税税率 17%，现金折扣条件为：2/10，1/20，n/30。企业销售商品时代垫运费 400 元，则应收账款的入账价值为(　　)元。

　　　A．21 060　　　　　　B．20 000　　　　　　C．21 460　　　　　　D．23 400

　　4．【单选题】　某企业于 1 月 15 日销售产品一批，应收账款为 11 万元，规定对方付款条件为：2/10，1/20，n/30。购货单位已于 1 月 22 日付款。该企业实际收到的金额为(　　)万元。（计算现金折扣时考虑增值税）

　　　A．11　　　　　　　　B．10　　　　　　　　C．10.78　　　　　　　D．8.8

　　5．【单选题】　某公司赊销商品一批，按价目表的价格计算，货款金额 1 000 万元，给买方的商业折扣为 5%，规定的付款条件为：2/10，n/30。适用的增值税税率为 17%。代垫运杂费 1 万元(假设不作为计税基础)。则该公司按总价法核算时，应收账款账户的入账金额为(　　)万元。

　　　A．1 112.5　　　　　　B．1 089.27　　　　　　C．1 090.27　　　　　D．1 111.5

6.【单选题】 应收账款一般按(　　)确定为债权金额予以入账。

　　A. 交易发生日　　　　　　　　　　B. 交易谈判日

　　C. 销售收入确认时　　　　　　　　D. 销售收入收回时

7.【多选题】 属于应收账款核算范围的有(　　)。

　　A. 应收销货款　　　　　　　　　　B. 应收租入包装物保证金

　　C. 应收代垫运输费用　　　　　　　D. 应收增值税销项税额

8.【多选题】 下列各项中,构成应收账款入账价值的有(　　)。

　　A. 赊销商品的价款　　　　　　　　B. 代购货方垫付的包装费

　　C. 代购货方垫付的运杂费　　　　　D. 销售货物发生的商业折扣

9.【判断题】 现金折扣符号"2/10,1/20,n/30"表示的意思是:买方在 10 天内付款,可按原价享受 2%优惠;在 20 天内付款,享受 1%优惠;30 天内付款,其优惠由买卖双方具体商定。(　　)

10.【分录题】 某企业对赊销商品给予现金折扣优惠,其折扣条件为:2/10,1/20,n/30。2015 年 11 月发生以下业务,要求编制会计分录。

　　(1) 6 日,赊销给 A 公司商品一批,货款 24 000 元,增值税额 4 080 元。

　　(2) 9 日,赊销给 B 公司商品一批,货款 15 000 元,增值税额 2 550 元。

　　(3) 12 日,销给 C 公司商品一批,货款 12 000 元,增值税额 2 040 元,以转账支票垫付运杂费 150 元,向银行办妥托收手续。

　　(4) 16 日,收到 B 公司本月 9 日赊购商品货款及增值税额的转账支票一张,已存入银行。

　　(5) 28 日,收到 A 公司支付本月 6 日赊购商品货款及增值税额的转账支票一张,已存入银行。

学习小结与测评

1. 本任务知识点:＿＿＿＿＿＿＿＿＿＿＿＿＿＿＿＿＿＿＿＿＿＿＿＿＿＿＿＿

＿＿＿＿＿＿＿＿＿＿＿＿＿＿＿＿＿＿＿＿＿＿＿＿＿＿＿＿＿＿＿＿＿＿＿＿

2. 请选择下面图形前的编码:

　　A. ★★　　　B. ★★★　　　C. ★★★★　　　D. ★★★★★

(1) 在完成学习任务的认真程度上,我选(　　);

(2) 在知识的理解与运用上,我选(　　);

(3) 在与大家的合作过程中,我选(　　)。

项目三　应收票据的核算

岗位任务

掌握应收票据的概念、分类、入账价值,能够进行票据贴现的相关计算,能够完成票据贴现的相关会计处理。

岗位知识

一、应收票据的含义

应收票据是企业因销售商品、提供劳务等收到的商业汇票。商业汇票是由出票人签发的,委托付款人在指定日期无条件支付确定的金额给收款人或持票人的票据。在银行开立存款账户的法人与其他组织之间须具有真实的交易关系或债权债务关系,才能使用商业汇票。

二、商业汇票的种类

商业汇票按承兑人的不同分为商业承兑汇票和银行承兑汇票两种。商业承兑汇票的出票人为该商业汇票的承兑人,也可以是收款人出票,交由付款人承兑。银行承兑汇票是在承兑银行开立存款账户的存款人签发,由开户银行承兑付款的票据。

商业汇票按票面是否带有利息分为带息商业汇票和不带息商业汇票。不带息商业汇票,是指商业汇票到期时,承兑人只按票面金额(即面值)向收款人或被背书人支付款项的汇票。带息商业汇票是指票据到期时,承兑人必须按票面金额加上应计利息向收款人或被背书人支付票款的票据。

三、应收票据的计价方法

在我国,商业汇票付款期限最长不超过 6 个月,用现值记账不但计算麻烦而且其折价还要逐期摊销,过于烦琐。因此,我国《企业会计准则》规定,企业收到应收票据,不论是否带息,均按应收票据票面价值进行计价,即企业收到应收票据时,应按照票据的面值入账。但对于带息的应收票据,按照规定,应于期末(指年度终了时)按应收票据票面价值和确定利率计提利息,计提的利息应增加应收票据的账面价值。

四、票据到期日的确定

应收票据利息的计算涉及票据到期日的确定。票据到期日通常采用以下方法确定。

1. 按月表示——"对月对日"

票据期限按月表示时,应以到期月份中与出票日相同的那一天为到期日。如 2015 年 10 月 10 日签发的一个月到期的票据,则票据到期日应为 2015 年 11 月 10 日。月末签发的票据,不论月份大小,均以到期月份的月末那一天为到期日。如 1 月 31 日签发的为期一个月的票据,其到期日为 2 月 28 日(闰年为 29 日)。

2. 按日表示——"算头不算尾"或"算尾不算头"

票据期限按日表示时,应从出票日起按实际经历天数计算。通常出票和到期日,只能计算其中的一天,即"算头不算尾"或"算尾不算头"。例如,3 月 10 日签发的 90 天票据,其到期日应为 6 月 8 日。

【例 4-2】 求到期日。

(1)7 月 18 日出票 60 天到期,求到期日。

算头不算尾：

算尾不算头：

（2）2015 年 3 月 17 日出具的 3 个月到期的商业汇票，到期日为 6 月 17 日。

（3）2015 年 3 月 17 日出具的 90 天到期的商业汇票，到期日为 6 月 15 日。

五、应收票据的账务处理

为了反映和监督应收票据的取得、收回及票据贴现等业务，企业应设置"应收票据"账户。本账户应按照商业汇票的种类设置明细账，进行明细核算。另外还要设置"应收票据备查簿"进行辅助记录。

"应收票据"账户属于资产类账户，用以核算企业因销售商品、提供劳务等收到的商业汇票。该账户借方登记企业收到的应收票据，贷方登记票据到期收回的应收票据；期末余额在借方，反映企业持有的商业汇票的票面金额。该账户可按开出、承兑商业汇票的单位进行明细核算。

1. 不带息应收票据

（1）企业销售商品或提供劳务收到已承兑的商业汇票时

借：应收票据（面值）

  贷：主营业务收入

    应交税费——应交增值税（销项税额）

（2）应收票据到期收回款项时

借：银行存款

  贷：应收票据

（3）到期不能收回票款，将应收票据转入应收账款时

借：应收账款

  贷：应收票据

【例 4-3】 黄河有限公司销售一批产品给甲公司，产品已发出，发票上价款为 5 万元，增值税额为 0.85 万元。按合同规定 90 天以后付款，黄河有限公司收到甲公司一张不带息 90 天到期的商业承兑汇票，面额 5.85 万元。黄河有限公司应进行如下账务处理。

（1）收到票据时：

借：应收票据——甲公司   58 500

  贷：主营业务收入   50 000

    应交税费——应交增值税（销项税额） 85 000

（2）90 天后，应收票据到期收回款项 58 500 元，款项存入银行，黄河有限公司应进行如

下账务处理：

借：银行存款　　　　　　　　　　　　　　　　　58 500

　　贷：应收票据——甲公司　　　　　　　　　　　　　58 500

（3）如果 90 天后，该票据到期时，甲公司无力偿还票款，黄河有限公司应将到期的票面金额转入"应收账款"科目，并进行如下的账务处理：

借：应收账款——甲公司　　　　　　　　　　　　58 500

　　贷：应收票据——甲公司　　　　　　　　　　　　　58 500

2. 带息应收票据

（1）带息票据利息计算

$$票据利息＝票据面值×票面利率×期限$$

$$票据到期值＝票据面值＋票据利息$$

上面公式中，"利率"一般指年利率（以％表示）；"期限"指签发日至到期日的时间间隔。票据的期限，有按月表示和按日表示两种。

利率要与期限相一致，当票据期限以月表示时，要将年利率换算成月利率（以‰表示）。

$$月利率＝年利率÷12$$

当票据期限以日表示时，要将年利率换算成日利率。

$$日利率＝年利率÷360$$

或　　　　　　　　　　　　　　$$＝月利率÷30$$

（2）账务处理

企业收到的带息应收票据，除按照上述原则进行核算外，还应于年度终了时按规定计提票据利息。

① 收到票据时

借：应收票据（面值）

　　贷：主营业务收入

　　　　应交税费——应交增值税（销项税额）

② 计提带息票据利息时

借：应收票据

　　贷：财务费用

③ 应收票据到期收回票据到期值时

借：银行存款（面值＋利息）

　　贷：应收票据（面值＋利息）

　　　　财务费用（未计提的利息）

④ 到期无法收回时，将应收票据的账面价值转入应收账款

借：应收账款

　　贷：应收票据（面值＋已计提的利息）

【例 4-4】 黄河有限公司于 2015 年 10 月 8 日销售一批产品给乙公司，产品已发出，发票上注明的价税合计为 23.4 万元。黄河有限公司收到乙公司交来的商业承兑汇票一张，期限为 6 个月，票面利率为 8％。黄河有限公司应进行如下账务处理。

(1) 收到票据时

借：应收票据——乙公司　　　　　　　　　　　　234 000

　　贷：主营业务收入　　　　　　　　　　　　　　　　200 000

　　　　应交税费——应交增值税(销项税额)　　　　　34 000

(2) 年度终了(2015 年 12 月 31 日)，计提票据利息时

　　　　票据利息＝234 000×(8%÷12)×3＝4 680(元)

借：应收票据——乙公司　　　　　　　　　　　　4 680

　　贷：财务费用　　　　　　　　　　　　　　　　　　4 680

(3) 2016 年 4 月 8 日，票据到期收回款项，款项存入银行时

　　　　票据到期值＝234 000＋234 000×8%÷12×6＝243 360(元)

　　　　2016 年年末计提的票据利息＝234 000×8%÷12×3＝4 680(元)

借：银行存款　　　　　　　　　　　　　　　　　243 360

　　贷：应收票据——乙公司　　　　238 680(含面值和已提利息)

　　　　财务费用　　　　　　　　　　4 680(未计提的利息)

六、票据背书转让

　　企业可以将自己持有的商业汇票背书转让。背书是指持票人在票据背面签字，并将汇票交给受让人的行为。签字人称为背书人，背书人对票据的到期付款负连带责任。受让人称为被背书人。

　　企业将持有的应收票据背书转让，以取得所需物资时，按应计入取得物资成本的价值，借记"在途物资""原材料""库存商品"等科目；按专用发票上注明的增值税额，借记"应交税费——应交增值税(进项税额)"科目；按应收票据的账面余额，贷记"应收票据"科目，如有差额，借记或贷记"银行存款"科目。

　　如为带息应收票据，企业将持有的应收票据背书转让，以取得所需物资时，按应计入取得物资成本的价值，借记"在途物资""原材料""库存商品"等科目；按专用发票上注明的增值税额，借记"应交税费——应交增值税(进项税额)"科目；按应收票据的账面余额，贷记"应收票据"科目，按尚未计提的利息，贷记"财务费用"科目，若有应收或应付的差额时则通过"银行存款"进行核算。

　　【例 4-5】　黄河有限公司于 2015 年 11 月 1 日购买丙公司一批原材料，价款 6 万元，增值税额 1.02 万元，材料已验收入库，经协商，黄河有限公司以持有的面值为 6 万元不带息应收票据一张抵付货款，不足部分以银行存款偿付。该票据出票日为 2015 年 9 月 1 日，期限为 6 个月。黄河有限公司应进行如下账务处理：

借：原材料　　　　　　　　　　　　　　　　　　60 000

　　应交税费——应交增值税(进项税额)　　　　　10 200

　　贷：应收票据　　　　　　　　　　　　　　　　　　60 000

　　　　银行存款　　　　　　　　　　　　　　　　　　10 200

七、票据贴现

　　企业持有的商业汇票在到期前，可向银行申请贴现。贴现是指企业将未到期的商业汇

票转让给银行,向银行融通资金,银行从票据到期值中扣除贴现息后,将余额付给企业的融资行为。票据贴现实质上相当于企业以票据为担保从银行提取的一笔短期借款。

企业收到商业汇票,如在票据未到期前需要提前取得资金,可以持未到期的商业汇票向银行申请贴现。

1. 应收票据贴现的计算

应收票据贴现计算可为以下三个步骤。

（1）计算应收票据到期值

票据到期值＝票据面值＋票据利息＝面值＋面值×票面利率×票据期限

（2）计算贴现利息

贴现利息＝票据到期值×贴现率×贴现期

贴现期＝贴现日至票据到期日的实际天数(头尾只算一天)

（3）计算贴现净额(也称贴现收入)

贴现净额＝票据到期值－贴现利息

【例 4-6】　黄河有限公司于 2 月 10 日收到为期 6 个月的面值为 25 000 元的带息银行承兑汇票一张,票面年利率 6.3%。公司于 7 月 20 日将此票据予以贴现,贴现利率为 7.2%。求：票据到期值、票据到期日、贴现天数、贴现利息、贴现净额。

票据到期值＝25 000＋(25 000×6×6.3%÷12)＝25 787.50(元)

票据贴现天数：到期日为 8 月 10 日,

贴现天数＝12＋9＝21(天)(按算头不算尾求)

贴现利息＝25 787.50×21×7.2%÷360＝108.31(元)

贴现净额＝25 787.50－108.31＝25 679.19(元)

2. 应收票据贴现的账务处理

应收票据贴现一般有两种情形：一种是带追索权的票据贴现,另一种是不带追索权的票据贴现。

（1）带追索权的票据贴现时,贴现企业因背书转让票据而在法律上负有连带偿债责任,票据所有权上的风险没有完全转移,票据到期付款人无力支付票据款项时,贴现企业要向银行支付票据款,因此不符合应收票据转移终止确认条件。实务中,商业承兑汇票的贴现属于典型的带追索权的贴现。带追索权贴现的账务处理如下。

① 取得贴现款时

借：银行存款

　　财务费用——票据贴现

　　　贷：短期借款

② 票据到期,若承兑人如期向银行支付票据本金和利息,则将短期借款与应收票据对冲

借：短期借款

　　　贷：应收票据

③ 票据到期,若承兑人无力支付本金和利息,贴现银行将从申请贴现的企业账户中扣款

借：短期借款

贷：银行存款

同时将"应收票据"转入"应收账款"。

借：应收账款

    贷：应收票据

④ 票据到期，申请贴现的企业账户余额不足，转作逾期贷款，过后偿还银行借款，并向承兑人追索。此时只需将应收票据的账面价值转入应收账款。

借：应收账款

    贷：应收票据

【例 4-7】 2014 年 9 月 1 日，黄河有限公司(增值税一般纳税人)向丙公司销售产品一批，价款 90 000 元，增值税 15 300 元，采用商业承兑汇票结算方式结算，收到丙公司交来的一张 2014 年 9 月 1 日签发的，2015 年 2 月 28 日到期的不带息商业承兑汇票，票面金额为105 300 元。2014 年 11 月 1 日，公司因急需流动资金，申请将票据贴现给银行，贴现利率为7%，银行扣除贴现利息后，将贴现款支付给公司，同时公司对此票据的如期偿付承担连带责任。票据到期，丙公司足额支付票据。要求编制黄河有限公司相关会计分录。

取得票据时

借：应收票据——丙公司   105 300

    贷：主营业务收入   90 000

        应交税费——应交增值税(销项税额)   15 300

票据贴现给银行时

分析：2014 年 9 月 1 日签发(出票日、签发日)；

2015 年 2 月 28 日到期(到期日)；

2014 年 11 月 1 日贴现给银行(贴现日)；

2014 年 11 月 1 日至 2015 年 2 月 28 日这一段时间为贴现日数，贴现日数 119 天是这样算出来的：11 月 30 天，12 月 31 天，1 月 31 天，2 月 27 天共 119 天；

$$贴现息＝票据到期值×贴现率÷360×贴现天数$$
$$＝105 300×7\%×119/360＝2 436.53(元)$$

借：银行存款   102 863.47

    财务费用   2 436.53

    贷：短期借款   105 300

票据到期，丙公司如期向银行支付票据本金和利息

借：短期借款   105 300

    贷：应收票据——丙公司   105 300

(2) 不带追索权的票据贴现时，票据一经贴现，企业将应收票据上的风险和报酬全部转移给银行，因此，符合应收票据终止确认条件。实务中，银行承兑汇票贴现一般不带追索权。不带追索权的票据贴现的账务处理如下。

取得贴现款时

借：银行存款

    财务费用(或贷记)

    贷：应收票据

完成任务

1.【单选题】　按照现行准则规定,通过"应收票据"及"应付票据"核算的票据包括(　　)。

A. 商业汇票　　　B. 转账支票　　　C. 银行本票　　　D. 银行汇票

2.【单选题】　1月6日签发的票据,150天期,则到期日为(　　)。

A. 6月6日　　　B. 6月5日　　　C. 6月7日　　　D. 6月4日

3.【单选题】　甲企业2015年10月1日销售商品,并于当日收到面值50 000元、期限3个月的商业承兑汇票一张。2015年12月31日应收票据的账面余额应为(　　)元。

A. 50 000　　　B. 50 250　　　C. 50 500　　　D. 50 750

4.【单选题】　甲企业2015年10月1日收到A公司商业承兑汇票一张,面值为117 000元,利率为4%,期限为6个月。则2015年12月31日资产负债表上列示的"应收票据"项目金额应为(　　)元。

A. 100 000　　　B. 117 000　　　C. 118 170　　　D. 119 340

5.【多选题】　如果贴现的应收票据是不带息票据,应按实际收到的贴现金额借记"银行存款"科目,按票面金额,贷记"应收票据"科目,按其差额借记"财务费用"科目,此差额指的是(　　)。

A. 票据的利息　　　　　　　　B. 票据的贴现息
C. 票据的贴现息与票据的利息之差　　　D. 票据的面额与贴现净额之差

6.【多选题】　企业将无息票据贴现时,影响贴现息计算的因素有(　　)。

A. 票据的面值　　　B. 票据贴现期　　　C. 银行存款利率　　　D. 贴现利率

7.【多选题】　计算带息商业票据的到期值时,应考虑的因素有(　　)。

A. 票面利率　　　B. 票面金额　　　C. 票据期限　　　D. 贴现率

E. 贴现期限

8.【判断题】　4月10日签发的、期限为60天的商业汇票,到期日为6月9日。(　　)

9.【判断题】　不带息票据的到期值等于票据面值,带息票据的到期值等于票据面值加上利息。(　　)

10.【分录题】

(1) 2015年11月10日,天天面业向南方实业有限公司采购绿农全麦面粉10 000千克,每千克19.90元,价款199 000元,增值税为33 830元,款项共计232 830元,面粉已验收入库。公司将一票面金额为230 000元的不带息应收票据背书转让,以偿付货款,同时,差额2 830元以银行存款支付。要求:编制相关分录。

(2) 2015年10月17日,天天面业售给华联一批"面爱上酱"5 000包,收到华联交来的一张2015年10月17日签发的,6个月到期的银行承兑汇票,面值为168 480元。天天面业持有两个月后,因急需流动资金,将票据贴现给银行,贴现利率为7%,银行扣除贴现利息后,将贴现余额支付给公司。要求:计算贴现息并编制贴现的会计分录。

(3) 蓝天有限公司2015年9月应收票据的有关资料如下,要求编制会计分录:

① 9月8日,向A公司销售产品一批,货款为100 000元,增值税税率17%。已办妥托收手续,尚未收到款项。

② 9月15日,收到A公司寄来一张期限为3个月,出票日是9月12日的商业承兑汇

票,面值为 117 000 元,以抵付货款。

③ 11 月 12 日,蓝天有限公司因急需资金持该票据向银行申请贴现,在与银行签订的协议中规定,在贴现的应收账款到期,A 公司未按期偿还时,蓝天公司负有向银行还款的责任,贴现所得已存入银行,贴现率为 7%。

④ 12 月 12 日,A 公司如期足额支付。

学习小结与测评

1. 本任务知识点:＿＿＿

2. 请选择下面图形前的编码:

    A. ★★   B. ★★★   C. ★★★★   D. ★★★★★

(1) 在完成学习任务的认真程度上,我选(　　);

(2) 在知识的理解与运用上,我选(　　);

(3) 在与大家的合作过程中,我选(　　)。

项目四　预付账款及其他应收款的核算

岗位任务

掌握预付账款及其他应收款的确认、入账价值及其核算方法。

岗位知识

一、预付账款的核算

预付账款是指企业按照购货合同规定,预先以货币资金或以货币等价物支付供应单位的货款。如预付的材料、商品采购货款、必须预先发放的在以后收回的农副产品预购定金等。

企业按照购货合同规定预付给供应单位的款项,应通过"预付账款"科目核算。"预付账款"账户属于资产类账户,用以核算企业按照合同规定预付的款项。该账户的借方登记企业因购货等业务预付的款项,贷方登记企业收到货物后应支付的款项等。期末余额在借方,反映企业预付的款项;期末余额在贷方,反映企业尚需补付的款项。该账户可按供货单位进行明细核算。预付款项情况不多的,也可以不设置本科目,将预付的款项直接记入"应付账款"科目的借方。

企业预付款项和补付款项都通过"预付账款"科目核算,收到采用预付款方式采购的材料或商品时应冲减"预付账款"。

【例 4-8】　蓝天有限公司,设置"预付账款"科目进行预付款项的核算。2015 年 10 月发生以下经济业务,账务处理如下。

(1) 预付购买商品的订金 50 000 元

借:预付账款　　　　　　　　　　　　　　　　50 000

　　　　贷：银行存款　　　　　　　　　　　　　　　　　50 000

　　（2）收到商品的价款为 60 000 元，增值税 10 200 元，共计 70 200 元

　　　　借：库存商品　　　　　　　　　　　　　60 000

　　　　　　应交税费——应交增值税（进项税额）　10 200

　　　　　　贷：预付账款　　　　　　　　　　　　　　70 200

　　（3）补付商品款 20 200 元

　　　　借：预付账款　　　　　　　　　　　　　20 200

　　　　　　贷：银行存款　　　　　　　　　　　　　　20 200

　　【例 4-9】　黄河有限公司由于预付款项业务不多，没有设置"预付账款"科目。2015 年
10 月发生了如下经济业务，账务处理如下。

　　（1）预付购买材料的订金 300 000 元

　　　　借：应付账款　　　　　　　　　　　　　300 000

　　　　　　贷：银行存款　　　　　　　　　　　　　300 000

　　（2）收到材料的价款为 250 000 元，增值税 42 500 元，共计 292 500 元

　　　　借：原材料　　　　　　　　　　　　　　250 000

　　　　　　应交税费——应交增值税（进项税额）　42 500

　　　　　　贷：应付账款　　　　　　　　　　　　　292 500

　　（3）退回多付款 7 500 元

　　　　借：银行存款　　　　　　　　　　　　　7 500

　　　　　　贷：应付账款　　　　　　　　　　　　　7 500

二、其他应收款的核算

1. 其他应收款的内容

　　其他应收款是指除应收票据、应收账款、预付账款等以外的其他各种应收、暂付款项，是
企业发生的非购销活动的应收债权。其主要内容包括：

　　（1）应收的各种赔款，如因企业财产等遭到意外损失而应向有关保险公司收取的赔
款等。

　　（2）应收的各种罚款。

　　（3）应收的出租包装物租金。

　　（4）应向职工收取的各种垫付款项，如为职工垫付的水电费，应由职工负担的医药费、
房租费等。

　　（5）备用金（不单独设置"备用金"科目的企业，向内部各职能科室、车间等拨付的备零
星开支的现金）。

　　（6）存出保证金，如租入包装物支付的押金。

　　（7）预付账款转入。

2. 其他应收款的账务处理

为了核算和监督其他应收款的发生和结算情况，应设置"其他应收款"账户。"其他应收款"属资产类科目，企业发生其他各种应收、暂付款项时，借记本科目，贷记有关科目；收回或转销各种款项时，借记"库存现金""银行存款"等科目，贷记本科目。本科目期末借方余额，反映企业尚未收回的其他应收款。本科目应当按照其他应收款的项目和对方单位（或个人）进行明细核算。

企业应当定期或者至少于每年年度终了，对其他应收款进行检查，预计其可能发生的坏账损失，并计提坏账准备。企业对于不能收回的其他应收款应当查明原因，追究责任。对确定无法收回的，按照企业的管理权限，经股东大会、董事会、经理（厂长）会议或类似机构批准作为坏账损失，冲销提取的坏账准备。

【例 4-10】 蓝天有限公司曾毅经理出差预借现金差旅费 3 000 元，出差归来报账，共支出 3 500 元。账务处理如下：

```
借：其他应收款——曾毅                    3 000
    贷：库存现金                             3 000
借：管理费用——差旅费                     3 500
    贷：其他应收款——曾毅                     3 000
        库存现金                               500
```

【例 4-11】 黄河有限公司随商品购进租入包装物一批，支付押金 2 000 元。账务处理如下。

支付包装物押金时

```
借：其他应收款——存出保证金               2 000
    贷：银行存款                             2 000
```

归还租入包装物，收回押金时

```
借：银行存款                              2 000
    贷：其他应收款——存出保证金               2 000
```

【例 4-12】 黄河有限公司盘亏的材料经查实是由于管理员张铁失职造成的，责成其赔偿 1 000 元。财务处理如下：

```
借：其他应收款——张铁                     1 000
    贷：待处理财产损溢——待处理流动资产损溢     1 000
```

经批准作为坏账的其他应收款，借记"坏账准备"科目，贷记"其他应收款"科目。已确认并转销的坏账损失，如果以后又收回，按实际收回的金额，借记"其他应收款"科目，贷记"坏账准备"科目；同时，借记"银行存款"科目，贷记"其他应收款"科目。

完成任务

1.【单选题】 预付账款不多的企业，可以不设置"预付账款"科目，而将发生的预付账款记入（　　）科目核算。

　　A. 应付账款　　　　B. 其他应收款　　　C. 应收账款　　　　D. 其他应付款

2.【多选题】 关于"预付账款"，下列说法中正确的有（　　）。

　　A."预付账款"属于资产类账户

  B. 预付货款不多的企业,可以不单独设置"预付账款"账户,将预付的货款记入"应付账款"的借方

  C. "预付账款"账户贷方余额反映的是应付供应单位的款项

  D. "预付账款"账户核算企业因销售业务产生的往来款项

 3.【多选题】 下列应通过"其他应收款"科目核算的项目有(　　　)。

  A. 应收出租包装物租金　　　　　　　B. 存出保证金

  C. 应收投资利润　　　　　　　　　　D. 应收的各种赔款、罚款

 4.【判断题】 预付账款可以在"应付账款"科目核算,因此,预付货款应作为企业的一项负债。(　　　)

 5.【判断题】 "预付账款"账户和"应付账款"账户在结构上是相同的。(　　　)

 6.【分录题】

 (1) 某公司采用预付款项的方式采购,10 月 15 日,向甲企业采购材料,开出转账支票一张,预付材料款 100 000 元。10 月 25 日,收到甲企业的材料及有关结算凭证,材料价款为 100 000 元,增值税为 17 000 元,材料已验收入库,同时开出转账支票一张,补付材料款 17 000 元。

 (2) 天天面业 2015 年 11 月 6 日从南方实业有限公司借入一批包装物,向对方支付押金 5 000 元,以银行存款支付。2015 年 5 月 6 日归还包装物,收到对方退回的押金 5 000 元。

学习小结与测评

 1. 本任务知识点: _____

_____

 2. 请选择下面图形前的编码:

  A. ★★　　　　　B. ★★★　　　　　C. ★★★★　　　　　D. ★★★★★

 (1) 在完成学习任务的认真程度上,我选(　　　);

 (2) 在知识的理解与运用上,我选(　　　);

 (3) 在与大家的合作过程中,我选(　　　)。

项目五　应收款项减值的核算

岗位任务

能够正确地对应收款项的减值进行确认及核算。

岗位知识

 企业应当在资产负债表日对应收款项(包括应收账款、应收票据、预付账款、应收利息、其他应收款等)的账面价值进行检查,有客观证据表明该应收款项发生减值的,应当计提减值准备(坏账准备)。计提坏账准备体现了谨慎性原则。

一、坏账的含义

坏账是指由于债务人发生严重财务困难、倒闭、破产等原因而无法收回或收回可能性极小的应收款项。市场经济是信用经济，许多企业之间的商品交易都是建立在商业信用的基础上。商品销售往往靠信用进行赊销。时间长了，企业的这些赊销款很难全部收回，从而出现坏账。因坏账而产生的损失就称为坏账损失。为了避免坏账损失对企业利益的影响，需要计提坏账准备。

二、企业会计准则关于坏账准备的相关规定

新准则下，应收款项属于金融资产。企业应收款项的坏账准备也应遵循《企业会计准则第 22 号——金融工具确认和计量》准则的要求进行计提。《企业会计准则第 22 号——金融工具确认和计量》应用指南对应收账款计提坏账准备进行了如下规定。

（1）一般企业应收款项减值损失的计量对于单项金额重大（如单笔金额超过该科目余额 5% 的款项）的应收款项，应当单独进行减值测试。有客观证据表明其发生了减值的，应当根据其未来现金流量现值低于其账面价值的差额，确认减值损失，计提坏账准备。

（2）对于单项金额非重大的应收款项可以单独进行减值测试，确定减值损失，计提坏账准备；也可以与经单独测试后未减值的应收款项一起按类似信用风险特征划分为若干组合，再按这些应收款项组合在资产负债表日余额的一定比例计算确定减值损失，计提坏账准备。根据应收款项组合余额的一定比例计算确定的坏账准备，应当反映各项目实际发生的减值损失，即各项组合的账面价值超过其未来现金流量现值的金额。

（3）坏账准备率的确定：企业应当根据以前年度与之相同或相类似的，具有类似信用风险特征的应收款项组合的实际损失率为基础，结合现时情况确定本期各项组合计提坏账准备的比例，据此计算本期应计提的坏账准备。

三、处理坏账准备的方法——备抵法

确定应收款减值有两种方法，即直接转销法和备抵法，由于备抵法更符合权责发生制原则和谨慎性原则，因此，企业会计准则要求企业采用备抵法来进行坏账的会计处理。

备抵法是按期估计坏账损失，形成坏账准备，当某一应收账款全部或部分被确认为坏账时，应根据其金额冲减坏账准备，同时转销相应的应收账款金额。至于如何估计坏账损失，则有多种方法可供选择，如年末余额百分比法、账龄分析法和销货百分比法、个别认定法。

1. 年末余额百分比法

应用年末余额百分比法时，坏账准备的计提（即坏账损失的估计）分首次计提和以后年度计提两种情况。

（1）首次计提时计算公式：

$$坏账准备提取数 = 应收款项年末余额 \times 计提比例$$

【例 4-13】 黄河有限公司 2014 年 12 月 31 日首次计提坏账准备，当年年末的应收账款余额为 800 000 元，坏账准备的计提比例为 5‰。则

$$坏账准备提取数 = 800\,000 \times 5‰ = 4\,000（元）$$

(2) 以后计提坏账准备的计算公式：

当期应计提的坏账准备＝当期按应收款项计算应计提的坏账准备金额
＋(或－)坏账准备账户借方余额(或贷方余额)

【例 4-14】 承例 4-13,计提坏账准备。

(1) 若 2015 年 12 月 31 日,应收账款的余额为 850 000 元,坏账准备的计提比例仍为 5‰。则

2015 年应计提的坏账准备＝850 000×5‰－4 000＝250(元)

(2) 若 2016 年 10 月 15 日,有一笔应收账款被确认为坏账,金额为 1 500 元,至 12 月 31 日,应收账款的余额为 360 000 元,计提比例不变,则 2016 年 12 月 31 日坏账准备提取数为

坏账准备提取数＝360 000×5‰－2 750

＝1 800－2 750＝－950(元)

注:2016 年 12 月 31 日计提前的坏账准备的余额＝4 250－1 500＝2 750,在多次出现坏账的情况下,最好画"T"形账很快就能够判断出"坏账准备"科目余额。

负数表示应冲回 950 元,使"坏账准备"科目最后余额恰好与应持有数 1 800 元相符。

2. 账龄分析法

账龄分析法是根据应收账款账龄的长短来估计坏账损失的方法。通常而言,应收账款的账龄越长,发生坏账的可能性越大。为此,将企业的应收账款按账龄长短进行分组,分别确定不同的计提百分比估算坏账损失,使坏账损失的计算结果更符合客观情况。

采用账龄分析法计提坏账准备的计算公式如下。

(1) 首次计提坏账准备的计算公式:

当期应计提的坏账准备 ＝ ∑(期末各账龄组应收账款余额
×各账龄组坏账准备计提百分比)

(2) 以后计提坏账准备的计算公式:

当期应计提的坏账准备＝当期按应收款项计算应计提的坏账准备金额
＋(或－)坏账准备账户借方余额(或贷方余额)

【例 4-15】 黄河有限公司坏账准备核算采用账龄分析法,对逾期半年内和逾期半年至 1 年、逾期 1 年以上的应收账款分别按 1%、5%、10% 估计坏账损失。该公司 2014 年 12 月 31 日有关应收款项账户的年末余额如下。按照类似信用风险特征将这些应收款项划分为若干组合,具体情况如表 4-1 所示。

表 4-1　应收账款账龄分析表

账　户	期 末 余 额	账　龄
应收账款——A 公司	300 000(借方)	未到期
应收账款——B 公司	600 000(借方)	逾期 3 个月
其他应收款——C 公司	80 000(借方)	未到期
预付账款——D 公司	100 000(借方)	逾期 7 个月
预收账款——F 公司	200 000(借方)	逾期 2 年

若黄河有限公司"坏账准备"科目 2014 年年初贷方余额为 30 000 元,2014 年确认的坏账损失为 5 000 元,则甲公司 2014 年 12 月 31 日计提坏账准备的金额为多少?

分析：题中给出了各个明细账的情况，预收账款的借方余额具有应收账款的性质，企业的预付账款如有确凿证据表明其不符合预付账款性质，或者因供货单位破产、撤销等原因已无望再收到所购货物的，按规定计提坏账准备。故

$$当期应持有的坏账准备金额 = 600\ 000 \times 1\% + 100\ 000 \times 5\% + 200\ 000 \times 10\%$$
$$= 31\ 000（元）$$

$$当期应计提的坏账准备 = 31\ 000 - (30\ 000 - 5\ 000) = 6\ 000（元）$$

账龄分析法和余额百分比法都是在计提坏账准备时，根据账户原有的余额计提坏账准备，然后再做出调整。

3. 销货百分比法

销货百分比法是根据企业销售总额的一定百分比估计坏账损失的方法。百分比按本企业以往实际发生的坏账与销售总额的关系结合生产经营与销售政策变动情况测定。在实际工作中，企业也可以按赊销百分比估计坏账损失。

采用销货百分比法计提坏账准备的计算公式为：

$$当期应计提的坏账准备 = 本期销售总额（或赊销额）\times 坏账准备计提比例$$

【例 4-16】 黄河有限公司 2015 年赊销金额为 1 200 000 元，根据以往资料和经验，估计坏账损失率为 2%，2015 年年初坏账准备账户余额为贷方 45 000 元。要求：计算 2015 年应计提的坏账准备和 2015 年年末"坏账准备"科目余额。

(1) 公司 2015 年应计提的坏账准备为 1 200 000 × 2% = 24 000（元）。

借：资产减值损失   24 000
　　贷：坏账准备   24 000

(2) 2015 年年末坏账准备科目余额为 24 000 + 45 000 = 69 000（元）。

可以看出，采用销货百分比法，在决定各年度应提的坏账准备金额时，并不需要考虑坏账准备账户上已有的余额。

4. 个别认定法

个别认定法是针对每项应收款项的实际情况分别估计坏账损失的方法。例如，公司是根据应收单位账款的 3% 来计算坏账，但是有一企业有明显的迹象还款困难，就可以对这一企业的应收账款按 10% 或其他进行个别认定法计提坏账准备金。

在同一会计期间内运用个别认定法的应收账款应从其他方法计提坏账准备的应收账款中剔除。其计提办法与余额百分比法基本一致。

四、计提坏账准备的账务处理

企业应当在资产负债表日对应收款项的账面价值进行检查，有客观证据表明该应收款项发生减值的，应计提坏账准备。

为了核算应收款项的资产减值，企业应设置"资产减值损失"科目和"坏账准备"科目进行核算。

"资产减值损失"属于损益类科目，核算企业根据资产减值等准则计提各项资产减值准备所形成的损失。企业根据资产减值等准则确定资产发生减值的，按应减记的金额，借记本科目，贷记"坏账准备"。期末，应将本科目余额转入"本年利润"科目，结转后本科目无余额。

本科目应当按照资产减值损失的项目进行明细核算。

"坏账准备"核算企业应收款项等发生减值时计提的减值准备。资产负债表日,企业按应计提的坏账准备金额,借记"资产减值损失"科目,贷记本科目。期末贷方余额,反映企业已计提但尚未转销的坏账准备。

(1) 计提坏账准备时:

借:资产减值损失

　　贷:坏账准备

(2) 发生坏账损失时:

借:坏账准备

　　贷:应收账款

(3) 收回已转销的坏账时:

借:应收账款

　　贷:坏账准备

借:银行存款

　　贷:应收账款

或者:

借:银行存款

　　贷:坏账准备

(4) 冲减已计提的坏账准备时:

借:坏账准备

　　贷:资产减值损失

需要注意的是,按照《小企业会计准则》,小企业应收款项不计提坏账,发生减值损失时直接转销计入营业外支出。

【例4-17】 黄河有限公司2013年年末应收账款的余额为1 000 000元,提取坏账准备的比例为5%;2014年发生了坏账损失6 000元,2014年年末应收账款的余额为1 100 000元;2015年已冲销的应收账款又收回1 900元,2015年年末应收账款的余额为1 200 000元。

(1) 2013年提取坏账准备为1 000 000×5%＝50 000(元)。

借:资产减值损失　　　　　　　　　　　　　　　　50 000

　　贷:坏账准备　　　　　　　　　　　　　　　　　　50 000

(2) 2014年转销坏账,会计分录如下。

借:坏账准备　　　　　　　　　　　　　　　　　　6 000

　　贷:应收账款　　　　　　　　　　　　　　　　　　6 000

2014年年末按应收账款的余额计提坏账准备为:1 100 000×5%＝55 000(元);

2014年年末计提坏账准备前,"坏账准备"科目的贷方余额为44 000元,2014年应补提坏账准备为11 000元。

借:资产减值损失　　　　　　　　　　　　　　　　11 000

　　贷:坏账准备　　　　　　　　　　　　　　　　　　11 000

(3) 2015年,已冲销的应收账款又收回1 900元,会计分录如下。

借:应收账款　　　　　　　　　　　　　　　　　　1 900

贷：坏账准备   1 900

同时：

借：银行存款   1 900

  贷：应收账款   1 900

2015 年年末按应收账款的余额计算提取坏账准备为：1 200 000×5%＝60 000(元)；

至 2015 年年末计提坏账准备前,"坏账准备"科目的贷方余额为 56 900 元,2015 年度应补提的坏账准备金额为 3 100 元。

借：资产减值损失   3 100

  贷：坏账准备   3 100

完成任务

1.【单选题】 企业已计提坏账准备的应收账款确实无法收回,按管理权限报经批准作为坏账转销时,应编制的会计分录是( )。

  A. 借记"资产减值损失"科目,贷记"坏账准备"科目

  B. 借记"管理费用"科目,贷记"应收账款"科目

  C. 借记"坏账准备"科目,贷记"应收账款"科目

  D. 借记"坏账准备"科目,贷记"资产减值损失"科目

2.【单选题】 某企业"坏账准备"科目的年初余额为 4 000 元,"应收账款"和"其他应收款"科目的年初余额分别为 30 000 元和 10 000 元。当年,不能收回的应收账款 2 000 元确认为坏账损失。"应收账款"和"其他应收款"科目的年末余额分别为 50 000 元和 20 000 元,假定该企业年末确定的坏账提取比例为 10%。则该企业年末应提取的坏账准备为( )元。

  A. 1 000   B. 3 000   C. 5 000   D. 7 000

3.【单选题】 2015 年 12 月 31 日,甲公司对应收 A 公司的账款进行减值测试。应收账款余额为 1 000 000 元,已提坏账准备 40 000 元,甲公司根据 A 公司的资信情况确定按应收账款期末余额的 10% 提取坏账准备。则甲公司 2015 年年末提取坏账准备的会计分录为( )。

  A. 借：资产减值损失——计提的坏账准备   140 000

    贷：坏账准备   140 000

  B. 借：资产减值损失——计提的坏账准备   100 000

    贷：坏账准备   100 000

  C. 借：资产减值损失——计提的坏账准备   60 000

    贷：坏账准备   60 000

  D. 借：资产减值损失——计提的坏账准备   40 000

    贷：坏账准备   40 000

4.【单选题】 某企业采用账龄分析法估计坏账损失。2015 年 12 月 31 日,计提坏账准备前"坏账准备"科目贷方余额 2.6 万元。当日,应收账款余额 180 万元,其中,未到期的应收账款 80 万元,估计损失率 0.5%；过期 6 个月以内的应收账款 60 万元,估计损失率 2%；过期 6 个月以上的应收账款 40 万元,估计损失率 3%,则该企业 2015 年 12 月 31 日应补提坏账准备的金额为( )万元。

  A. 0.2   B. 2.6   C. 2.8   D. 5.4

5.【单选题】　某企业年末应收账款余额为 40 万元,"坏账准备"科目年末结账前为借方余额 1 000 元,假设该企业按 0.5% 提取坏账准备,则年末应提的坏账准备为(　　)元。

A. 1 000　　　　　　　B. 2 500　　　　　　　C. 3 000　　　　　　　D. 1 500

6.【单选题】　某企业年末应收账款余额为 30 万元,"坏账准备"科目年末结账前为贷方余额 2 000 元,假设该企业按 5‰ 提取坏账准备,则年末调整时应(　　)。

A. 冲减资产减值损失 500 元　　　　　　B. 增加资产减值损失 500 元

C. 冲减资产减值损失 3 500 元　　　　　D. 增加资产减值损失 3 500 元

7.【多选题】　下列各项中,会引起应收账款账面价值发生变化的有(　　)。

A. 结转到期不能收回的应收票据　　　　B. 计提应收账款坏账准备

C. 收回应收账款　　　　　　　　　　　D. 收回已转销的坏账

8.【多选题】　下列各项中,应在"坏账准备"账户贷方反映的有(　　)。

A. 提取的坏账准备

B. 收回前期已确认为坏账并转销的应收账款

C. 发生的坏账损失

D. 冲销的坏账准备

9.【判断题】　已确认并转销的坏账损失,若以后又收回,应借记"银行存款"科目,贷记"坏账准备"科目。(　　)

10.【判断题】　企业按年末应收账款余额的一定比例计算出的坏账准备应等于年末记入"资产减值损失——坏账损失"科目的金额。(　　)

11.【判断题】　"坏账准备"科目在会计年度中期可能是贷方余额也可能是借方余额,但年末的余额一定在贷方。(　　)

12.【判断题】　采用备抵法核算的企业,将确实无法收回的应收账款作为坏账转销时,不会减少其应收款项的账面价值。(　　)

13.【分录题】

(1) 天天面业第一年年末应收账款余额为 100 000 元,第二年和第三年没有发生坏账损失,第二年年末和第三年年末应收账款余额分别为 250 000 元和 220 000 元,该企业第四年 5 月发生坏账损失 1 200 元,第四年年末应收账款余额为 200 000 元,假定该企业按应收账款的 5‰ 提取坏账准备金。要求:分别计提各年的坏账准备。

(2) 某企业对赊销商品给予现金折扣优惠,其折扣条件为 $2/10, 1/20, n/30$。该企业对坏账损失采用应收账款余额百分比法,9 月 30 日"坏账准备"账户余额在贷方,金额为 2 574 元。坏账准备率为 5‰。2015 年 10 月发生下列经济业务:

① 10 月 10 日,赊销给 A 公司商品一批,货款 10 000 元,增值税额 1 700 元。

② 10 月 28 日,A 公司付来本月 10 日赊购商品的货款及增值税额的转账支票一张,已存入银行。

③ 10 月 18 日,销售给 B 公司商品一批,货款 20 000 元,增值税额 3 400 元;运杂费 500 元,以转账支票付讫,今一并向银行办妥托收手续。

④ 10 月 20 日,向 C 公司定购商品一批,预付货款 15 000 元。

⑤ 10 月 21 日,B 公司因商品外观质量不符要求而拒付货款。经联系后,决定给予对方 5% 的折让,今收到对方汇来扣除折让后的全部款项。

⑥ 10 月 25 日,应收 D 公司货款 1 640 元,因该企业已破产无法收回,经批准转作坏账损失。

⑦ 10 月 30 日,E 公司还来前欠货款 560 元,已存入银行。该款已于今年 6 月转作坏账损失,予以冲转。

⑧ 10 月 31 日,计提本年度坏账准备。

要求:编制相关会计分录。

学习小结与测评

1. 本任务知识点:_____

_____

2. 请选择下面图形前的编码:

A. ★★　　　　B. ★★★　　　　C. ★★★★　　　　D. ★★★★★

(1) 在完成学习任务的认真程度上,我选(　　);

(2) 在知识的理解与运用上,我选(　　);

(3) 在与大家的合作过程中,我选(　　)。

项目六　应付及预收款项认知

岗位任务

认知应付及预收款项包含的内容,理解应付及预收款项的性质。

岗位知识

一、认知应付及预收款项

应付及预收款项属于企业的负债业务。发生的主要原因是企业因购买物资、接受劳务以及生产经营中因其他应付或暂收等业务事项产生的往来债务。应付款项主要包括应付账款、应付票据、其他应付款等。预收款项是企业因销售商品、提供劳务而向购买方(客户)预先收取的货款,尽管企业已收到这些款项,但因企业并未实际提供有关商品或劳务,故不能确认为收入,预收款项后需要担负在将来用商品或劳务偿还债务的义务。

1. 应付账款

应付账款是指企业因购买材料、商品或接受劳务供应等应支付给供应单位的款项,包括应付的货款、应付的增值税和销货方代为垫付的运杂费等。产生原因是买卖双方在购销活动中取得物资与支付货款在时间上不一致而产生的负债。对应于债权方,则用应收账款进行核算。

2. 应付票据

应付票据是指企业因购买材料、商品或接受劳务供应时采用商业汇票结算方式结算而产生的。在我国,商业汇票的付款期限最长为 6 个月,商业汇票包括银行承兑汇票和商业承兑汇票两种。于债权方而言,银行承兑汇票保障程度高,一般情况下,票据到期无论债务方存款余额情况如何,债权一方都能按时收回款项。

3. 其他应付款

其他应付款是指除了应付账款、应付票据等经营活动以外的与企业购销业务没有直接关系的应付、暂收款项。如应付租入包装物的租金、经营租入固定资产的应付租金、出租出借包装物时收取押金、应付及暂收其他单位或个人的款项等。

4. 预收账款

预收账款是指企业按照合同规定向购货方或接受劳务单位预收的款项。这笔款项构成企业的一项负债,以后要用商品、劳务等偿付。于债权一方而言,则是预付账款。

二、应付及预收款项的计量

既然应付及预收款项属于企业的负债,那就一定得偿还。对于往来业务岗位核算中的应付账款、应付票据和其他应付款而言,一般使用银行存款偿还,如以银行存款支付购货款、支付到期票据款等。对于预收账款而言,则需要提供一定数量和质量的非货币资产或提供劳务清偿。如收取订金后交付产品或提供劳务。

在会计实务中,由于这部分负债偿还时间短,到期值与其现值相差很小,对已确认的负债,一般均按确定的未来需要偿付的金额(或面值)来计量。

完成任务

1. 应付及预收款项的内容有_____、_____、_____、_____等,其中需要用用商品或劳务偿还债务的是_____。

2. 应付租入固定资产、包装物租金列入_____核算。

3. 因购买材料、商品或接受劳务未付款列入_____核算,若开出并承兑商业汇票时列入_____核算。

学习小结与测评

1. 本任务知识点：_____

_____

2. 请选择下面图形前的编码：

A. ★★　　　B. ★★★　　　C. ★★★★　　　D. ★★★★★

(1) 在完成学习任务的认真程度上,我选(　　);

(2) 在知识的理解与运用上,我选(　　);

(3) 在与大家的合作过程中,我选(　　)。

项目七　应付账款与应付票据的核算

岗位任务

掌握应付账款、应付票据的确认、计量与核算。

岗位知识

一、应付账款的核算

1. 应付账款的含义

应付账款是指企业因购买材料、商品或接受劳务供应等经营活动应支付的款项。这是买卖双方在购销活动中因取得货物或接受劳务与支付款项在时间上不一致而产生的负债,在未付之前,这笔款项构成企业的一项流动负债。

2. 应付账款的核算

企业应设置"应付账款"科目对应付账款进行核算。"应付账款"账户属于负债类账户,用以核算企业因购买材料、商品和接受劳务等经营活动应支付的款项。该账户贷方登记企业因购入材料、商品和接受劳务等尚未支付的款项,借方登记偿还的应付账款。期末余额一般在贷方,反映企业期末尚未支付的应付账款余额;如果在借方,反映企业期末预付账款余额。该账户可按债权人进行明细核算。

应付账款入账时间的确定,应以与所购买物资的所有权有关的风险和报酬已经转移或接受劳务已发生为标准。

(1) 企业发生应付账款时

借:原材料(材料采购、在途物资、库存商品等)

　　应交税费——应交增值税(进项税额)

　　贷:应付账款

借:应付账款

　　贷:银行存款

【例4-18】　黄河有限公司5月10日从A公司购入一批甲材料,增值税专用发票上注明价款200万元,增值税34万元,若10天内付清货款,获得1%的现金折扣(折扣不考虑增值税),公司于5月18日付款。

(1) 5月10日,采购材料时:

借:原材料——甲材料　　　　　　　　　　　2 000 000

　　应交税费——应交增值税(进项税额)　　　 340 000

　　贷:应付账款——A公司　　　　　　　　　　　 2 340 000

(2) 5月18日,支付货款时

借:应付账款——A公司　　　　　　　　　　 2 340 000

　　贷:财务费用　　　　　　　　　　　　　　　　　 20 000

　　　银行存款　　　　　　　　　　　　　　　　　 2 320 000

(2) 转销无法支付的应付账款时

按照企业会计准则的规定,确实无法支付的应付账款,应列入营业外收入。

借:应付账款

　　贷:营业外收入

(3) 带有现金折扣的应付账款的核算

应付账款附有现金折扣的,应按照扣除现金折扣前的应付款总额入账,因在折扣期内付款而获得的现金折扣,应在偿付应付账款时冲减财务费用。如果享有商业折扣,应付账款应按照扣除商业折扣后的净额入账。

借：应付账款（应付款总额）

　　贷：银行存款（应付账款总额扣除现金折扣后支付的净额）

　　　　财务费用（享有的现金折扣金额）

【例 4-19】　黄河有限公司 2015 年 11 月 20 日从 A 公司购进商品一批，价款 40 万元，增值税 6.80 万元，按协议规定，若在 5 天内付款，获得 2% 的现金折扣，若在 15 天内付款，获得 1% 的现金折扣（不考虑增值税）。黄河有限公司于 11 月 28 日付款。则会计处理为：

（1）确定应付账款时：

借：库存商品　　　　　　　　　　　　　　　　　　　　400 000

　　应交税费——应交增值税（进项税额）　　　　　　　68 000

　　贷：应付账款　　　　　　　　　　　　　　　　　　468 000

（2）支付货款时，符合获得 1% 的现金折扣：

$$现金折扣 = 400\,000 \times 1\% = 4\,000（元）$$

借：应付账款　　　　　　　　　　　　　　　　　　　　468 000

　　贷：银行存款　　　　　　　　　　　　　　　　　　464 000

　　　　财务费用　　　　　　　　　　　　　　　　　　　4 000

二、应付票据的核算

应付票据是指企业赊购材料、商品等为了延期付款而开出并承兑的商业汇票。商业汇票是指收款人或付款人签发，由承兑人承兑，并于到期日向收款人或被背书人支付款项的票据。它是交易双方以商业购销业务为基础而使用的一种信用凭证。商业汇票按承兑人的不同，分为商业承兑汇票和银行承兑汇票；按是否带息，又分为带息商业汇票和不带息商业汇票。

应付票据与应付账款一样，都是属于购货或接受劳务过程中的应付未付形成的负债。不同之处在于票据是可以自由转让的债权凭证，票面记载其条件，如利率、到期日、到期值等，且票据到期，必须无条件支付其本金及利息，以履行偿还的义务。

1. 账户设置——"应付票据"

"应付票据"账户属于负债类账户，用以核算企业购买材料、商品和接受劳务等开出、承兑的银行承兑汇票和商业承兑汇票。

该账户贷方登记企业开出、承兑的商业汇票，借方登记企业已经支付或者到期无力支付的商业汇票。期末余额在贷方，反映企业尚未到期的商业汇票的票面金额。该账户可按债权人进行明细核算。

企业还应当设置"应付票据备查簿"，详细登记商业汇票的种类、号数和出票日期、到期日、票面金额、交易合同号和收款人姓名或单位名称以及付款日期和金额等资料。应付票据到期结清时，在备查簿中应予以注销。

2. 应付票据的账务处理

（1）应付票据发生

企业因购买材料、商品等而开出、承兑商业汇票时，无论是否带息：

借：原材料等

　　应交税费——应交增值税（进项税额）

　　　　贷：应付票据（面值）

支付银行承兑汇票手续费时：

借：财务费用

　　贷：银行存款

开出、承兑商业汇票抵付原欠款项时：

借：应付账款

　　贷：应付票据

【例 4-20】 黄河有限公司 2015 年 11 月 1 日开出一张面值为 81 900 元，期限 3 个月不带息商业汇票，用以采购一批原材料。增值税专用发票上注明的材料价款为 70 000 元，增值税额为 11 900 元。黄河有限公司应作如下账务处理：

借：原材料　　　　　　　　　　　　　　　　　　　70 000

　　应交税费——应交增值税（进项税额）　　　　 11 900

　　　　贷：应付票据　　　　　　　　　　　　　　　　　81 900

（2）带息票据利息的计提

带息应付票据是指票面上注明利率的应付票据，当票据到期时，出票人（或指定付款人）除支付票面金额外，还需按票面利率支付利息。所以对于带息应付票据在期末（月末、季末和年末）通常按应付票据的票面价值和确定的利率计算应付利息，并相应地增加应付票据的账面价值，计入财务费用。

借：财务费用

　　贷：应付票据

【例 4-21】 承例 4-20，若开出的是带息商业汇票，票面利率 6%，开出 2 个月，2015 年 12 月 31 日应计提利息。

$$应计提利息 = 81\ 900 \times 6\% \div 12 \times 2 = 819（元）$$

黄河有限公司应作如下账务处理：

借：财务费用　　　　　　　　　　　　　　　　　　　819

　　贷：应付票据　　　　　　　　　　　　　　　　　　　819

（3）应付票据到期

① 不带息票据：

借：应付票据（面值）

　　贷：银行存款

【例 4-22】 承例 4-20 黄河有限公司于到期日承兑汇票付款，应进行如下账务处理：

借：应付票据　　　　　　　　　　　　　　　　　　 81 900

　　贷：银行存款　　　　　　　　　　　　　　　　　　 81 900

② 带息票据：

借：应付票据（面值＋已提取的利息）

　　财务费用（未计提利息）

　　　　贷：银行存款

【例 4-23】 黄河有限公司 2015 年 10 月 1 日购入材料一批，货款 260 000 元，增值税 44 200 元，价税款当日签发并承兑一张为期 4 个月面额为 304 200 元的带息银行承兑汇票结算,年利率 6%,材料已验收入库。

(1) 2015 年 11 月 1 日持票购料,材料验收入库:

借:原材料　　　　　　　　　　　　　　　　　　260 000

　　应交税费——应交增值税(进项税额)　　　　　44 200

　　　贷:应付票据　　　　　　　　　　　　　　　　304 200

(2) 2015 年 12 月 31 日时,计算 3 个月的应付利息 4 563 元(304 200×6%÷12×3)

借:财务费用　　　　　　　　　　　　　　　　　　4 563

　　　贷:应付票据　　　　　　　　　　　　　　　　4 563

(3) 2016 年 2 月 1 日到期付款:

借:应付票据　　　　　　　　　　　　　　　　　308 763

　　财务费用　　　　　　　　　　　　　　　　　　1 521

　　　贷:银行存款　　　　　　　　　　　　　　　310 284

完成任务

1.【单选题】 企业发生赊购商品业务,下列各项中不影响应付账款入账金额的是( )。

　　A. 商品价款　　　　　　　　　　　　B. 增值税进项税额

　　C. 现金折扣　　　　　　　　　　　　D. 销货方代垫运杂费

2.【单选题】 企业因债权人撤销而转销无法支付的应付账款时,应将所转销的应付账款计入( )。

　　A. 资本公积　　　　B. 营业外收入　　　　C. 盈余公积　　　　D. 管理费用

3.【单选题】 下列有关应付票据处理的表述中,不正确的是( )。

　　A. 企业开出并承兑商业汇票时,应按其票面金额贷记"应付票据"

　　B. 不带息应付票据到期支付时,按票面金额结转

　　C. 企业支付的银行承兑手续费,计入当期"财务费用"

　　D. 企业到期无力支付的银行承兑汇票,应按账面金额转入"应付账款"

4.【单选题】 某一般纳税企业采用托收承付结算方式从其他企业购入原材料一批,货款为 200 000 元,增值税为 34 000 元,对方代垫运杂费 6 000 元,该原材料已经验收入库。该购买业务所发生的应付账款的入账价值为( )元。

　　A. 240 000　　　　B. 234 000　　　　C. 206 000　　　　D. 200 000

5.【单选题】 某企业在 2015 年 10 月 8 日采购商品 100 件,增值税专用发票上注明的价款为 10 000 元,增值税额为 1 700 元。合同中规定的现金折扣条件为:2/10,1/20,n/30。假定计算现金折扣时不考虑增值税。企业于 2015 年 10 月 14 日付清货款,企业实际付款金额应为( )元。

　　A. 11 466　　　　B. 11 500　　　　C. 11 583　　　　D. 11 600

6.【单选题】 企业对应付的商业承兑汇票,如果到期不能足额付款,在会计处理上应该将其转作( )。

　　A. 其他应付款　　　B. 短期借款　　　C. 预收账款　　　D. 应付账款

7.【单选题】 银行承兑汇票到期,企业未支付票款,应将其面值转入( )。

　　A. 应收账款　　　B. 应付账款　　　C. 短期借款　　　D. 其他应付款

8.【单选题】 下列有关应付票据处理的表述中，不正确的是（   ）。

  A. 企业购货开出带息的应付票据时，应按票据的面值贷记"应付票据"

  B. 企业支付的银行承兑手续费，计入当期财务费用

  C. 应付票据到期支付时，按账面余额结转

  D. 企业到期无力支付的商业承兑汇票，应按票面金额转入"应付账款"

9.【单选题】 某公司系增值税一般纳税人，12月1日向A公司购入甲材料1 000千克，每千克50元，增值税税率17%，当日以将于12月15日到期的票面金额为51 000元的应收C公司商业承兑汇票抵偿购料款，差额部分以银行存款结清。则B公司应计入银行存款账户的方向和金额为（   ）元。

  A. 借方1 000 B. 贷方1 000 C. 借方7 500 D. 贷方7 500

10.【分录题】 天天面业有限公司2015年10月16日，从南方实业有限公司购入土豆淀粉2 000千克，单价13元/千克，价款26 000元，增值税4 420元，合同约定的现金折扣条件为2/10，1/20，n/30。材料已运到并验收入库，该企业材料按实际成本计价核算，货款于10月22日结清。

  要求：编制相关会计分录。

11.【分录题】

（1）天天面业有限公司向山西绿宝股份有限公司购入北大荒亲民有机面粉6 000千克，17元/千克，价款102 000元，增值税税额17 340元，发票等结算凭证单据已收到。采用商业汇票结算方式，按协议开出并承兑为期一个月不带息的商业承兑汇票119 340元连同解讫通知交给对方。材料尚未验收入库。

（2）2015年11月5日，蓝天有限责任公司开出一张面值为23 400元、期限3个月的不带息银行承兑汇票一张，用以采购一批材料，公司已交纳承兑手续费11.70元。增值税专用发票上注明的材料价款为20 000元，增值税额为3 400元。材料已验收入库。

  要求：编制相关会计分录。

学习小结与测评

1. 本任务知识点：_____

_____

2. 请选择下面图形前的编码：

  A. ★★   B. ★★★   C. ★★★★   D. ★★★★★

（1）在完成学习任务的认真程度上，我选（   ）；

（2）在知识的理解与运用上，我选（   ）；

（3）在与大家的合作过程中，我选（   ）。

项目八 预收账款与其他应付款的核算

岗位任务

熟知预收账款与其他应付款的确认、计量与核算。

岗位知识

一、预收账款的核算

预收账款是指企业按照合同规定向购货或接受劳务单位预收的款项。企业在发货前收取的货款,构成企业的一项流动负债,这一负债不是以货币偿付,而是以货物偿付。

企业通过设置"预收账款"账户对预收款进行核算,该账户属于负债类账户,用以核算企业按照合同规定预收的款项。该账户贷方登记企业向购货单位预收的款项等,借方登记销售实现时按实现的收入转销的预收款项等。期末余额在贷方,反映企业预收的款项;期末余额在借方,反映企业已转销但尚未收取的款项。该账户可按购货单位进行明细核算。

预收账款情况不多的,也可以不设置本账户,将预收的款项直接记入"应收账款"账户。

【例 4-24】　蓝天公司采用预收货款方式向甲公司销售产品,2015 年 10 月 16 日预收甲公司货款 50 000 元,存入银行。10 月 20 日向甲公司交付商品,开出增值税专用发票,内列价款 80 000 元,增值税 13 600 元,差额货款尚未收到。10 月 28 日,收到甲公司补付的差额货款存入银行。相关会计处理如下:

(1) 收到甲公司交来预付款时:

借:银行存款	50 000	
贷:预收账款——甲公司		50 000

(2) 交付商品,确认收入时:

借:预收账款——甲公司	93 600	
贷:主营业务收入		80 000
应交税费——应交增值税(销项税额)		13 600

(3) 收到甲公司补付货款时:

借:银行存款	43 600	
贷:预收账款——甲公司		43 600

若上述业务没有设置"预收账款"账户,则应通过"应收账款"账户核算,将上题中的"预收账款"改为"应收账款"即可。

二、其他应付款的核算

其他应付款是指除了应付账款、应付票据等经营活动以外的与企业购销业务没有直接关系的应付、暂收款项。如应付租入包装物的租金、经营租入固定资产的应付租金、出租出借包装物时收取押金、存入保证金、应付及暂收其他单位或个人的款项等。

企业应设置"其他应付款"科目进行核算,该科目属于负债类科目。贷方登记发生的各种应付、暂收款项,借方登记偿还或转销的各种应付、暂收款项。期末余额反映企业尚未支付的其他应付款。

企业发生各种应付、暂收款项时,借记"银行存款""管理费用"等科目,贷记"其他应付款"科目;支付或退回有关款项时,借记"其他应付款"科目,贷记"银行存款"等科目。

【例 4-25】　2015 年 10 月 1 日,天天面业有限公司以经营租赁方式租入一台复印机。根据合同规定,每月租金 800 元,按季度支付。天天面业公司进行的账务处理如下。

（1）10、11 月份计提租金时：

借：管理费用   800

  贷：其他应付款   800

（2）12 月份支付租金时：

借：管理费用   800

  其他应付款   1 600

  贷：银行存款   2 400

完成任务

1.【单选题】 预收账款情况不多的企业，可以不设"预收账款"科目，而将预收的款项直接记入的账户是（　　）。

  A. 应收账款   B. 预付账款   C. 其他应付款   D. 应付账款

2.【单选题】 "预收账款"账户月初借方余额为 50 000 元，本月增加额 90 000 元，本月减少额 20 000 元，则月末"预收账款"账户的余额为（　　）元。

  A. 借方 20 000   B. 贷方 20 000   C. 借方 120 000   D. 贷方 120 000

3.【多选题】 下列项目中，属于其他应付款的有（　　）。

  A. 职工未按期领取的工资   B. 经营租入固定资产和包装物的租金

  C. 购买商品开出的商业汇票   D. 应付、暂收所属单位、个人的款项

4.【多选题】 下列资产负债表各项目中，属于流动负债的有（　　）。

  A. 预收账款   B. 其他应付款   C. 应收账款   D. 应付票据

5.【多选题】 下列各项关于其他应付款及预收账款的表述中，不正确的是（　　）。

  A. 收取出租包装物租金时计入其他应付款

  B. 应付租入包装物的租金计入其他应付款

  C. 不设置"预收账款"科目的企业将预账款直接记入"应收账款"科目的贷方

  D. 采用预收方式销售，补收货款时记入"预收账款"的借方

6.【分录题】 2015 年 11 月 5 日，天天面业有限公司收取存入保证金 35 000 元，收取包装物押金 12 000 元。款项已分别存入银行。要求：编制相关会计分录。

7.【分录题】 D 公司为增值税一般纳税人。2015 年 9 月 3 日，D 公司与甲企业签订供货合同，向其出售一批设备，货款金额共计 100 000 元，应交纳的增值税 17 000 元。根据购货合同规定，甲企业在购货合同签订一周内，应当向 D 公司预付货款 60 000 元，剩余货款在交货后付清。2015 年 9 月 8 日，D 公司收到甲企业交来的预付账款 60 000 元并存入银行，9 月 18 日，D 公司将货物发到甲企业并开出增值税发票，甲企业验收合格后付清剩余货款。要求：编制 D 公司的相关会计分录。

学习小结与测评

1. 本任务知识点：＿＿＿＿＿＿＿＿＿＿＿＿＿＿＿＿＿＿＿＿＿＿＿＿＿＿＿＿＿＿＿＿＿

＿＿＿

2. 请选择下面图形前的编码：

  A. ★★   B. ★★★   C. ★★★★   D. ★★★★★

（1）在完成学习任务的认真程度上，我选（　　　）；

（2）在知识的理解与运用上，我选（　　　）；

（3）在与大家的合作过程中，我选（　　　）。

职业能力训练

一、单项选择题（每小题 2 分，共 20 分。每小题备选答案中，只有一个符合题意的正确答案。多选、错选、不选均不得分）

1. 2015 年 10 月 20 日，A 企业销售产品一批，价款 400 万元，增值税 68 万元，收到期限为 6 个月的商业承兑汇票一张，年利率为 7%，则该票据到期，A 企业收到的票款应为（　　　）万元。

　　A. 400　　　　　　B. 468　　　　　　C. 484.38　　　　　D. 425

2. 企业应按期计提坏账准备，对于已确认的坏账准备，应借记（　　　）。

　　A. 管理费用　　　B. 财务费用　　　C. 坏账准备　　　D. 资产减值损失

3. B 企业 2014 年年末坏账准备贷方余额为 2000 元，2015 年 9 月发生坏账损失 1 500 元，2015 年 10 月收回以前年度已列入坏账损失的应收账款 1 200 元，2015 年 12 月末应收账款的借方余额为 60 000 元，按应收账款余额的 4% 计提坏账准备，则该企业 2015 年 12 月末应提取的坏账准备的金额为（　　　）元。

　　A. 1 700　　　　　B. 700　　　　　　C. 2 400　　　　　D. 2 100

4. 甲公司将销售商品收到的银行承兑汇票背书转让给乙公司，用于支付购买原材料的价款，则应贷记的科目是（　　　）。

　　A. 应收账款　　　B. 应收票据　　　C. 应付票据　　　D. 应付账款

5. 2015 年 10 月 18 日，A 企业将收到的出票日为 7 月 20 日，期限为 180 天，面值为 150 000 元的票据到银行申请贴现，该票据的贴现天数为（　　　）天。

　　A. 90　　　　　　B. 89　　　　　　C. 91　　　　　　D. 88

6. 企业的应收票据到期时，承兑人无力偿还票款的，应将其转入（　　　）。

　　A. 应收账款　　　B. 应付账款　　　C. 预收账款　　　D. 应收票据

7. 企业在转销已确认无法支付的应付账款时，应贷记的科目是（　　　）。

　　A. 营业外支出　　　　　　　　　　B. 营业外收入

　　C. 其他业务收入　　　　　　　　　D. 其他业务支出

8. 下列各项中，不通过"其他应收款"科目核算的是（　　　）。

　　A. 为职工代垫的医药费　　　　　　B. 应收责任人的各项赔款

　　C. 存出保证金　　　　　　　　　　D. 为购货方代垫的运费

9. 职工因公出差预借差旅费时，应借记的科目是（　　　）。

　　A. 其他应付款　　　B. 其他应收款　　　C. 应收账款　　　D. 管理费用

10. 业务上没有设置"预收账款"账户的企业，应通过（　　　）账户核算。

　　A. 应收账款　　　B. 其他应收款　　　C. 应付账款　　　D. 其他应付款

二、多项选择题（每小题 2 分，共 20 分。每小题备选答案中，有两个或两个以上符合题意的正确答案。多选、错选、不选均不得分）

1. 应收及预付款项包括（　　　）。

　　A. 应收账款　　　B. 应收票据　　　C. 其他应收款　　　D. 预收账款

2. 应付及预收款项包括（　　）。

    A. 应付账款　　　　　B. 应付票据　　　　　C. 其他应付款　　　D. 预付账款

3. 带息票据计算利息时，票据利息等于（　　）的乘积。

    A. 票据面值　　　　　B. 票面利率　　　　　C. 贴现利率　　　　D. 票据期限

4. 票据到期值是指（　　）之和。

    A. 票据面值　　　　　B. 票面价值　　　　　C. 贴现利息　　　　D. 票据利息

5. 以下应该包含在销货方"应收账款"金额中的内容有（　　）。

    A. 销货款　　　　　　　　　　　　　B. 增值税销项税额

    C. 现金折扣　　　　　　　　　　　　D. 商业折扣

6. 下列各项中，应通过"其他应收款"科目核算的有（　　）。

    A. 收到的包装物的押金　　　　　　　B. 代购货单位垫付的运杂费

    C. 应收的各种赔款　　　　　　　　　D. 应向职工收取的各种垫付款

7. 下列各项中通过"其他应付款"科目核算的有（　　）。

    A. 应付租金　　　　　　　　　　　　B. 应付职工困难补助

    C. 应付存入保证金　　　　　　　　　D. 应付各种赔款

8. 采用备抵法核算应收款项的坏账，必须采用一定的方法合理估计各个会计期间的坏账损失，这些方法主要有（　　）。

    A. 应收款项余额百分比法　　　　　　B. 账龄分析法

    C. 销货百分比法　　　　　　　　　　D. 直接转销法

9. 下列关于现金折扣和商业折扣的说法中，正确的是（　　）。

    A. 商业折扣是指在商品标价上给予的折扣，发生在交易前

    B. 现金折扣是指债权人为鼓励债务人早日付款而向债务人提供的债务扣除

    C. 我国会计实务采用总价法核算存在现金折扣的交易

    D. 现金折扣不会影响到应收账款入账价值的确定

10. 企业将不带息的应收票据申请贴现时，影响贴现利息计算的因素有（　　）。

    A. 票据的面值　　　　　　　　　　　B. 票据贴现期

    C. 贴现利率　　　　　　　　　　　　D. 票据种类

三、判断题（每小题 2 分，共 20 分）

1. 在存在现金折扣的条件下，将未扣减现金折扣前的金额作为应收账款的入账价值，这种方法称为净价法。（　　）

2. 在计算票据利息时，当票据期限以天表示时，利率也要相应转换为日利率进行计算。期限与利率要保持一致。（　　）

3. 现金折扣符号"2/10,1/20,n/30"中，"1/20"表示的意思是 20 天付款可以享受 1% 的优惠。（　　）

4. 企业取得票据时，无论是否带息，均应按面值入账。（　　）

5. 应收款项属于企业的一项金融资产。（　　）

6. 企业持未到期的应收票据向银行贴现，应将产生的贴现利息计入"财务费用"。

7. 按规定，预付账款不多的企业，可以不设置"预付账款"账户，预付的货款在"应付账款"账户核算。（　　）

8. 附加商业折扣和现金折扣的销售业务,应按照扣除商业折扣后的金额确认销售收入。(　　)

9. 票据贴现所得是票据面值减去贴现利息,所以票据贴现得款一定小于票据面值。(　　)

10. 应收票据和应付票据核算的票据类型只是商业汇票和银行汇票。(　　)

四、计算分析题(共 40 分)

1. 2015 年 9 月,蓝天有限公司发生以下经济业务,要求编制相关会计分录。(20 分)

(1) 9 月 1 日,公司销售商品一批,售价 20 万元,增值税为 17%,以存款代垫运杂费 1 200 元。全部款项已向银行办妥托收手续。

(2) 9 月 15 日,向甲公司销售产品一批,货款 10 万元,增值税税率 17%。合同约定的现金折扣(货款部分)条件为"3/10,2/20,n/30",9 月 15 日,产品售出,价税款待收。9 月 22 日,收到甲公司货款存入银行。

(3) 9 月 18 日,收回原已作为坏账冲销的应收账款 1 000 元。

(4) 9 月 20 日,一笔 2 000 元的款项经确认已无法收回,确定为坏账损失。

假设 2015 年 8 月应收账款余额为 3 万元,坏账准备余额为贷方 900 元,坏账准备计提比率为 3%,计提 2015 年 9 月份坏账准备。

2. 2015 年 10 月,吉邦有限公司发生以下应收票据业务,要求编制相关会计分录。(10 分)

2015 年 10 月 30 日,向 B 公司销售商品一批,售价 10 万元,增值税额为 1.7 万元,收到购货方 B 公司交来其开户银行承兑的银行承兑汇票一张,票面利率为 6%,票据期限为 6 个月。12 月 30 日,该企业因急需资金周转,将 B 公司交来的商业承兑汇票到其开户银行贴现(银行无追索权),贴现率为 8%,贴现期按实际天数计算。

3. 华邦公司销售商品 300 000 元,增值税 51 000 元,收到面值 351 000 元的带息商业汇票一张,期限 90 天,出票日为 2015 年 10 月 6 日,票面利率为 6%。要求编制商业汇票取得、计提利息、到期收到票款的会计分录。(10 分)

往来业务岗位核算小结

业务内容:应收账款的核算

业务内容	账务处理
确认应收账款	借:应收账款(按应收取的全部金额) 　　贷:主营业务收入(按实现的营业收入) 　　　　应交税费——应交增值税(销项税额) 　　　　银行存款(按代垫包装费、运杂费等)
现金折扣的处理	借:银行存款(按收回的价税款和各种代垫款项) 　　财务费用(按对方享受的现金折扣) 　　贷:应收账款
商业折扣的处理	扣除商业折扣后的金额入账,商业折扣的金额不必进行账务处理

业务内容:应收票据的核算

业 务 内 容			账 务 处 理
不带息商业汇票	收到已承兑的商业汇票		借:应收票据(面值) 　贷:主营业务收入 　　　应交税费——应交增值税(销项税额)
	应收票据到期收回款项		借:银行存款 　贷:应收票据
	到期不能收回票款		借:应收账款 　贷:应收票据
带息商业汇票	收到商业汇票		账务处理与不带息票据相同
	计提带息票据利息		借:应收票据 　贷:财务费用
	应收票据到期收回票据到期值		借:银行存款(面值+利息) 　贷:应收票据(面值) 　　　财务费用(未计提的利息) 　　　应收利息(已计提利息)
	到期无法收回		借:应收账款 　贷:应收票据(账面价值)
票据贴现	带追索权	取得贴现款	借:银行存款 　　财务费用——票据贴现 　贷:短期借款
		票据到期,承兑人足额支付	借:短期借款 　贷:应收票据
		票据到期,承兑人无力支付,从申请贴现企业账户扣款	借:短期借款 　贷:银行存款 借:应收账款 　贷:应收票据
		申请贴现企业账户余额不足转作逾期贷款	借:应收账款 　贷:应收票据
	不带追索权		借:银行存款 　　财务费用(或贷记) 　贷:应收票据

业务内容:预付账款

业 务 内 容	账 务 处 理
预付购买商品的订金或部分货款	借:预付账款 　贷:银行存款
收到材料等验收入库时	借:原材料等 　　应交税费——应交增值税(进项税额) 　贷:预付账款

续表

业务内容	账务处理
补付货款	借：预付账款 　贷：银行存款
退回多付货款	借：银行存款 　贷：预付账款

业务内容：应收款项减值

业务内容	账务处理
计提坏账准备	借：资产减值损失 　贷：坏账准备
发生坏账损失	借：坏账准备 　贷：应收账款
收回已转销的坏账	（1）借：应收账款 　　　贷：坏账准备 （2）借：银行存款 　　　贷：应收账款 或者： 借：银行存款 　贷：坏账准备
冲减已计提的坏账准备	借：坏账准备 　贷：资产减值损失

业务内容：应付账款

业务内容	账务处理
企业发生应付账款	借：原材料等 　应交税费——应交增值税（进项税额） 　贷：应付账款
偿还应付账款	借：应付账款 　贷：银行存款（应付票据、其他货币资金等）
转销无法支付的应付账款	借：应付账款 　贷：营业外收入
带有现金折扣的应付账款	借：应付账款 　贷：银行存款 　　财务费用（享有的现金折扣金额）

业务内容：应付票据

业 务 内 容	账 务 处 理
应付票据发生	借：原材料等 　　应交税费——应交增值税(进项税额) 　　　贷：应付票据(面值) 支付银行承兑汇票手续费： 借：财务费用 　　　贷：银行存款
计提带息票据利息	借：财务费用 　　　贷：应付票据
应付票据到期归还	(1) 不带息票据 借：应付票据(面值) 　　　贷：银行存款 (2) 带息票据 借：应付票据(面值＋已提取的利息) 　　财务费用(未计提利息) 　　　贷：银行存款

业务内容：预收账款

业 务 内 容	账 务 处 理
收到预收款	借：银行存款 　　　贷：预收账款
交付商品，确认收入	借：预收账款 　　　贷：主营业务收入 　　　　应交税费——应交增值税(销项税额)

一、单项选择题(每小题 1 分,共 20 分。每小题备选答案中,只有一个符合题意的正确答案。多选、错选、不选均不得分)

1. 某企业 2015 年 7 月 1 日销售商品,并于当日收到面值 50 000 元、期限 3 个月的商业承兑汇票一张。2015 年 10 月 1 日票据到期付款人无力付款,则转作应收账款的金额为( )元。

   A. 50 000　　　　　B. 50 250　　　　　C. 50 500　　　　　D. 50 750

2. 某企业销售商品一批,增值税专用发票上标明价款为 60 万元,适用的增值税税率为 17%。为购买方垫付的运杂费 2 万元,款项尚未收回,该企业确认的应收账款应该是( )万元。

   A. 60　　　　　　　B. 62　　　　　　　C. 70.2　　　　　　D. 72.2

3. 某企业为增值税一般纳税人,购入材料一批,增值税专用发票上标明的价款为 25 万元,增值税为 4.25 万元,另支付材料的保险费 2 万元、包装物押金 2 万元。该批材料的采购成本为( )万元。

   A. 27　　　　　　　B. 29　　　　　　　C. 29.25　　　　　D. 31.25

4. 某企业月初库存材料 60 件,每件为 1 000 元,月中又购进两批,一次 200 件,每件 950 元,另一次 100 件,每件 1 046 元,则月末该材料的加权平均单价为( )元。

   A. 980　　　　　　B. 985　　　　　　C. 990　　　　　　D. 1 182

5. 企业月初"原材料"账户借方余额 24 000 元,本月收入原材料的计划成本为 176 000 元,本月发出原材料的计划成本为 150 000 元,"材料成本差异"月初贷方余额 300 元,本月收入材料的超支差 4 300 元,则本月发出材料应负担的材料成本差异为( )元。

   A. −3 000　　　　　B. 3 000　　　　　C. −3 450　　　　　D. 3 450

6. 甲公司某月销售商品领用不单独计价包装物的计划成本为 50 000 元,材料成本差异率为 −3%。则应计入销售费用的实际成本为( )元。

   A. 52 000　　　　　B. 50 000　　　　　C. 53 000　　　　　D. 48 500

7. 某企业采用毛利率法计算发出存货成本。该企业 2015 年 1 月份实际毛利率为 30%,本年度 2 月 1 日的存货成本为 1 200 万元,2 月份购入存货成本为 2 800 万元,销售收入为 3 000 万元,销售退回为 300 万元。该企业 2 月末存货成本为( )万元。

   A. 1 300　　　　　B. 1 900　　　　　C. 2 110　　　　　D. 2 200

8. 某企业因火灾原因盘亏一批材料 16 000 元,该批材料的进项税为 2 720 元。收到各种赔款 1 500 元,残料入库 200 元。报经批准后,应计入营业外支出账户的金额为(　　)元。

  A. 17 020　　　　　　B. 18 620　　　　　　C. 14 300　　　　　　D. 14 400

9. 2015 年 10 月 31 日,某企业乙存货的实际成本为 100 万元,加工该存货至完工产成品估计还将发生成本为 20 万元,估计销售费用和相关税费为 2 万元,估计用该存货生产的产成品售价 110 万元。假定乙存货月初"存货跌价准备"科目余额为 3 万元,2015 年 10 月 31 日应计提的存货跌价准备为(　　)万元。

  A. −10　　　　　　　B. 0　　　　　　　　C. 10　　　　　　　　D. 9

10. 企业以 100 万元购入 A、B、C 三项没有单独标价的固定资产。这三项资产的公允价值分别为 30 万元、40 万元和 50 万元。则 A 固定资产的入账成本为(　　)万元。

  A. 120　　　　　　　B. 100　　　　　　　C. 30　　　　　　　　D. 25

11. 某项固定资产的原值为 200 000 元,预计净残值为 2 000 元,预计使用年限为 5 年。则在年数总和法下第二年的折旧额为(　　)元。

  A. 26 400　　　　　　B. 52 800　　　　　　C. 40 000　　　　　　D. 39 600

12. A 公司(小规模纳税人)2015 年 3 月初向大众公司购入设备一台,实际支付买价 50 万元,增值税 8.5 万元,支付运杂费 1.5 万元,途中保险费 5 万元。该设备估计可使用 4 年,无残值。该企业固定资产折旧方法采用年数总和法。由于操作不当,该设备于 2015 年年末报废,责成有关人员赔偿 2 万元,收回变价收入 1 万元,则该设备的报废净损失为(　　)万元。

  A. 36　　　　　　　　B. 39　　　　　　　　C. 42.5　　　　　　　D. 45.5

13. 根据《支付结算办法》规定,支票的提示付款期限为(　　)。

  A. 自出票日起 10 日　　　　　　　　B. 自出票日起 1 个月

  C. 自出票日起 2 个月　　　　　　　　D. 自出票日起 6 个月

14. 下列可以用现金支付的选项为(　　)。

  A. 购入固定资产,支付价款 50 000 元

  B. 偿还所欠债务,金额 2 000 元

  C. 向一般纳税企业购入原材料,支付价款 4 000 元

  D. 支付职工甲的工资 3 600 元

15. 下列关于企业现金清查的说法中错误的是(　　)。

  A. 现金清查一般采用实地盘点法

  B. 对于现金清查结果,应编制现金盘点报告单,并由出纳人员和盘点人员签字盖章

  C. 对于超限额留存的现金应及时送存银行

  D. 清查小组清查时,出纳人员可以不在场

16. 某企业于 2015 年 2 月 28 日签发一张期限为 5 个月的商业承兑汇票,则该票据到期日为(　　)。

  A. 7 月 28 日　　　B. 7 月 30 日　　　C. 7 月 31 日　　　D. 8 月 1 日

17. 丙企业赊销商品一批,商品售价 10 000 元(不含增值税),商业折扣 20%,增值税税率为 17%,现金折扣条件为 2/10,n/20。企业销售商品时代垫运费 200 元,则应收账款的入账金额为(　　)元。

A. 9 560   B. 9 360   C. 11 700   D. 11 900

18. 某企业在 2015 年 10 月 8 日销售商品 100 件，增值税专用发票上注明的价款为 15 000 元，增值税额为 2 550 元。企业为了及早收回货款而在合同中规定的现金折扣条件为 2/10,1/20,n/30。假定计算现金折扣时不考虑增值税。如买方在 2015 年 10 月 24 日付清货款，则该企业实际收款金额应为（　　）元。

A. 17 550   B. 17 400   C. 17 374.5   D. 17 250

19. 设置"预付账款"科目的企业，在收到货物后需补付货款时，应编制（　　）会计分录。

A. 借：预付账款
　　　原材料
　　贷：银行存款

B. 借：原材料
　　贷：预付账款

C. 借：原材料
　　贷：预付账款
　　　银行存款

D. 借：预付账款
　　贷：银行存款

20. A 企业通过对应收款项的风险进行分析，决定按应收款项余额的一定比例计提坏账。"坏账准备"科目的年初余额为 4 000 元，"应收账款"和"其他应收款"科目的年初余额分别为 30 000 元和 10 000 元。当年，不能收回的应收账款 2 000 元确认为坏账损失。"应收账款"和"其他应收款"科目的年末余额分别为 60 000 元和 10 000 元，假定该企业年末确定的坏账提取比例为 10%。则该企业年末应提取的坏账准备为（　　）元。

A. 1 000   B. 3 000   C. 5 000   D. 7 000

二、多项选择题（每小题 2 分，共 20 分。每小题备选答案中，有两个或两个以上符合题意的正确答案。多选、错选、不选均不得分）

1. 在下列各项中，使得企业银行存款日记账余额会小于银行对账单余额的有（　　）。

A. 企业开出支票，对方未到银行兑现
B. 银行误将其他公司的存款计入本企业银行存款账户
C. 银行代扣水电费，企业尚未接到通知
D. 银行收到委托收款结算方式下结算款项通知，企业尚未收到通知

2. 下列项目中应通过"其他应收款"科目核算的有（　　）。

A. 拨付给企业各内部单位的备用金   B. 应收的各种罚款
C. 收取的出租包装物押金   D. 应向职工收取的各种垫付款项

3. 下列各项中，属于存货采购成本的有（　　）。

A. 采购价格   B. 入库前的挑选整理费
C. 运输途中的合理损耗   D. 运输途中因遭受灾害发生的损耗

4. 企业销售商品，发生的应收账款的入账价值应该包括（　　）。

A. 销售商品的价款   B. 给予购货方的商业折扣
C. 代购货方垫付的包装费   D. 给予购货方的现金折扣

5. 可能作为商业汇票规定的付款期限的是（　　）。

A. 5 个月   B. 6 个月   C. 8 个月   D. 1 年

6. 下列各项支出中，应计入无形资产成本的有（　　）。

    A. 购入特许经营权发生的支出   B. 购入非专利技术发生的支出

    C. 取得土地使用权发生的支出   D. 研究新技术发生的支出

7. 下列业务中，不通过"在建工程"科目核算的有（   ）。

    A. 购入需要安装的设备

    B. 购入不需要安装的设备

    C. 固定资产达到预定可使用状态前的专门借款利息（未发生中断并符合资本化条件）

    D. 固定资产达到预定可使用状态后的利息支出

8. 下列各项中，属于直线折旧的方法有（   ）。

    A. 双倍余额递减法   B. 工作量法

    C. 平均年限法   D. 年数总和法

9. 下列固定资产中，不计提折旧的固定资产有（   ）。

    A. 不需用的设备   B. 当月增加的固定资产

    C. 未提足折旧提前报废的固定资产   D. 经营租入的固定资产

10. 某项固定资产的原始价值为 100 000 元，预计残值率为 10%，预计使用年限 5 年。如果企业采用年数总和法计提折旧，第一、三年的折旧额分别为（   ）元。

    A. 30 000   B. 24 000   C. 18 000   D. 12 000

三、判断题（每小题 1 分，共 10 分）

1. 对于已达到预定可使用状态但尚未办理竣工决算的固定资产，待办理竣工决算后，若实际成本与原暂估价值存在差异的，应调整已计提折旧。（   ）

2. 月末一次加权平均法有利于存货成本日常管理与控制。（   ）

3. 双倍余额递减法不需要考虑固定资产的预计净残值。（   ）

4. 按照企业会计制度的规定，已提足折旧的固定资产，不再提折旧；未提足折旧提前报废的固定资产仍然需要计提折旧，直至提足折旧为止。（   ）

5. 盘盈的存货冲减管理费用，盘亏及毁损的存货，按扣除残料价值和应由保险公司、过失人赔款后的净损失，作为管理费用。（   ）

6. 在备抵法下，企业将不能收回的应收账款确认坏账损失时，应计入资产减值损失，并冲销相应的应收账款。（   ）

7. 现金折扣和商业折扣，均应在实际发生时计入当期财务费用。（   ）

8. 企业的一般存款账户是指企业办理日常转账结算和现金收付的账户。企业的工资、奖金等现金的支取，也通过该账户办理。（   ）

9. 委托加工物资收回后，直接用于对外销售的，委托方应将交纳的消费税计入委托加工物资的成本。（   ）

10. 以融资租赁方式租入的固定资产，应由出租方计提该项固定资产折旧。（   ）

四、计算分析题（10 分）

1. 甲公司按先进先出法计算材料的发出成本。2015 年 11 月 1 日结存 A 材料 1 000 千克，每千克实际成本 100 元。本月发生如下有关业务：（6 分）

    （1）4 日，购入 A 材料 500 千克，每千克实际成本 105 元，材料已验收入库。

（2）6日,发出 A 材料 800 千克。

（3）8日,购入 A 材料 700 千克,每千克实际成本 98 元,材料已验收入库。

（4）14日,发出 A 材料 1 300 千克。

（5）22日,购入 A 材料 800 千克,每千克实际成本 110 元,材料已验收入库。

（6）28日,发出 A 材料 300 千克。

要求:根据上述资料,计算 A 材料下列成本:

（1）6日发出的成本;

（2）14日发出的成本;

（3）28日发出的成本;

（4）期末结存的成本。

2. 某企业一项固定资产的原价为 1 000 000 元,预计使用年限为 5 年,预计净残值为 4 000 元。要求:按年限平均法、双倍余额递减法、年数总和法计提各年的折旧额。(4分)

五、根据以下业务编制相关会计分录(共40分)

1. 某企业于 2015 年 7 月 15 日对一生产线进行改扩建,改扩建前该生产线的原价为 1 400 万元,已提折旧 400 万元,已提减值准备 50 万元。改扩建过程中实际领用工程物资 (含增值税)351 万元;领用企业生产用的原材料一批,实际成本为 40 万元,应转出的增值税 为 6.80 万元;分配工程人员工资 45.60 万元;企业辅助生产车间为工程提供有关劳务支出 6.60 万元,该生产线于 2015 年 10 月 30 日达到预定可使用状态。该企业对改扩建后的固定 资产采用年数总和法计提折旧,预计尚可使用年限为 5 年,预计净残值为 42 万元。

要求:

（1）编制上述与固定资产改扩建有关业务的会计分录;

（2）计算改扩建后的固定资产 2015 年应计提的折旧额。

2. 厂部李高出差归来,报销差旅费 1 500 元,交回现金 500 元,结清预借差旅费 2 000 元。

3. 某企业采用汇兑结算方式向丙工厂购入 B 材料一批，发票记账单已收到。货款 50 000 元，增值税 8 500 元，运费 500 元（可抵扣增值税进项税额 55 元），全部款项已支付，材料尚未到达。

4. 承上题，该企业购入的 B 材料已经收到并验收入库。

5. 甲公司为一家制造企业。2015 年 1 月 1 日向乙公司购进三套不同型号且具有不同生产能力的设备 A、B、C。共支付货款 7 800 000 元，增值税额 1 326 000 元，包装费 42 000 元。全部以银行存款支付。假定 A、B、C 均满足固定资产的定义和确认条件，公允价值分别为 2 926 000 元、3 594 800 元、1 839 200 元；不考虑其他相关税费。

要求：

（1）确定固定资产 A、B、C 的入账价值；

（2）做出购入固定资产的会计分录。

6. A 公司购入甲材料一批，贷款 200 000 元，增值税 34 000 元，发票账单已收到，计划成本为 220 000 元，材料已验收入库，款项已用银行存款支付。

7. 某企业月初结存材料的计划成本为 50 000 元，成本差异为超支差 1 500 元，本月入库材料的计划成本为 150 000 元，成本差异为节约差异 5 000 元，根据本月"发料凭证汇总表"，该企业当月基本生产车间领用原材料 10 000 元，辅助生产车间领用材料 5 000 元，行政管理部门领用 500 元。

8. 甲公司月末汇总的销售商品中，当月已实现销售的 A 产品有 500 台，B 产品有 1 000 台。该月 A 产品实际单位成本 4 000 元，B 产品实际单位成本 1 000 元。结转已售成本。

9. 甲公司有一幢厂房，原价为 5 000 000 元，预计可使用 20 年，预计报废时的净残值率为 2%。按年数总和法计提第二年的折旧。

10. 企业出售一建筑物，原价 2 000 000 元，已计提折旧 300 000 元，未计提减值准备，用银行存款支付清理费用 10 000 元，出售收入 900 000 元，已存入银行，增值税税率 11%。

11. 甲公司自行研究、开发一项技术，截至 2014 年 12 月 31 日，发生研发支出 300 000 元，假定符合《企业会计准则第 6 号——无形资产》规定的开发支出资本化的条件。2015 年 6 月 30 日，该项研发活动结束，最终开发出一项非专利技术。

12. 2013 年年末，甲公司对丙公司坏账准备余额为 500 000 元，甲公司 2014 年对丙公司的应收账款实际发生坏账损失 30 000 元，确认坏账准备损失。甲公司 2014 年年末应收丙公司的账款余额为 1 200 000，经减值测试，甲公司决定仍按 10% 计提坏账准备。

13. 甲企业为增值税一般纳税工业企业，其适用增值税税率为 17%。2015 年 9 月 1 日，购入一批工程用原材料，价款为 50 万元，增值税额为 8.5 万元，并开出 3 个月商业承兑汇票。

14. 甲公司领用专用工具一批,其中生产领用 40 000 元,生产车间领用 50 000 元,其中生产领用的工具使用报废后,残料作价 3 000 元入库。采用五五摊销法对低值易耗品进行摊销,编制相关分录。

15. A 公司为商业批发企业。2015 年 5 月 1 日乙类商品库存 100 000 元,本月购进 50 000 元,本月销售收入 106 000 元,发生的销售折让为 6 000 元,上月该类商品的毛利率为 20%。

要求:计算本月已销商品和库存商品成本。

综合测试题二

（岗位一至岗位四）

一、**单项选择题**(每小题 1 分,共 20 分。每小题备选答案中,只有一个符合题意的正确答案。多选、错选、不选均不得分)

1. 企业现金清查中,经检查仍无法查明原因的现金短款,经批准后应计入( )。

   A. 财务费用　　　　B. 管理费用　　　　C. 销售费用　　　　D. 营业外支出

2. 下列各项中,构成应收账款入账价值的有( )。

   A. 确认商品销售收入时尚未收到的价款　　B. 确认销售收入时尚未收到的增值税

   C. 代购货方垫付的包装费　　　　　　　　D. 销售货物发生的商业折扣

3. 下列项目中不通过"其他应收款"核算的有( )。

   A. 职工出差借款　　　　　　　　　　　B. 应收的各种赔款罚款

   C. 收取的各种押金　　　　　　　　　　D. 应向职工收取的各种垫付款项

4. 某企业在 2015 年 10 月 8 日销售商品 100 件,增值税专用发票上注明的价款为 15 000 元,增值税额为 2 550 元。企业为了及早收回货款而在合同中规定的现金折扣条件为 2/10,1/20,n/30。假定计算现金折扣时考虑增值税。如买方在 2015 年 10 月 16 日付清货款,该企业实际收款金额应为( )元。

   A. 17 550　　　　　B. 17 400　　　　　C. 17 199　　　　　D. 17 250

5. A 企业为增值税小规模纳税企业。A 企业购入甲材料 600 千克,每千克含税单价为 50 元,发生运杂费 2000 元,运输途中发生合理损耗 10 千克,入库前发生挑选整理费用 200 元。则该批甲材料的入账价值为( )元。

   A. 30 000　　　　　B. 32 000　　　　　C. 32 200　　　　　D. 32 700

6. 某企业采用移动平均法计算发出材料的成本。2015 年 3 月 1 日结存 A 材料 200 吨,每吨实际成本为 200 元;3 月 4 日和 3 月 17 日分别购进 A 材料 300 吨和 400 吨,每吨实际成本分别为 180 元和 220 元;3 月 10 日和 3 月 27 分别发出 A 材料 400 吨和 350 吨。A 材料月末账面余额为( )元。

   A. 30 000　　　　　B. 30 333　　　　　C. 32 040　　　　　D. 33 000

7. 甲公司对包装物采用计划成本核算,某月生产产品领用包装物的计划成本为 100 000 元,材料成本差异率为 -3%。则发出包装物的实际成本为( )元。

   A. 100 000　　　　B. 97 000　　　　　C. 103 000　　　　D. 95 000

8. 某商业企业采用零售价法计算期末存货成本。本月月初存货成本为 20 000 元,售价总额为 30 000 元；本月购入存货成本为 100 000 元，相应的售价总额为 120 000 元；本月销售收入为 100 000 元。则该企业本月销售成本为（　　）元。

  A. 96 667　　　　　　B. 80 000　　　　　　C. 40 000　　　　　　D. 33 333

 9. 某企业自行建造管理用房屋一间，购入所需的各种物资 100 000 元，支付增值税 17 000 元，全部用于建造中。另外还领用本企业所生产的产品一批，实际成本 2 000 元，售价 2 500 元，支付工程人员工资 20 000 元，提取工程人员的社会保险费 2 800 元，支付其他费用 3 755 元。该企业适用的增值税税率为 17%，则该房屋的实际造价为（　　）元。

  A. 145 980　　　　　B. 145 895　　　　　C. 145 555　　　　　D. 143 095

 10. 某企业对一条生产线进行更新改造。该生产线的原价为 120 万元，已提折旧为 60 万元。改造过程中发生支出 30 万元，被替换部分的账面价值 15 万元。该生产线更新改造后的成本为（　　）万元。

  A. 65　　　　　　　B. 75　　　　　　　C. 135　　　　　　　D. 150

 11. 某企业试研究开发一项新专利，发生各种研究费用 100 万元，开发费用 50 万元（符合资本化条件）。开发成功后申请专利权时，发生律师费及注册费等 5 万元，另发生广告费 3 万元。该项专利权的入账价值为（　　）万元。

  A. 55　　　　　　　B. 58　　　　　　　C. 155　　　　　　　D. 158

 12. 下列各项中，通过"其他货币资金"科目核算的是（　　）。

  A. 银行支票存款　　　　　　　　　　B. 银行本票存款
  C. 出差人员的差旅费　　　　　　　　D. 备用金

 13. 根据《支付结算办法》规定，银行本票的提示付款期限为（　　）。

  A. 自出票日起 10 日　　　　　　　　B. 自出票日起 1 个月
  C. 自出票日起 2 个月　　　　　　　　D. 自出票日起 6 个月

 14. 下列各项中违反现金管理制度的选项是（　　）。

  A. 企业以现金支付各种劳保支出和福利费
  B. 核定后的库存现金限额，开户单位应当严格遵守，超出部分应于当日终了前存入银行
  C. 未经批准，企业从现金收入中直接支付现金支出
  D. 出纳人员根据收付款凭证登记现金日记账

 15. 企业现金清查中，发现库存现金较账面余额短缺 200 元，在未查明原因前，应借记的会计科目是（　　）。

  A. 营业外支出　　B. 待处理财产损溢　C. 管理费用　　　　D. 其他应收款

 16. 企业现金清查中，对于现金短缺，如果经查明应由相关责任人赔偿的，经批准后应计入（　　）。

  A. 财务费用　　　B. 管理费用　　　C. 其他应收款　　D. 营业外支出

 17. 商业汇票的付款期限，最长不得超过（　　）。

  A. 1 个月　　　　B. 2 个月　　　　C. 6 个月　　　　D. 1 年

 18. 某企业于 2015 年 5 月 20 日签发一张期限为 90 天的商业承兑汇票，则该票据到期日为（　　）。

  A. 8 月 15 日　　　B. 8 月 16 日　　　C. 8 月 17 日　　　D. 8 月 18 日

19. 乙企业 2015 年 10 月 10 日售出商品,当日收到面值 100 000 元,年利率 5%,期限 6 个月的商业承兑汇票一张。企业取得该票据时的入账价值为( )元。

    A. 100 000   B. 101 250   C. 105 000   D. 115 000

20. 甲企业为一般纳税人,从 A 企业购入材料 10 000 元,增值税额为 1 700 元,取得增值税专用发票,甲企业以 6 个月的带息商业承兑汇票支付货款和增值税,票面金额为 11 700 元,票面年利率为 6%,则该票据到期后 A 企业应收票据的账面余额为( )元。

    A. 11 700   B. 12 051   C. 12 000   D. 12 402

二、多项选择题(每小题 2 分,共 20 分。每小题备选答案中,有两个或两个以上符合题意的正确答案。多选、错选、不选均不得分)

1. 下列各项中,不属于其他货币资金的有( )。

    A. 备用金   B. 存出投资款   C. 银行承兑汇票   D. 银行汇票存款

2. 在下列各项中,使得企业银行存款日记账余额会小于银行对账单余额的有( )。

    A. 企业开出支票,对方未到银行兑现

    B. 银行误将其他公司的存款记入本企业银行存款账户

    C. 银行代扣水电费,企业尚未接到通知

    D. 委托收款结算方式下,银行收到结算款项,企业尚未收到通知

3. "材料成本差异"账户借方可以用来登记( )。

    A. 购进材料实际成本小于计划成本的差

    B. 发出材料应负担的超支差异

    C. 发出材料应负担的节约差异

    D. 购进材料实际成本大于计划成本的差额

4. 小规模纳税企业委托其他单位加工材料收回后用于直接对外出售的,其发生的下列支出中,应计入委托加工物资成本的有( )。

    A. 加工费   B. 增值税

    C. 发出材料的实际成本   D. 受托方代收代交的消费税

5. 下列各项中,增值税一般纳税企业不需要计入收回委托加工物资成本的有( )。

    A. 随同加工费支付的增值税

    B. 支付的收回后用于在建工程的委托加工物资的消费税

    C. 支付的收回后继续加工的委托加工物资的消费税

    D. 支付的收回后直接销售的委托加工物资的消费税

6. 根据承兑人不同,商业汇票可以分为( )。

    A. 商业承兑汇票   B. 带息票据   C. 银行承兑汇票   D. 不带息票据

7. 银行存款的结算方式主要有( )。

    A. 汇兑   B. 托收承付   C. 委托收款   D. 信用证结算

8. 下列项目中,计入无形资产成本的有( )。

    A. 支付的购买价款   B. 无形资产研究支出

    C. 符合资本化条件的无形资产开发支出   D. 无形资产的后续支出

9. 现金清查的内容主要包括( )。

    A. 检查是否有挪用现金   B. 是否有白条抵库

C. 是否有超限额留存现金   D. 账款是否相等

10. 企业结转固定资产清理净损益时,可能涉及的会计科目有(　　)。

    A. 管理费用   B. 营业外收入   C. 营业外支出   D. 长期待摊费用

三、判断题(每小题 1 分,共 10 分)

1. 委托加工物资收回后,用于连续生产的,委托方应将受托方代收代缴的消费税计入委托加工物资的成本。(　　)

2. 按双倍余额递减法计提的折旧额在任何时期都大于按平均年限法计提的折旧额。(　　)

3. 对自行开发并按法律程序申请取得的无形资产,按在研究与开发过程中发生的材料费用、直接参与开发人员的工资及福利费、开发过程中发生的租金、借款费用,以及注册费、聘请律师费等费用作为无形资产的实际成本。(　　)

4. 对固定资产由于磨损和损耗而转移到产品中去的那一部分价值的补偿应该计入"管理费用"科目中。(　　)

5. 现金溢余如果无法查明原因的应该冲减管理费用金额。(　　)

6. 企业应当定期或者至少于每年年度终了,对其他应收款进行检查,预计其可能发生的坏账损失,并计提坏账准备。(　　)

7. 银行存款余额调节表不仅可以核对账目,还可以作为调整银行存款账面余额的原始凭证。(　　)

8. 存货发出计价方法的选择直接影响着资产负债表中资产总额的多少,而与利润表中净利润的大小无关。(　　)

9. 采用计划成本进行材料日常核算的,月末分摊材料成本差异时,无论是节约还是超支,均记入"材料成本差异"账户的贷方。(　　)

10. 企业为购买货物提前支付给发货方的支出应该通过"预收账款"科目核算。(　　)

四、计算分析题(共 15 分)

1. 某企业的一辆运货卡车的原价为 600 000 元,预计总行驶里程为 500 000 公里,预计报废时的净残值率为 5%,本月行驶 4 000 公里。要求:计算本月折旧额。

2. 某企业 2015 年 10 月初结存原材料的计划成本为 100 000 元;本月购入材料的计划成本为 200 000 元,实际成本为 204 000 元,本月发出材料的计划成本为 200 000 元,其中生产车间直接耗用 120 000 元,管理部门耗用 80 000 元。材料成本差异的月初数为 2 000 元(超支)。

要求:

(1) 计算材料成本差异率;

(2) 计算发出材料应负担的成本差异;

(3) 计算发出材料的实际成本;

(4) 计算结存材料的实际成本。

3. 某企业 2015 年有关固定资产折旧的资料如下：

（1）该企业 1 月份各部门的折旧额为：生产经营部门 8 321 元，运输车队 2 900 元，管理部门 4150 元。

（2）1 月 6 日，生产经营部门购进计算机一台，已投入使用，原值 12 000 元，预计净残值率为 3%，预计使用 5 年，采用双倍余额递减法计提折旧。

（3）1 月 10 日，运输车队购入大货车一辆，主要用于生产车间的原料运输工作，原值 84 000 元，预计净残值率为 5%，预计总行驶里程为 200 000 公里，2 月份行驶 800 公里，采用工作量法计提折旧。

（4）1 月 17 日，生产经营部门报废机器设备一台，原值为 42 000 元，预计净残值率为 4%，使用期限为 10 年，实际使用 8 年零 9 个月，该设备采用直线法提取折旧。

（5）1 月 25 日，管理部门购进设备一台，已经投入使用，原值 19 200 元，预计净残值率为 4%，预计使用 4 年，采用年数总和法提取折旧。

要求：计算该企业生产经营部门、运输车队、管理部门 2 月份应该计提的折旧额。

五、根据以下业务编制会计分录（共 35 分）

1. 甲公司向 B 公司销售商品一批，开出的增值税专用发票上注明的售价总额为 60 000 元，增值税额为 10 200 元。甲公司为了及早收回货款，在合同中规定的现金折扣条件为 2/10，1/20，n/30。销售后第 13 日，收到 B 公司的扣除享受现金折扣后的全部款项，并存入银行。假定计算现金折扣时不考虑增值税。

2. 甲公司向 B 公司采购原材料，价款 180 000 元，增值税 30 600 元，材料已经验收入库，A 公司将面值为 20 万元的商业汇票背书转让，不足部分以银行存款支付。

3. 甲企业购入 A 材料一批。专用发票（指增值税专用发票，下同）上记载的贷款为 60 000 元，增值税 10 200 元，乙企业代垫运费 200 元（可按 11% 抵扣进项税额），全部欠款已用转账支票付讫，材料已验收入库。

4. 甲公司从 A 公司购入 D 材料一批,材料已验收入库,月末发票账单尚未收到,暂估价款 50 000 元。

5. 承上题该企业购入的 D 材料于次月收到发票账单,贷款 50 000 元,增值税 17 000 元,对方代垫运杂费 3 000 元,款项已用银行存款支付。

6. 某企业 2015 年 8 月 1 日销售一批产品给 A 公司,货已发出,发票注明的销售收入100 000 元,增值税额为 17 000 元,收到 A 公司交来的商业承兑汇票一张,期限为 6 个月,票面利率为 10%。

要求:编制收到票据、计息以及票据到期收回票款的会计分录。

7. 甲公司根据"发料凭证汇总表"的记录,当月基本生产车间领用 A 材料 400 000 元,辅助生产车间领用 A 材料 100 000 元,车间管理部门领用 A 材料 8 000 元,企业行政管理部门领用 A 材料 5 000 元,合计 513 000 元。

8. 某企业第一年末应收账款余额为 100 000 元,第二年和第三年没有发生坏账损失,第二年年末和第三年年末应收账款余额分别为 250 000 元和 220 000 元,该企业第四年 5 月发生坏账损失 1 200 元,第四年年末应收账款余额为 200 000 元,假如该企业按应收账款的 5‰提取坏账准备金。

9. 某企业 2014 年 12 月购入不需要安装的生产设备一台,价款 10 000 元,支付的增值税 1 700 元(符合增值税抵扣条件),另支付运杂费 500 元,包装费 300 元。款项以银行存款支付。

10. 某企业生产车间一台机器原价 1 000 000 元,预计使用年限为 5 年,预计净残值为 4 000 元。按双倍余额递减法计提折旧,计提第一年的折旧。

11. 某企业采用年限平均法提取固定资产折旧。2015 年 8 月份固定资产折旧计算表中确定的应提折旧为:车间 20 000 元,行政管理部门 6 000 元,销售部门 4 000 元。

12. 乙公司现有一台设备由于性能等原因决定提前报废,原价为 500 000 元,已计提折旧 450 000 元,未计提减值准备。报废时的残值变价收入为 20 000 元,报废清理过程中发生清理费 3 500 元。有关收入、支出均通过银行办理结算,不考虑相关税金。

13. 甲公司将其购买的一项专利权转让给乙公司,该专利权的成本为 600 000 元,已摊销 220 000 元,实际取得的转让价款为 500 000 元,款项已存入银行。不考虑相关税费。

14. 某企业为增值税一般纳税企业,适用的增值税税率为 17%。2015 年 6 月接受 A 公司投入一台设备,该设备投资双方确认的价值为 200 000 元。发现盘亏设备一台,原值 100 000 元,已提折旧 4 000 元,原因待查。

附录一
常用会计科目表

会 计 科 目	核 算 内 容
一、资产类	
库存现金	企业的库存现金
银行存款	企业存入银行或其他金融机构的各种款项
其他货币资金	企业的银行汇票存款、银行本票存款、信用卡存款、信用证保证金存款、存出投资款、外埠存款等其他货币资金
交易性金融资产	企业为交易目的所持有的债券投资、股票投资、基金投资等交易性金融资产的公允价值
应收票据	企业因销售商品、提供劳务等而收到的商业汇票,包括银行承兑汇票和商业承兑汇票
应收账款	企业因销售商品、提供劳务等经营活动应收取的款项
预付账款	企业按照合同规定预付的款项。预付款项情况不多的,也可以不设置本科目,将预付的款项直接记入"应付账款"科目
应收股利	企业应该收取的现金股利或者其他单位分配的利润
应收利息	应收债券利息
其他应收款	企业除应收票据、应收账款、预付账款、应收股利、应收利息、长期应收款等以外的其他各种应收、暂付的款项
坏账准备	企业对应收款项计提的坏账准备
材料采购	企业采用计划成本进行材料日常核算而购入材料的采购成本
在途物资	企业采用实际成本(或进价)进行材料、商品等物资的日常核算、货款已付尚未验收入库的在途物资的采购成本
原材料	企业库存的各种材料。包括原料及主要材料、辅助材料、外购半成品(外购件)、修理用备件(备品备件)、包装材料、燃料等的计划成本或者实际成本
材料成本差异	企业采用计划成本进行日常核算的材料计划成本与实际成本的差额
库存商品	企业库存的各种商品的实际成本(或进价)或计划成本(或售价)。包括库存产成品、外购商品、存放在门市部准备出售的商品、发出展览的商品以及寄存在外的商品等
发出商品	企业未满足收入确认条件但已经发出的商品的实际成本(或者进价)或者计划成本(或者售价)

续表

会 计 科 目	核 算 内 容
商品进销差价	企业采用售价进行日常核算的商品的售价与进价之间的差额
委托加工物资	企业委托外单位加工的各种材料、商品等物资的实际成本
周转材料	企业周转材料的计划成本或者实际成本,包括包装物、低值易耗品,以及企业(建造承包商)的钢模板、木模板、脚手架等。企业的包装物、低值易耗品,也可以单独设置"包装物""低值易耗品"科目
存货跌价准备	企业存货计提的跌价准备
持有至到期投资	企业持有至到期投资的摊余成本
持有至到期投资减值准备	企业持有至到期投资的减值准备
可供出售金融资产	企业持有的可供出售金融资产的公允价值,包括可供出售的股票投资、债券投资等金融资产
长期股权投资	企业持有的采用成本法和权益法核算的长期股权投资
长期股权投资减值准备	企业长期股权投资的减值准备
固定资产	企业持有的固定资产原价
累计折旧	企业固定资产的累计折旧
固定资产减值准备	企业固定资产的减值准备
在建工程	企业的基建、更新改造等在建工程发生的支出
工程物资	企业为在建工程准备的各种物资的成本。包括工程用材料、尚未安装的设备以及为生产准备的工器具等
固定资产清理	企业因出售、报废、毁损、对外投资、非货币性资产交换、债务重组等原因转出的固定资产价值以及在清理过程中发生的费用等
无形资产	企业持有的无形资产成本,包括专利权、非专利技术、商标权、著作权、土地使用权等
累计摊销	企业对使用寿命有限的无形资产计提的累计摊销
无形资产减值准备	企业无形资产的减值准备
商誉	企业合并中形成的商誉的价值
长期待摊费用	企业已经发生但应由本期和以后各期负担的分摊期限在1年以上的各项费用,如以经营租赁方式租入的固定资产发生的改良支出等
递延所得税资产	企业确认的可抵扣暂时性差异产生的递延所得税资产
待处理财产损溢	企业在清查财产过程中查明的各种财产盘盈、盘亏和毁损的价值。物资在运输途中发生的非正常短缺与损耗,也通过本科目核算。企业如果有盘盈固定资产的,应该作为前期差错而记入"以前年度损益调整"科目。本科目在期末结账前处理完毕,无余额
二、负债类	
短期借款	企业向银行或其他金融机构等借入的期限在1年以下(含1年)的各种借款
应付票据	企业购买材料、商品和接受劳务供应等开出并承兑的商业汇票,包括银行承兑汇票和商业承兑汇票

续表

会 计 科 目	核 算 内 容
应付账款	企业因购买材料、商品和接受劳务等经营活动应支付的款项
预收账款	企业按照合同规定预收的款项。预收账款情况不多的，也可以不设置本科目，将预收的款项直接计入"应收账款"科目
应付职工薪酬	企业根据有关规定应付给职工的各种薪酬。本科目可按"工资""职工福利""社会保险费""住房公积金""工会经费""职工教育经费""非货币性福利""辞退福利"等进行明细核算
应交税费	企业按照税法等规定计算应交纳的各种税费。包括增值税、消费税、所得税、资源税、土地增值税、城市维护建设税、房产税、土地使用税、车船使用税、教育费附加、矿产资源补偿费等。企业代扣代交的个人所得税等，也通过本科目核算
应付利息	企业按照合同约定应该支付的利息，包括吸收存款、分期付息到期还本的长期借款、企业债券等应该支付的利息
应付股利	企业分配的现金股利或者利润
其他应付款	企业除应付票据、应付账款、预收账款、应付职工薪酬、应付利息、应付股利、应交税费、长期应付款等以外的其他各项应付、暂收的款项
递延收益	企业确认的应该在以后期间计入当期损益的政府补助金额
预计负债	企业确认的对外提供担保、未决诉讼、产品质量保证、重组义务、亏损性合同等预计负债
长期借款	企业向银行或其他金融机构借入的期限在1年以上（不含1年）的各项借款
应付债券	企业为筹集（长期）资金而发行的债券的本金和利息
长期应付款	企业除长期借款和应付债券以外的其他各种长期应付款项
预计负债	企业确认的对外提供担保、未决诉讼、产品质量保证、重组义务、亏损性合同等预计负债
递延所得税负债	企业确认的应纳税暂时性差异产生的所得税负债
四、所有者权益类	
实收资本	企业接受投资者投入的实收资本。股份有限公司为"股本"
资本公积	企业收到投资者出资额超出其在注册资本或股本中所占份额的部分以及直接计入所有者权益的利得和损失
盈余公积	企业从净利润中提取的盈余公积
本年利润	企业当期实现的净利润（或发生的净亏损）
利润分配	企业利润的分配（或亏损的弥补）和历年分配（或弥补）后的余额
库存股	企业收购、转让或者注销的本公司的股份的金额。期末借方余额，反映企业持有的尚未转让或者注销的本公司的股份的金额
五、成本类	
生产成本	企业进行工业性生产发生的各项生产成本，包括生产各种产品（产成品、自制半成品等）、自制材料、自制工具、自制设备等
制造费用	企业生产车间（部门）为生产产品和提供劳务而发生的各项间接费用
劳务成本	企业对外提供劳务而发生的成本
研发成本	企业进行研究与开发无形资产过程中发生的各项支出

会计科目	核算内容
六、损益类	
主营业务收入	企业确认的销售商品、提供劳务等主营业务的收入
其他业务收入	企业确认的除主营业务活动以外的其他经营活动实现的收入。包括出租固定资产、出租无形资产、出租包装物和商品、销售材料、用材料进行非货币性交换(非货币性资产交换具有商业实质且公允价值能够可靠计量)或者债务重组等实现的收入
公允价值变动损益	企业交易性金融资产、交易性金融负债,以及采用公允价值模式计量的投资性房地产、衍生工具、套期保值业务等的公允价值变动而形成的应计入当期损益的利得或者损失
投资收益	企业确认的投资收益或投资损失
营业外收入	企业发生的各项营业外收入。主要包括非流动资产处置利得、非货币性资产交换利得、债务重组利得、政府补助、盘盈利得、捐赠利得等
主营业务成本	企业确认销售商品、提供劳务等主营业务收入时应结转的成本
其他业务成本	企业确认的除主营业务活动以外的其他经营活动所发生的支出。包括销售材料的成本、出租固定资产的折旧额、出租无形资产的摊销额、出租包装物的成本或者摊销额等
税金及附加	企业经营活动发生的营业税、消费税、城市维护建设税、资源税和教育费附加等相关税费
销售费用	企业销售商品和材料、提供劳务的过程中发生的各种费用。包括保险费、包装费、展览费和广告费、商品维修费、预计产品质量保证损失、运输费、装卸费等以及为销售本企业商品而专设的销售机构(含销售网点、售后服务网点等)的职工薪酬、业务费、折旧费等经营费用
管理费用	企业为组织和管理企业生产经营所发生的管理费用。包括企业在筹建期间内发生的开办费、董事会和行政管理部门在企业的经营管理中发生的或者应该由企业统一负担的公司经费(包括行政管理部门职工工资及福利费、物料消耗、低值易耗品摊销、办公费和差旅费等)、工会经费、董事会费(包括董事会成员津贴、会议费和差旅费等)、聘请中介机构费、咨询费(含顾问费)、诉讼费、业务招待费、房产税、车船使用税、土地使用税、印花税、技术转让费、矿产资源补偿费、研究费用、排污费等
财务费用	企业为筹集生产经营所需资金等而发生的筹资费用。包括利息支出(减利息收入)、汇兑损益以及相关的手续费、企业发生的现金折扣或者收到的现金折扣等
资产减值损失	企业计提各项资产减值准备所形成的损失
营业外支出	企业发生的各项营业外支出。包括非流动资产处置损失、非货币性资产交换损失、债务重组损失、公益性捐赠支出、非常损失、盘亏损失等
所得税费用	企业确认的应从当期利润总额中扣除的所得税费用
以前年度损益调整	企业本年度发生的调整以前年度损益的事项以及本年度发现的重要前期差错更正涉及调整以前年度损益的事项

附录二

基础知识回顾练习

以下各题有一个或一个以上的正确答案,请做出正确选择。

1. 下列会计科目中,属于资产类科目的有(　　　)。
   A. 坏账准备　　　B. 待处理财产损溢　C. 累计折旧　　　D. 资本公积

2. 下列各项中,属于反映企业经营成果的会计要素是(　　　)。
   A. 收入　　　　　B. 所有者权益　　　C. 资产　　　　　D. 负债

3. 下列各项中,属于所有者权益类科目的有(　　　)。
   A. 长期股权投资　B. 实收资本　　　　C. 资本公积　　　D. 未分配利润

4. 下列属于反映企业经营成果的会计要素是(　　　)。
   A. 资产　　　　　B. 负债　　　　　　C. 费用　　　　　D. 所有者权益

5. 在借贷记账法下,"应付账款"科目的增加额登记在(　　　)。
   A. 借方　　　　　B. 贷方　　　　　　C. 借方和贷方　　D. 借方或贷方

6. 对于下列会计要素,记账符号"贷"表示增加的有(　　　)。
   A. 资产　　　　　B. 负债　　　　　　C. 所有者权益　　D. 收入

7. 下列属于会计等式的有(　　　)。
   A. 资产＝负债＋所有者权益
   B. 收入－费用＝利润
   C. 资产＝负债＋所有者权益＋收入－费用
   D. 资产＝负债＋所有者权益＋利润

8. 某企业 6 月初资产总额为 15 万元,负债总额为 5 万元,6 月发生下列业务:取得收入共计 6 万元,发生费用共计 4 万元,假定不考虑其他因素,6 月底,该企业所有者权益总额为(　　　)万元。
   A. 12　　　　　　B. 17　　　　　　　C. 16　　　　　　D. 10

9. 下列科目中与"制造费用"科目不可能发生对应关系的是(　　　)。
   A. 生产成本　　　B. 本年利润　　　　C. 原材料　　　　D. 应付职工薪酬

10. 在借贷记账法下,"财务费用"科目的增加额登记在(　　　)。
    A. 借方　　　　　B. 贷方　　　　　　C. 借方和贷方　　D. 借方或贷方

11. 下列各项中,(　　　)属于反映费用的科目。
    A. 制造费用　　　B. 长期待摊费用　　C. 销售费用　　　D. 应交税费

12. 下列属于利润表基本要素项目的有( )。

    A. 资产   B. 收入   C. 费用   D. 留存收益

13. 下列各项中,属于企业生产经营过程中形成的债务项目的有( )。

    A. 短期借款   B. 应付账款   C. 应交税费   D. 应付职工薪酬

14. 下列各项中,( )属于收入。

    A. 营业外收入   B. 固定资产租金收入

    C. 提供劳务的收入   D. 销售材料的收入

15. "预收款项"在资产负债表中,应属于( )项目。

    A. 流动资产   B. 非流动资产   C. 流动负债   D. 非流动负债

16. 下列各项中,不属于收入的是( )。

    A. 提供劳务的收入   B. 销售材料的收入

    C. 营业外收入   D. 固定资产租金收入

17. 下列各项中,不应计入营业成本的是( )。

    A. 原材料的销售成本   B. 计提应收账款坏账准备

    C. 商品销售成本   D. 出租包装物的成本

18. 在借贷记账法下,一般有借方余额的会计科目是( )。

    A. 成本类会计科目   B. 负债类会计科目

    C. 损益类会计科目   D. 费用类会计科目

19. 在借贷记账法下,"生产成本"会计科目( )。

    A. 期末余额在借方   B. 期末余额在贷方

    C. 期末余额有时在借方,有时在贷方   D. 期末无余额

20. 在借贷记账法下,"本年利润"科目的增加额登记在( )。

    A. 借方   B. 贷方   C. 借方和贷方   D. 借方或贷方

21. 下列各项中,( )符合收入会计要素定义。

    A. 出售材料收入   B. 出售专利权获得的净收益

    C. 出售固定资产获得的净收益   D. 出售商品收取的增值税销项税额

22. 下列费用中,不构成产品成本,而应直接计入当期损益的是( )。

    A. 直接材料费   B. 期间费用   C. 直接人工费   D. 制造费用

23. 下列各项中,( )不属于企业资产。

    A. 股本   B. 融资租入的设备

    C. 经营租出的厂房   D. 非专利技术

24. 下列关于资产类科目期末余额的表述中,正确的是( )。

    A. 一般在借方   B. 一般在借方和贷方

    C. 一般在贷方   D. 一般无余额

25. 下列关于会计等式的表述中,正确的有( )。

    A. "资产＝负债＋所有者权益"是最基本的会计等式,表明了会计主体在某一特定时期所拥有的各种资产与债权人、所有者之间的动态关系

    B. "收入－费用＝利润"这一等式动态地反映经营成果与相应期间的收入和费用之间的关系,是企业编制利润表的基础

C. "资产＝负债＋所有者权益"这一会计等式说明了企业经营成果对资产和所有者权益所产生的影响,体现了会计六要素之间的内在联系

D. 企业各项经济业务的发生并不会破坏会计基本等式的平衡关系

26. 下列各等式属于会计等式的有(　　　)。

A. 本期借方发生额合计＝本期贷方发生额合计

B. 本期借方余额合计＝本期贷方余额合计

C. 资产＝负债＋所有者权益

D. 收入－费用＝利润

27. 下列关于负债及所有者权益类科目期末余额的表述中,正确的是(　　　)。

A. 一般在借方　　　　　　　　　　B. 一般在借方和贷方

C. 一般在贷方　　　　　　　　　　D. 一般无余额

28. 下列各项中,属于资产类账户的有(　　　)。

A. 累计折旧　　　　　　　　　　　B. 累计摊销

C. 待处理财产损溢　　　　　　　　D. 持有至到期投资

29. 下列各项中,(　　　)属于总分类科目。

A. 累计折旧　　　　　　　　　　　B. 累计摊销

C. 待处理财产损溢　　　　　　　　D. 持有至到期投资

30. 下列会计科目中,(　　　)反映费用。

A. 制造费用　　　　　　　　　　　B. 管理费用

C. 财务费用　　　　　　　　　　　D. 主营业务成本

31. 下列各项中,不属于资产的有(　　　)。

A. 长期闲置不用的机器设备

B. 以融资租入方式租入的固定资产

C. 签订购货合同,计划下月购入的固定资产

D. 以经营租入方式租入的固定资产

32. 下列会计处理中,反映企业资金筹集业务的有(　　　)。

A. 借记"银行存款"科目,贷记"实收资本"科目

B. 借记"银行存款"科目,贷记"长期借款"科目

C. 借记"固定资产"科目,贷记"银行存款"科目

D. 借记"银行存款"科目,贷记"主营业务收入"科目

33. 下列选项中,属于本期发生额的有(　　　)。

A. 期初余额　　　　　　　　　　　B. 期末余额

C. 本期减少金额　　　　　　　　　D. 本期增加金额

34. 下列关于经济业务对会计恒等式"资产＝负债＋所有者权益"产生影响的表述中,正确的有(　　　)。

A. 资产和负债要素同时等额增加

B. 资产和负债要素同时等额减少

C. 资产和所有者权益要素同时等额减少

D. 负债要素内部项目等额有增有减,资产和所有者权益要素不变

35. 余额试算平衡法下的平衡关系有（　　　）。
    A. 全部会计科目的本期借方发生额合计＝全部会计科目的本期贷方发生额合计
    B. 全部会计科目的期初借方余额合计＝全部会计科目的期末贷方余额合计
    C. 全部会计科目的期初借方余额合计＝全部会计科目的期初贷方余额合计
    D. 全部会计科目的期末借方余额合计＝全部会计科目的期末贷方余额合计

36. 下列会计科目中，贷方核算增加额的是（　　　）。
    A. 主营业务收入　　　　　　　　　　B. 应付账款
    C. 生产成本　　　　　　　　　　　　D. 管理费用

37. 下列关于会计等式"收入－费用＝利润"的表述中，正确的有（　　　）。
    A. 它是对会计基本等式的补充和发展，称为第二会计等式
    B. 它表明了企业在一定会计期间经营成果与相应的收入和费用之间的关系
    C. 它说明了企业利润的实现过程
    D. 它实际上反映的是企业资金运动的绝对运动形式，故也称静态会计等式

38. 采用借贷记账法时，资产账户的结构特点是（　　　）。
    A. 借方登记增加、贷方登记减少，期末余额在借方
    B. 借方登记减少、贷方登记增加，期末余额在贷方
    C. 借方登记增加、贷方登记减少，期末一般无余额
    D. 借方登记减少、贷方登记增加，期末一般无余额

39. 采用借贷记账法时，负债账户的结构特点是（　　　）。
    A. 借方登记增加、贷方登记减少，期末余额在借方
    B. 借方登记减少、贷方登记增加，期末余额在贷方
    C. 借方登记增加、贷方登记减少，期末一般无余额
    D. 借方登记减少、贷方登记增加，期末一般无余额

40. 负债类账户的期末余额一般在（　　　）。
    A. 借方　　　　　　　　　　　　　　B. 贷方
    C. 借方或贷方　　　　　　　　　　　D. 一般无期末余额

41. 在借贷记账法下，所有者权益账户的期末余额等于（　　　）。
    A. 期初贷方余额＋本期贷方发生额－本期借方发生额
    B. 期初借方余额＋本期贷方发生额－本期借方发生额
    C. 期初借方余额＋本期借方发生额－本期贷方发生额
    D. 期初贷方余额＋本期借方发生额－本期贷方发生额

42. 损益类账户的期末余额一般（　　　）。
    A. 在借方　　　　B. 在贷方　　　　C. 无法确定方向　　　　D. 为零

43. 收入类账户的余额一般在（　　　）。
    A. 借方　　　　　　B. 贷方　　　　　　C. 无余额　　　　　　D. 借方或贷方

44. "应收账款"账户借方期初余额为2 500元，借方本期发生额为1 500元，贷方本期发生额为3 000元，则该账户期末余额为（　　　）元。
    A. 借方6 000　　　　　　　　　　　B. 借方1 000
    C. 贷方1 000　　　　　　　　　　　D. 贷方3 000

45. 某账户的有关记录如下：

期初：（ ）	
① 40 000 元 ② 70 000 元	③ 60 000 元
期末：70 000 元	

则该账户期初余额为（ ）元。

    A. 70 000   B. 140 000   C. 20 000   D. 60 000

46. "实收资本"账户的期末余额为（ ）。

    A. 期初余额＋本期借方发生额－本期贷方发生额

    B. 期初余额－本期借方发生额－本期贷方发生额

    C. 期初余额＋本期借方发生额＋本期贷方发生额

    D. 期初余额－本期借方发生额＋本期贷方发生额

47. 某企业"短期借款"账户期末贷方余额为 100 000 元，本期共增加 60 000 元，减少 80 000 元，则该账户的期初余额为（ ）元。

    A. 借方 80 000   B. 贷方 120 000   C. 借方 120 000   D. 贷方 80 000

48. 账户发生额试算平衡方法是根据（ ）来确定的。

    A. 借贷记账法的记账规则   B. 资产＝负债＋所有者权益

    C. 收入－费用＝利润   D. 平行登记原则

49. 某新办企业期末余额试算平衡表的资料如下：

账 户 名 称	期末借方余额	期末贷方余额
H 账户		30 000
I 账户		150 000
J 账户	70 000	
K 账户	40 000	
L 账户		

则 L 账户（ ）元。

    A. 有借方余额 180 000   B. 有贷方余额 110 000

    C. 有借方余额 70 000   D. 有贷方余额 70 000

50. 甲公司月末编制的试算平衡表中，全部账户的本月贷方发生额合计为 120 万元，除银行存款以外的本月借方发生额合计 104 万元，则银行存款账户（ ）万元。

    A. 本月借方余额为 16   B. 本月贷方余额为 16

    C. 本月贷方发生额为 16   D. 本月借方发生额为 16

参 考 文 献

[1] 中华人民共和国财政部. 企业会计准则 2006[M]. 北京：经济科学出版社,2006.

[2] 中华人民共和国财政部. 企业会计准则应用指南丛书[M]. 北京：中国财政经济出版社,2006.

[3] 财政部会计司编写组. 企业会计准则讲解 2010[M]. 北京：人民出版社,2010.

[4] 企业会计准则编审委员会. 企业会计准则案例讲解：2012 年版[M]. 上海：立信会计出版社,2012.

[5] 财政部会计资格评价中心. 初级会计资格：初级会计实务[M]. 北京：中国财政经济出版社,2014.

[6] 财政部会计资格评价中心. 中级会计资格：中级会计实务[M]. 北京：经济科学出版社,2014.

[7] 中国注册会计师协会. 会计[M]. 北京：中国财政经济出版社,2015.